A ARTE PERDIDA DE EDUCAR

MICHAELEEN DOUCLEFF, Ph.D.

A ARTE PERDIDA DE EDUCAR

O QUE AS CULTURAS ANCESTRAIS NOS ENSINAM SOBRE A CRIAÇÃO DE SERES HUMANOS FELIZES

TRADUÇÃO
EDUARDO CESCHIN RIECHE

2ª edição

Rio de Janeiro | 2025

CIP-BRASIL. CATALOGAÇÃO NA PUBLICAÇÃO
SINDICATO NACIONAL DOS EDITORES DE LIVROS, RJ

D767a   Doucleff, Michaellen
          A arte perdida de educar : o que as culturas ancestrais nos ensinam sobre a criação
          de seres humanos felizes / Michaellen Doucleff ; tradução Eduardo Rieche. – 2ª ed. –
          Rio de Janeiro : BestSeller, 2025.

          Tradução de: Hunt, gather, parent : what ancient cultures can teach us about the
          lost art of raising happy, helpful little humans
          ISBN 978-65-5712-183-2

          1. Educação de crianças. 2. Pais e filhos. 3. Crianças - Formação. 4. Felicidade
          em crianças. I. Rieche, Eduardo. II. Título.

                                          CDD: 649.1
21-73033   CDU: 649.1

Meri Gleice Rodrigues de Souza – Bibliotecária – CRB-7/6439

Texto revisado segundo o novo Acordo Ortográfico da Língua Portuguesa.

Título original
*Hunt, Gather, Parent: What Ancient Cultures Can Teach Us About the
Lost Art of Raising Happy, Helpful Little Humans*

Design de capa:
Luyse Costa

Direitos exclusivos de publicação em língua portuguesa para o Brasil
adquiridos pela
EDITORA BEST SELLER LTDA.
Rua Argentina, 171, parte, São Cristóvão
Rio de Janeiro, RJ – 20921-380
que se reserva a propriedade literária desta tradução

Impresso no Brasil

ISBN 978-65-5712-183-2

Seja um leitor preferencial Record.
Cadastre-se no site www.record.com.br e receba informações
sobre nossos lançamentos e nossas promoções.

Atendimento e venda direta ao leitor:
sac@record.com.br

Em memória de Mango,
o melhor consultor editorial que uma escritora poderia ter

Para Rosy

SUMÁRIO

Prólogo 9

SEÇÃO 1   ESTRANHO E SELVAGEM OCIDENTE

1. Os pais mais ESTRANHOS do mundo 25
2. Por que criamos os filhos da maneira que criamos? 45

SEÇÃO 2   O MÉTODO MAIA

3. As crianças mais prestativas do mundo 67
4. Como ensinar as crianças a executar tarefas voluntariamente ... 73
5. Como criar crianças flexíveis e cooperativas 97
   Equipe 1: Introdução à parentalidade em EQUIPE:
   a melhor maneira de estar junto 121
6. Grandes motivadores: o que é melhor do que um elogio? ... 133

SEÇÃO 3   A INTELIGÊNCIA EMOCIONAL DOS INUÍTES

7. Nunca se enfurecer 155
8. Como ensinar os filhos a controlar a raiva 169
9. Como parar de ter raiva do seu filho 175
   Equipe 2: Encoraje; jamais force 187
10. Introdução às ferramentas para ajudar na criação dos filhos ... 193
    I: Ferramentas para lidar com as pirraças 195
    II: Ferramentas para lidar com o mau comportamento
    cotidiano 209
11. Ferramentas para moldar o comportamento: histórias 233
12. Ferramentas para moldar o comportamento: dramatizações ... 247

SEÇÃO 4   A SAÚDE DOS HADZAS

13. Como nossos antepassados criavam os filhos?   265

14. As crianças mais confiantes do mundo   277

    Equipe 3: Um antídoto milenar para a ansiedade e o estresse   287

15. Um antídoto milenar para a depressão   315

SEÇÃO 5   A CRIAÇÃO DOS FILHOS NO OCIDENTE 2.0

    Equipe 4: Um novo paradigma para os pais ocidentais   337

16. Hora de dormir   345

    Epílogo   355

SEÇÕES PRÁTICAS

Tente isso 1: Treine a prestatividade   83

Tente isso 2: Treine a cooperação   112

Tente isso 3: Aprenda a motivar seus filhos   142

Tente isso 4: Aprenda a ter menos raiva de seus filhos   189

Tente isso 5: Discipline sem palavras   226

Tente isso 6: Discipline com histórias   239

Tente isso 7: Discipline com dramatizações   255

Tente isso 8: Aumente a confiança e a autoconfiança   304

Tente isso 9: Construa suporte emocional para sua família
                 (e descanse um pouco)   328

Agradecimentos   359

Notas   361

PRÓLOGO

Lembro-me do momento em que cheguei ao fundo do poço como mãe.

Eram cinco horas de uma fria manhã de dezembro. Deitei-me na cama, vestindo o mesmo suéter que havia usado no dia anterior. Não lavava meu cabelo há dias.

Lá fora, o céu ainda estava com um tom azul-escuro; as luzes amarelas da rua ainda brilhavam. Lá dentro, nossa casa estava estranhamente silenciosa. Tudo que eu conseguia ouvir era o nosso pastor-alemão, Mango, respirando rente ao chão, embaixo de nossa cama. Todos estavam dormindo, menos eu. Eu estava bem acordada.

Vinha me preparando para uma batalha. Estava pensando em como enfrentar meu próximo encontro com a inimiga. O que vou fazer quando ela me agredir novamente? Quando ela me bater? Me chutar? Ou me morder?

Parece horrível chamar minha filha de "inimiga". Deus sabe que eu a amo incondicionalmente. E, sob muitos aspectos, ela é uma pessoazinha maravilhosa. É esperta, extremamente corajosa e tem a força de um touro, tanto física quanto mentalmente. Quando Rosy cai no parquinho infantil, ela se levanta imediatamente. Sem rebuliço, sem confusão.

E já mencionei o cheiro que ela tem? Ah, eu adoro o cheiro dela, especialmente no alto de sua cabecinha. Quando viajo para fazer alguma reportagem para a NPR, é disso que mais sinto falta: do cheiro dela, uma espécie de mistura de mel, lírios e terra molhada.

Essa doce fragrância é sedutora. E é enganosa, também. Há uma fogueira dentro de Rosy. Um fogo ardente que a impulsiona, a faz se deslocar pelo mundo com ferocidade. Como disse um amigo: ela é uma destruidora de mundos.

Quando Rosy era menor, chorava muito. Horas e horas, todas as noites. "Se não está comendo nem dormindo, ela está chorando", disse meu marido à pediatra, em pânico. A médica encolheu os ombros. Obviamente, ela já tinha ouvido todas aquelas coisas antes. "Bem, ela é um bebê", retrucou a médica.

Rosy estava com 3 anos, e todo aquele choro havia se transformado em cenas de pirraça e uma série de abusos dirigidos a mim e ao pai dela. Quando ela respondia com ataques de fúria e eu a pegava no colo, ela costumava me dar um tapa no rosto. Certas manhãs, eu saía de casa com a marca vermelha de sua mão em minha bochecha. E como aquilo doía.

Naquela manhã tranquila de dezembro, enquanto estava deitada na cama, me permiti reconhecer uma dolorosa verdade. Um muro estava se erguendo entre mim e Rosy. Estava começando a me apavorar, pensando no tempo que teríamos de passar juntas, pois temia o que poderia acontecer — medo de perder a paciência (de novo); de fazer Rosy chorar (de novo); de fazer com que o comportamento dela piorasse (de novo). E, como resultado, que Rosy e eu estivéssemos nos tornando inimigas.

Cresci em um lar em que a raiva era comum. Gritos e portas batendo — até mesmo sapatos sendo arremessados — eram meios básicos de comunicação dos meus pais, meus três irmãos e eu. E assim, no início, reagi às pirraças de Rosy da mesma forma que meus pais haviam me tratado: com uma mistura de raiva, severidade e, às vezes, falando alto e usando palavras amedrontadoras. Essa reação acabava saindo pela culatra: Rosy arqueava as costas, gritava como uma ave de rapina e se jogava no chão. Mas, além disso tudo, eu queria ser melhor para ela do que meus pais haviam sido para mim. Queria que Rosy crescesse em um ambiente pacífico, ensinando a ela modos de comunicação mais produtivos do que jogar um sapato na cabeça de alguém.

Então, consultei o Dr. Google e decidi que "com autoridade" era a "abordagem ideal para a criação dos filhos", capaz de ajudar a conter os acessos de raiva de Rosy. Pelo que pude perceber, ter autoridade significava ser "firme e amável". E, assim, tentei dar o melhor de mim fazendo exatamente isso. Contudo, jamais consegui acertar, porque, todas as vezes, a abordagem usada para demonstrar autoridade falhou. Rosy conseguia perceber que eu ainda estava com raiva, e então ficávamos presas no mesmo círculo vicioso. Minha raiva piorava seu comportamento, e eu ficava com mais raiva ainda. E, no fim das contas, suas pirraças tornaram-se incontroláveis. Ela me mordia, agitava os braços e começava a correr pela casa derrubando os móveis.

Até mesmo as tarefas mais simples — como se arrumar para a pré-escola todas as manhãs — transformaram-se em verdadeiros confrontos. "Será que você poderia, por favor, colocar seus sapatos?", implorava eu, pela quinta vez. "Não!", gritava ela, antes de começar a despir seu vestido *e a calcinha*.

Certa manhã, me senti tão mal que me ajoelhei embaixo da pia da cozinha e soltei um grito abafado dentro do armário. *Por que tudo precisa ser assim tão difícil? Por que ela não escuta? O que estou fazendo de errado?*

Para ser honesta, não tinha ideia de como lidar com Rosy. Eu não sabia como controlar suas pirraças, e muito menos como dar início ao processo de ensiná-la a ser uma boa pessoa — uma pessoa amável, prestativa e preocupada com os outros.

A verdade é que eu não sabia como ser uma boa mãe. E, antes disso, jamais tinha sido tão incompetente em algo em que eu queria ser boa. Até então, a distância entre minha habilidade real e o nível de habilidade desejada nunca havia sido tão grande.

E, assim, lá estava eu deitada na cama, nas primeiras horas da manhã, apavorada com o momento em que minha filha — a criança amada, que eu havia passado anos desejando — acordaria. Procurava, em minha mente, uma maneira de me conectar com aquela pessoazinha que, certos dias, parecia uma maníaca furiosa — uma maneira de escapar daquela confusão que eu mesma havia criado.

Eu me sentia perdida. Cansada. Sem esperança. Quando olhava para a frente, tudo que conseguia ver era mais do mesmo: Rosy e eu continuaríamos aprisionadas em uma batalha constante; ela ficando maior e mais forte com o passar do tempo.

Mas não foi isso o que aconteceu, e este livro é sobre como se deu essa mudança inesperada e transformadora em nossa vida. Tudo começou com uma viagem ao México, onde uma experiência reveladora levou a outras viagens, a diferentes cantos do mundo — e sempre com Rosy como minha companheira de viagem. Ao longo do caminho, conheci mães e pais extraordinários que, generosamente, me ensinaram coisas incríveis sobre como criar os filhos. Essas mulheres e esses homens me mostraram não apenas como controlar as pirraças de Rosy, como também uma maneira de me comunicar com ela que não envolvesse gritos, reclamações ou punições — uma maneira que aumentaria a confiança da criança, em vez de criar tensão e conflito com o pai ou a mãe. E, talvez o mais importante de tudo, aprendi a ensinar Rosy a ser amável e generosa comigo, com a família e os amigos. E parte do motivo pelo qual tudo isso foi possível é que aquelas mães e aqueles pais *me* mostraram como ser amável e amorosa com minha filha, de uma maneira totalmente nova.

Como me disse a mãe inuíte Elizabeth Tegumiar, em nosso último dia no Ártico: "Acho que agora você está sabendo melhor como lidar com ela." É verdade, estou, sim.

———————

A criação dos filhos é extremamente pessoal. Os detalhes variam não apenas de cultura para cultura, mas também de comunidade para comunidade e, até mesmo, de família para família. E, mesmo assim, se viajarmos hoje ao redor do mundo, poderemos perceber um fio comum que perpassa a vasta maioria das culturas. Da tundra ártica e da floresta tropical de Yucatán à savana da Tanzânia e às encostas das montanhas filipinas, é possível identificar uma maneira comum de se relacionar com as crianças. Isso é especialmente verdadeiro em culturas que formam crianças notavelmente amáveis e prestativas — crianças que acordam de manhã e, imediatamente, começam a lavar a louça. Crianças que *querem* dividir os doces com os irmãos.

Essa abordagem universal da criação dos filhos possui quatro elementos principais. Hoje em dia, é possível identificá-los em partes da Europa, e, não muito tempo atrás, eles se disseminaram pelos Estados Unidos. O primeiro objetivo deste livro é entender os pormenores desses elementos e aprender como levá-los para sua casa, a fim de facilitar sua vida.

Considerando-se sua difusão em todo o mundo e entre as comunidades de caçadores-coletores, é provável que esse estilo universal de criação dos filhos tenha dezenas, talvez centenas de milhares de anos. Os biólogos são capazes de defender veementemente o argumento de que o relacionamento entre pais e filhos evoluiu para funcionar dessa maneira. E, quando identificamos esse estilo de criação dos filhos em ação — quer estejamos preparando tortilhas em uma aldeia maia, quer pescando trutas no oceano Ártico —, experimentamos uma sensação avassaladora de "Ah, então é *assim* que esse negócio de criar os filhos funciona". Filhos e pais se unem como um encaixe de madeira tipo macho-fêmea — ou, melhor ainda, como no intrincado sistema japonês *nejire kumi tsugi*. É lindo.

Nunca esquecerei a primeira vez que testemunhei esse estilo de criação dos filhos. Senti todo o meu senso de gravidade mudar.

Naquela época, fazia seis anos que eu era repórter da NPR. Antes disso, tinha trabalhado sete anos como química formada em Berkeley. Por isso, como repórter, eu me concentrava em histórias sobre ciências médicas — doenças infecciosas, vacinas e saúde infantil. Na maior parte do tempo, escrevia as matérias em minha mesa de trabalho, em São Francisco. De tempos em tempos, porém, a NPR me mandava para um canto distante do mundo com o propósito de que eu elaborasse uma reportagem sobre alguma doença exótica. Fui para a Libéria durante o pico do surto de ebola, rastejei pelo *permafrost* ártico em busca dos vírus da gripe que o degelo tem revelado e permaneci em uma caverna de morcegos em Bornéu, momento em que um caçador de vírus me alertou sobre uma futura pandemia de coronavírus (isso foi no outono de 2017).

Depois que Rosy entrou em nossa vida, essas viagens ganharam um novo significado. Comecei a observar as mães e os pais ao redor do mundo não como repórter nem como cientista, e sim como uma mãe exausta, procurando desesperadamente um pedacinho da sábia arte de criar os filhos. *Simplesmente, deve existir uma maneira melhor do que a que eu estou usando*, pensei. *Simplesmente, deve existir.*

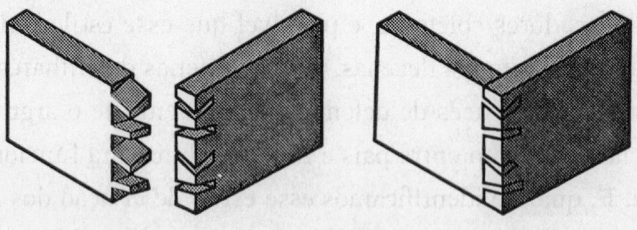

Então, durante uma viagem a Yucatán, encontrei o que procurava: a maneira universal de criar os filhos, de um modo bastante pessoal. A experiência me abalou profundamente. Voltei para casa e comecei a mudar todo o foco de minha carreira. Em vez de estudar os vírus e a bioquímica, queria aprender o máximo possível sobre aquela maneira de se relacionar com os pequeninos seres humanos — irresistivelmente amável e bondosa de criar filhos prestativos e autossuficientes.

―――――――――

Se você está com este livro nas mãos, antes de qualquer coisa, obrigada. Obrigada por sua atenção e seu tempo. Sei como isso é precioso para os pais. Com o apoio de uma equipe fantástica, trabalhei muito para fazer com que este livro valesse a pena para você e sua família.

É provável que você tenha se sentido um pouco como eu e meu marido — em uma busca desesperada por orientações e ferramentas mais eficazes. Talvez já tenha lido inúmeros livros e, tal como um cientista, experimentado inúmeros métodos com seus filhos; se animado no início, pelo fato de o experimento parecer promissor, apenas para se sentir ainda mais angustiado alguns dias depois, quando, infelizmente, o experimento falhou. Eu vivi esse ciclo de frustração durante os primeiros dois anos e meio de vida de Rosy. Os experimentos falharam, incontáveis vezes.

Um dos objetivos deste livro é ajudá-lo a interromper esse ciclo de frustração. Ao aprender a abordagem universal da criação dos filhos, você terá uma visão de como as crianças foram criadas por dezenas de milhares de anos e de como elas estão programadas para serem criadas. Entenderá por que o mau comportamento ocorre e terá o poder de detê-lo logo na origem; aprenderá uma maneira de se relacionar com as crianças que vem sendo testada há milênios por mães e pais em seis continentes — uma maneira que não tem aparecido em outros livros sobre parentalidade.

Hoje em dia, as orientações acerca da criação dos filhos apresentam um grave problema. A grande maioria é produzida, exclusivamente, sob a perspectiva euro-americana. Logicamente, o *Grito de guerra da mãe-tigre*, de Amy Chua, nos trouxe um olhar fascinante sobre a abordagem chinesa para a criação de filhos bem-sucedidos, mas, em geral, as ideias contemporâneas sobre parentalidade baseiam-se, quase exclusivamente, no paradigma ocidental. Assim, as mães e os pais norte-americanos veem-se obrigados a observar o vasto panorama da criação dos filhos através de um diminuto buraco de fechadura. Essa visão estreita não apenas bloqueia grande parte do panorama mais fascinante (e útil), como também tem implicações de longo alcance: é uma das razões pelas quais criar os filhos é tão estressante hoje em dia — e o motivo pelo qual, nas últimas décadas, as crianças e os adolescentes dos Estados Unidos tornaram-se mais solitários, mais ansiosos e mais deprimidos.

Segundo os pesquisadores de Harvard, atualmente cerca de um terço de todos os adolescentes apresenta sintomas que atendem aos critérios de um transtorno de ansiedade. Mais de 60% dos universitários relatam sentir uma ansiedade "avassaladora", e a Geração Z, que inclui adultos nascidos entre meados da década de 1990 e o início dos anos 2000, é a geração mais solitária em décadas. E, no entanto, o estilo parental predominante nos Estados Unidos está se encaminhando para agravar esses problemas, em vez de contê-los. "Os pais entraram em um modo de controle", afirmou a psicoterapeuta B. Janet Hibbs, em 2019. "Eles costumavam promover a autonomia. (...) Mas agora eles estão exercendo, cada vez mais, o controle, o que deixa seus filhos mais ansiosos e também menos preparados para o imprevisível."

Se o estado "normal" dos adolescentes na cultura ocidental é a ansiedade e a solidão, talvez esteja na hora de os pais reexaminarem o que é uma parentalidade "normal". Se realmente quisermos entender essas preciosas fontes de alegria — criar conexões verdadeiras com os filhos —, talvez seja necessário sair da zona de conforto cultural e conversar com aqueles pais que raramente são ouvidos.

Talvez seja hora de ampliar nossa estreita visão de mundo e perceber quanto a parentalidade pode ser bela — e poderosa.

Este é outro objetivo deste livro — começar a preencher as lacunas de nosso conhecimento sobre a criação dos filhos. E, para fazer isso, vamos nos concentrar em culturas com conhecimentos válidos abundantes: caçadores-coletores e outras culturas indígenas com valores semelhantes. Essas culturas vêm aprimorando suas estratégias de criação dos filhos há milhares de anos. Avós transmitiram conhecimento de uma geração para outra, equipando pais de primeira viagem com um enorme baú de variadas e potentes ferramentas. Assim, os pais sabem como fazer com que os filhos realizem tarefas mesmo sem serem solicitados, como fazer com que irmãos cooperem uns com os outros (e não briguem) e como disciplinar sem precisar gritar, repreender ou impor castigos. Eles são os grandes motivadores e especialistas no desenvolvimento das funções executivas das crianças, incluindo habilidades como resiliência, paciência e controle da raiva.

O mais impressionante é que, em muitas culturas de caçadores-coletores, os pais constroem um relacionamento com as crianças pequenas que é nitidamente diferente daquele que promovemos nos Estados Unidos — é um relacionamento baseado na cooperação em vez do conflito, na confiança em vez do medo e em necessidades personalizadas em vez de metas de desenvolvimento padronizadas.

Assim, enquanto eu crio Rosy munida, essencialmente, de uma única ferramenta (um martelo bastante barulhento), muitos pais ao redor do mundo usam todo um conjunto de instrumentos de precisão, como chaves de fenda, roldanas e níveis, que são usados quando necessário. Neste livro, aprenderemos o máximo possível sobre essas superferramentas, incluindo como utilizá-las dentro de casa.

E, para fazer isso, irei direto à fonte das informações: mães e pais. Visitaremos as culturas dos povos maia, hadza e inuíte, que se destacam em aspectos (bastante complicados para a cultura ocidental) da criação dos filhos. As mães maias são mestras em criar filhos prestativos. Elas desenvolveram uma sofisticada forma de colaboração que ensina os irmãos não apenas a conviver, como também a trabalhar juntos. Os pais hadzas são especialistas mundiais em criar filhos confiantes e autocentrados; a ansiedade e a depressão na infância que constatamos nos Estados Unidos são quase desconhecidas nessas comunidades. E os inuítes desenvolveram uma abordagem extremamente eficaz para ensinar inteligência emocional às crianças, especialmente quando se trata de controlar a raiva e respeitar os outros.

O livro dedica uma seção a cada uma dessas culturas. Em cada uma delas, vocês serão apresentados a algumas famílias e suas rotinas diárias. Verão como os pais arrumam os filhos para irem à escola pela manhã, como os colocam para dormir à noite e como motivam os filhos a compartilhar, a tratar os irmãos com gentileza e a assumir novas responsabilidades segundo o ritmo de cada um.

Além disso, apresentamos um desafio a essas supermães e esses super-pais, um enigma sobre criação dos filhos, passível de ser resolvido bem diante dos meus olhos: oferecemos Rosy a eles.

Sim, você leu corretamente. Para escrever este livro, embarquei em uma jornada épica — e, alguns podem até dizer, insana. Com minha filha pequena, viajei para três comunidades reverenciadas em todo o mundo, morei com famílias locais e aprendi tudo o que pude, em detalhes, sobre como eles criam os filhos. Rosy e eu dormimos em uma rede sob a lua cheia dos maias; ajudamos um avô inuíte a caçar um narval no oceano Ártico; e aprendemos a colher tubérculos com as mães hadzas na Tanzânia.

Ao longo do caminho, consultei antropólogos e biólogos evolucionistas para entender como as estratégias parentais mostradas não são especificidades únicas dessas famílias e culturas, mas estão disseminadas em todo o mundo moderno — e ao longo da história humana. Conversei com psicólogos e neurocientistas para aprender como as ferramentas e as dicas podem afetar a saúde mental e o desenvolvimento das crianças.

Ao longo de cada seção, você encontrará guias práticos para testar as orientações com seus filhos. Damos dicas para "começar a se envolver" com a abordagem e avaliar se ela produz algum efeito sobre seus filhos, assim como um guia mais abrangente para começar a integrar as estratégias em sua vida cotidiana. Essas seções práticas são baseadas em minha experiência pessoal, bem como nas de meus amigos, criando filhos pequenos em São Francisco.

À medida que começamos nossa jornada além dos Estados Unidos, comecei a encarar a abordagem ocidental para a criação de filhos com novos olhos. Vi como essa cultura, muitas vezes, caminha no sentido contrário quando se trata de crianças: há interferência demais. Não temos confiança suficiente em nossos filhos. Não confiamos em sua capacidade inata de saber o que eles mesmos precisam para crescer. E, em muitos casos, não falamos sua língua.

Em particular, a cultura ocidental concentra-se quase inteiramente em um único aspecto do relacionamento entre pais e filhos. Estamos falando do controle — quanto controle os pais exercem sobre o filho, e quanto dele o filho tenta exercer sobre os pais. Todos os "estilos" parentais mais comuns giram em torno do controle. Os pais "helicóptero" exercem domínio máximo. Os que são adeptos da criação com total liberdade exercem controle mínimo. A cultura ocidental pensa que há um sistema maniqueísta, em que um dos dois está no comando: a criança ou o adulto.

Há um grande problema nessa visão da parentalidade: ela nos prepara para disputas de poder, repletas de brigas, gritarias e lágrimas. Ninguém gosta de ser controlado. Tanto os filhos quanto os pais se rebelam contra isso. Então, quando interagimos com nossos filhos em termos de domínio — seja um pai controlando o filho e vice-versa —, estabelecemos um relacionamento de antagonismo. Criam-se tensões. Surgem discussões. Disputas de poder são inevitáveis. Para uma criança pequena que não consegue lidar com as emoções, essas tensões manifestam-se física e abruptamente.

Este livro mostra a outra dimensão da parentalidade que, em grande parte, foi deixada à margem durante os últimos cinquenta anos nos Estados Unidos: uma forma de se relacionar com as crianças que não tem nada a ver com controle, independentemente de quem o exerce.

Talvez você nem tenha percebido quantas de suas dificuldades na criação dos filhos têm a ver com controle. Mas quando o removemos da equação da parentalidade (ou, pelo menos, quando o restringimos), é incrível como as dificuldades e a resistência se dissipam rapidamente, tal qual o nevoeiro da manhã com a luz do sol. Mantenha-se firme! Teste o material que está aqui e você descobrirá que os momentos incrivelmente frustrantes da criação dos filhos — os sapatos arremessados, a pirraça no supermercado, a briga na hora de dormir — acontecerão com muito menos frequência e, em última instância, desaparecerão completamente.

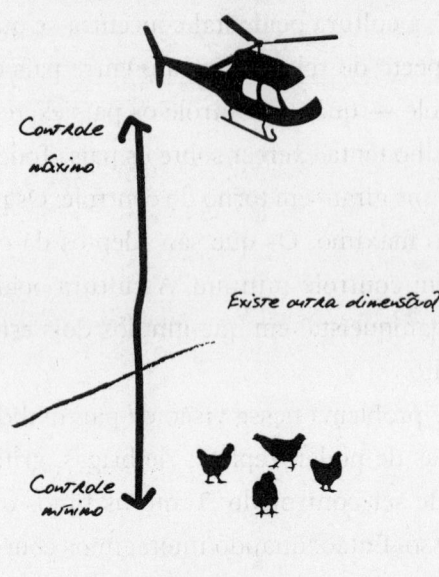

Finalmente, algumas palavras sobre minhas intenções com este livro.

A última coisa que quero é que qualquer parte deste livro faça você se sentir mal como pai ou mãe. Todos nós que temos filhos já temos muitas dúvidas e inseguranças — e eu não quero aumentar as suas. Se isso acontecer, por favor, envie-me um e-mail e avise-me imediatamente. Meu objetivo é **exatamente** o oposto, é capacitá-lo e estimulá-lo, ao mesmo tempo em que forneço um novo conjunto de ferramentas e orientações hoje ausentes nas discussões sobre parentalidade. Escrevi este livro para ser o presente que eu gostaria de ter recebido quando estava deitada no escuro naquela fria manhã de dezembro, sentindo como se tivesse chegado ao fundo do poço como mãe.

Meu outro desejo é ser justa com os muitos pais apresentados neste livro, que abriram suas casas e suas vidas para Rosy e para mim. Essas famílias vêm de culturas diferentes da minha — e, provavelmente, da sua também. Existem muitas maneiras de transitar por essas diferenças. Nos Estados Unidos, muitas vezes nos concentramos nas dificuldades e nos problemas de tais culturas. Nós até repreendemos os pais de culturas diferentes quando eles não seguem as regras da nossa sociedade. Em outras ocasiões, avançamos demais na direção contrária e romantizamos como vivem outros povos, acreditando que eles têm conhecimento de alguma "magia antiga" ou vivem em uma espécie de "paraíso perdido". As duas visões estão categoricamente erradas.

Não há dúvida de que a vida pode ser difícil nessas culturas — assim como pode ser difícil em qualquer outra. Comunidades e famílias sofrem com a ocorrência de tragédias, doenças e tempos difíceis (às vezes, pelas mãos da cultura ocidental). Assim como você e eu, esses pais enfrentam trabalho duro, geralmente em mais de um emprego. Eles cometem erros com os filhos e acabam se arrependendo de suas decisões. Assim como nós, eles não são perfeitos.

Ao mesmo tempo, nenhuma dessas culturas é uma relíquia do passado, congelada no tempo. Nada poderia estar mais longe da verdade. As famílias apresentadas neste livro são tão "contemporâneas" (por falta de uma palavra melhor) quanto você e eu. Elas têm smartphones, acessam o Facebook (com frequência), veem *CSI* e adoram *Frozen* e *Viva — A vida é uma festa*. As crianças comem cereais no café da manhã e assistem a filmes depois do jantar. Os adultos se desdobram todas as manhãs para arrumar as crianças e enviá-las à escola e bebem com os amigos nas descontraídas noites de sábado.

Mas essas culturas, de fato, têm algo que, hoje, falta à cultura ocidental: tradições parentais profundamente arraigadas e o enorme conhecimento que as acompanha. E não há dúvida de que os pais apresentados neste livro são incrivelmente hábeis em se comunicar e cooperar com os filhos, além de motivá-los. Passe apenas algumas horas com essas famílias e você verá claramente as evidências.

E, por esse motivo, meu objetivo explícito neste livro é lançar luz sobre as excelentes habilidades desses pais. Durante minhas viagens, quis conhecer outros seres humanos, conectar-me com eles o mais genuinamente possível, e aprender com suas vastas experiências (e depois levá-las até você, leitor). Ao compartilhar essas histórias, quero homenagear e respeitar as pessoas que estão neste livro (e suas comunidades)

da melhor maneira possível. E quero retribuir-lhes. Sendo assim, 35%
do adiantamento que recebi para redigir este livro serão destinados às
famílias e comunidades que você está prestes a conhecer. Para valorizar igualmente as opiniões de todos ao longo do livro, usarei os nomes
próprios como referência secundária em todos os casos.

———————

Antes de mergulharmos em três das culturas mais reverenciadas do
mundo, precisamos dar uma olhada em nós mesmos — e aprender por
que criamos filhos da maneira que criamos. Veremos que muitas das
técnicas e ferramentas que consideramos naturais, e das quais nos or-
gulhamos, têm origens bastante surpreendentes e frágeis.

SEÇÃO 1

Estranho e selvagem Ocidente

CAPÍTULO 1

Os pais mais ESTRANHOS do mundo

Na primavera de 2018, estava eu sentada no aeroporto de Cancún, México, quase em estado de paralisia. Observava os aviões, enquanto meus pensamentos voltavam ao que eu acabara de testemunhar. Seria aquilo verdade?

Criar os filhos poderia mesmo ser tão fácil assim?

Poucos dias antes, eu havia estado em uma pequena aldeia maia no centro da península de Yucatán trabalhando em uma reportagem radiofônica sobre a capacidade de atenção das crianças. Eu tinha lido um estudo sugerindo que, em determinadas situações, as crianças maias prestavam mais atenção do que as crianças norte-americanas, e eu queria saber por quê.

Contudo, depois de passar um dia na aldeia, rapidamente identifiquei uma pauta muito mais interessante sob aqueles telhados de palha.

Passei horas e horas entrevistando mães e avós sobre como elas criavam os filhos, e observando suas habilidades em ação — como lidavam com as pirraças das crianças pequenas e os motivavam a fazer os deveres de casa ou como os persuadiam a entrar em casa para jantar. Basicamente, a versão familiar da rotina diária. Também perguntei a elas sobre as partes mais difíceis da criação de filhos — por exemplo, como elas conseguiam fazê-los sair de casa todas as manhãs e à noite colocá-los para dormir.

O que eu testemunhei me surpreendeu. Sua abordagem parental era completamente diferente de tudo aquilo que eu já tinha visto. Era diferente dos métodos usados pelas mães mais dedicadas de São Francisco, daquilo que eu havia vivenciado quando criança e da maneira como eu estava criando Rosy — radicalmente.

Minha experiência pessoal criando minha filha era como uma aventura eletrizante em correntezas perigosas, com dramas, gritos e lágrimas abundantes (para não mencionar as intermináveis rodadas de negociações e brigas partindo de ambos os lados). Com as mães maias, por outro lado, eu me sentia como se estivesse em um rio largo e tranquilo, serpenteando um vale entre montanhas, suave e constantemente. Manso. Sereno. Com pouquíssimo drama. Eu não escutava nenhum grito, ninguém dando ordem a ninguém (em nenhuma das direções) e poucas reclamações. No entanto, eles criavam os filhos de maneira eficiente. Ah, até demais! As crianças eram respeitosas, amáveis e cooperativas, não apenas com a mãe e o pai, como também com os irmãos. Na maioria das vezes, os pais nem precisavam pedir a um dos filhos que dividisse seu saco de batatas fritas com o irmãozinho mais novo: ele o fazia voluntariamente.

Mas o que *realmente* chamava a atenção era a prestatividade infantil. Em todos os lugares em que estive, vi crianças de todas as idades ajudando empenhadamente seus pais. Uma menina de 9 anos saltou de sua bicicleta e correu até uma torneira, abriu-a e a mãe pôde utilizar uma mangueira. Uma garotinha de 4 anos se ofereceu para ir correndo até o mercadinho da esquina para comprar tomates (com a promessa de ganhar um doce, claro).

E, então, na última manhã de minha estada, testemunhei o maior ato de disposição, e ele vinha de uma fonte improvável: uma pré-adolescente de férias.

Eu estava sentada na cozinha da família, conversando com a mãe da menina, Maria de los Angeles Tun Burgos, enquanto ela cozinhava feijão-preto em um fogão a lenha. Com seus longos cabelos negros presos em um elegante rabo de cavalo, Maria usava um vestido evasê azul-marinho cinturado.

"As duas meninas mais velhas ainda estão dormindo", disse Maria, enquanto se sentava para descansar em uma rede. Na noite anterior, as garotas tinham ficado acordadas até tarde, assistindo a um filme de terror sobre tubarões. "E eu as encontrei amontoadas em uma única rede, à meia-noite", contou a mãe, rindo baixinho. "Por isso, estou deixando que durmam mais um pouco."

Maria trabalha muito. Ela cuida de todas as tarefas domésticas, prepara todas as refeições — estamos falando de tortilhas frescas todos os dias, feitas de milho moído na pedra — e ajuda nos negócios da família. E, independentemente do caos que houvesse em torno dela durante a nossa visita, sempre se manteve serena. Até mesmo quando advertiu a filha mais nova, Alexa, para não tocar no fogão a lenha, ela usou um tom de voz calmo e seu rosto permaneceu relaxado. Não havia senso de urgência, ansiedade ou estresse. E, em troca, seus filhos foram incríveis com ela. Eles respeitavam seus pedidos (na maior parte das vezes). Eles não discutiam nem retrucavam.

Conversamos por mais alguns minutos e, então, quando me levantei para ir embora, a filha de 12 anos de Maria, Angela, saiu de seu quarto. Vestindo uma calça capri preta, camiseta vermelha e brincos de argola de ouro, ela parecia praticamente uma pré-adolescente da Califórnia. Mas ela fez algo que eu nunca havia presenciado na Califórnia: passou direto por mim e pela mãe e, sem dizer uma palavra, encheu a cuba da cozinha de água e sabão e começou a lavar a louça do café da manhã. Ninguém teve de lhe pedir nada. Não havia nenhuma tabela de tarefas pendurada na parede (na verdade, como veremos, as tabelas de tarefas podem até inibir tais atos voluntários). Ao contrário; Angela simplesmente percebeu os pratos sujos na pia e pôs mãos à obra, embora estivesse de férias.

"Uau!", exclamei. "Angela se voluntaria para ajudar com frequência?" Eu estava totalmente surpresa, mas Maria não. "Ela não faz isso todos os dias, mas frequentemente", disse a mãe. "Se percebe que há algo a ser feito, ela não espera. Certa vez, levei a irmã mais nova dela até o posto de saúde e, quando voltei, Angela tinha limpado a casa toda."

Fui até a garota e lhe perguntei diretamente por que ela havia começado a lavar a louça. Sua resposta comoveu meu coração.

"Gosto de ajudar minha mãe", disse ela, em um delicado espanhol, enquanto esfregava um prato.

"E quando você não está ajudando sua mãe, o que você gosta de fazer?", perguntei.

"Gosto de ajudar minha irmã mais nova", respondeu ela, com orgulho.

Fiquei lá observando, de queixo caído. *Que menina de 12 anos se levanta de manhã e, antes de fazer qualquer outra coisa, começa a lavar a louça — e nas férias, ainda por cima?*, pensei comigo mesma. *Será que ela é real?*

E então, dias depois, enquanto aguardava meu voo no movimentado aeroporto de Cancún, os olhos fixos nos aviões, não conseguia parar de pensar em Angela — em seu desejo genuíno de ajudar e em seu amor por sua família. Como Maria e outras mães maias fazem isso? Como elas criam filhos tão cooperativos e respeitosos?

Aquelas mulheres faziam com que a criação de filhos parecesse — ouso dizer — fácil. E eu queria aprender seus segredos. Queria que meu relacionamento com Rosy fosse tão calmo e tão descontraído quanto o delas. Desejava escapar das correntezas eletrizantes e adentrar o rio largo e sinuoso.

Naquele momento, desviei minha atenção dos aviões e olhei para os turistas norte-americanos sentados à minha frente, preparando-se para embarcar no avião de volta a São Francisco. E me ocorreu que, talvez, meus problemas com Rosy se devam não por eu ser uma mãe ruim, mas, simplesmente, porque não tive ninguém para me ensinar como ser uma boa mãe. Será que minha cultura havia se esquecido da melhor maneira de criar os filhos?

———

Eis aqui um rápido experimento. Dê uma olhada nestas duas linhas. Qual é a mais curta? A Figura A ou a Figura B?

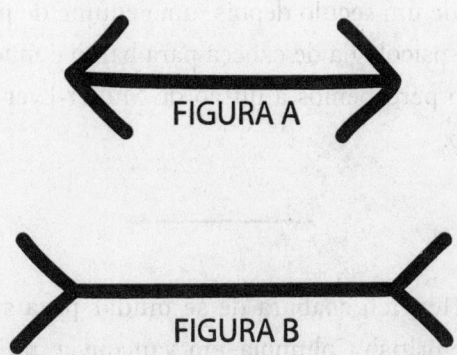

A resposta é óbvia, não é? Ou nem tanto?

E se você desse o teste para um pastor de rebanhos no Quênia? Ou um caçador-coletor em uma minúscula ilha filipina? Quem responderia à pergunta corretamente e quem se deixaria enganar pela ilusão?

Na década de 1880, um jovem psiquiatra alemão chamado Franz Carl Müller-Lyer resolveu estudar como o cérebro humano percebe o mundo. Com pouco mais de 30 anos, ele já era um fenômeno em sua área. Na época, as ilusões de óptica estavam em moda na psicologia. E Müller-Lyer achou que poderia deixar sua marca naquele campo. Foi aí que ele começou a rabiscar algumas coisas: desenhou duas linhas de comprimento igual — uma com setas regulares apontadas para fora, conforme a figura A no esquema apresentado, e outra com setas apontadas para dentro, conforme a figura B. Ele logo percebeu que, embora as linhas tivessem exatamente o mesmo comprimento, pareciam muito diferentes. A forma das setas leva o cérebro a pensar que a figura B é maior do que a figura A.

Com aquele esboço, ele criou o que se tornaria a ilusão de óptica mais famosa da história.

Müller-Lyer publicou sua ilusão em 1889, e, imediatamente, os cientistas começaram a tentar descobrir por que nossos olhos (ou nosso cérebro) nos enganam. Por que não conseguimos ver as linhas como elas são, com o mesmo comprimento? A ilusão parecia revelar algo universal sobre a percepção humana.

Então, mais de um século depois, uma equipe de pesquisadores virou o campo da psicologia de cabeça para baixo e mudou para sempre a maneira como percebemos a ilusão de Müller-Lyer e entendemos o cérebro humano.

———

Em 2006, Joe Henrich acabara de se mudar para sua nova sala na Universidade de British Columbia, em Vancouver, no Canadá, quando se tornou amigo de outro psicólogo nos corredores da instituição. Mal sabia ele que aquela amizade acabaria mudando profundamente todo o campo da psicologia — ou, como afirma Henrich, "um verdadeiro golpe em seu cerne".

Henrich é um grande pensador. Ele estuda o que motiva as pessoas a cooperar umas com as outras — ou, inversamente, a declarar guerras umas às outras — e como as decisões de trabalhar em conjunto ajudaram nossa espécie a dominar o planeta.

Ele também pertence a uma cepa rara de psicólogos, chamada de "transcultural": ele faz experimentos tanto com norte-americanos ou europeus quanto com pessoas fora do eixo Estados Unidos-Europa, viajando para outros lugares, como as ilhas Fiji ou a Amazônia, com a finalidade de avaliar o desempenho de povos de outras culturas.

No mesmo corredor do escritório de Henrich estava a sala de outro psicólogo multicultural chamado Steve Heine. Ele estuda o que as pessoas consideram dar "significado" às respectivas vidas e como essa ideia varia ao redor do mundo. Steve também estava interessado em descobrir como funciona o cérebro *humano* — e não apenas o *europeu-norte-americano*.

Devido ao seu apreço comum por outras culturas, ambos começaram a se encontrar todos os meses na hora do almoço: na praça de alimentação da universidade, pediam comida chinesa para viagem e, então, discutiam suas pesquisas mais recentes. Repetidas vezes, os dois haviam notado um padrão: europeus e norte-americanos tendiam a se comportar de maneira diferente das pessoas pertencentes a outras culturas. "Éramos sempre um ponto fora da curva nos experimentos", afirmou Henrich "Steve e eu estávamos pasmados. Começamos a nos perguntar: 'Será que os norte-americanos são as pessoas mais estranhas do mundo?'"

Naquele momento, a ideia era apenas uma hipótese surgida durante o almoço. Mas os dois psicólogos estavam tão intrigados que decidiram realizar alguns testes. A dupla envolveu o colega Ara Norenzayan, psicólogo que estuda como as religiões se disseminam e estimulam a cooperação mútua. Em conjunto, começaram a revisar metodicamente dezenas de estudos em psicologia, ciências cognitivas, economia e sociologia.

Logo de cara, a equipe percebeu um grande problema. A psicologia tem uma parcialidade enorme. A grande maioria dos estudos (cerca de 96%) examinava apenas pessoas de origens europeias; no entanto, elas representam apenas 12% da população mundial. "Portanto, todo o campo da psicologia está estudando apenas uma pequena parcela da humanidade", disse Henrich.

Esse viés ocidental não importaria se o objetivo da pesquisa fosse descobrir como os ocidentais pensam e se comportam. Mas tal viés se torna um grande problema se queremos descobrir como os *seres humanos* pensam e se comportam, especialmente quando a parcela da humanidade que está sendo estudada é muito, muito singular — como acaba sendo, precisamente, o caso dos ocidentais. É como entrar em uma sorveteria, experimentar apenas o sabor chiclete cor-de-rosa, ignorar os outros trinta sabores e, em seguida, publicar um artigo afirmando que todos os sorvetes têm pedaços de goma de mascar.

O que acontece quando se experimentam os outros trinta sabores?

Para descobrir isso, os psicólogos analisaram uma série de experimentos realizados com pessoas de fora dos Estados Unidos e, depois, os compararam com aqueles realizados com ocidentais. Muitas vezes, os resultados não coincidiam. Os ocidentais se destacavam em uma das extremidades do espectro de comportamento, enquanto pessoas de outras sociedades tendiam a se agrupar mais ao centro.

A conclusão dessas análises foi surpreendente: pessoas pertencentes à sociedade ocidental, "incluindo crianças pequenas, estão entre as populações menos representativas que alguém poderia encontrar para fazer generalizações a respeito dos seres humanos", escreveu a equipe, em 2010. Eles até criaram um acrônimo de fácil memorização para descrever o fenômeno, nomeando a cultura europeia/norte-americana de ESTRANHA (WEIRD), referindo-se a sociedades ocidentais (western), instruídas (educated), industrializadas (industrialized), ricas (rich) e democráticas (democratic).

Henrich e seus colegas publicaram um artigo de 23 páginas intitulado "As pessoas mais estranhas do mundo?" e, num piscar de olhos, se desfez a visão etnocêntrica da psicologia. E não porque o imperador da psicologia está nu, e sim por estar dançando em trajes ocidentais, fingindo representar a humanidade inteira.

Pessoas ESTRANHAS são estranhas em mais de uma dúzia de maneiras, concluiu o estudo, inclusive na maneira como cooperam com outras pessoas, aplicam punições, encaram a justiça, pensam no "eu", valorizando as escolhas e entendendo o espaço tridimensional.

Tomemos, por exemplo, a ilusão de óptica que vimos algumas páginas atrás. Nas décadas de 1950 e 1960, os cientistas testaram a ilusão de Müller-Lyer em, pelo menos, 14 culturas, com a inclusão de pescadores na Nigéria, coletores no deserto do Kalahari e caçadores-coletores na Austrália rural. Eles também testaram a ilusão em sul-africanos de ascendência europeia, bem como em adultos e crianças em Evanston, Illinois.

O experimento era simples. Os pesquisadores mostravam às pessoas a ilusão e perguntavam quanto as duas linhas pareciam ser diferentes. O que os pesquisadores descobriram foi tão surpreendente que alguns psicólogos acharam difícil de acreditar, e até hoje ainda discutem a causa subjacente dos resultados.

Os norte-americanos se mostraram bastante suscetíveis à ilusão. Em média, os voluntários de Illinois acreditavam que a linha B era cerca de 20% mais longa do que a linha A. Essas descobertas se alinhavam a estudos anteriores. Não havia nada de novo ali.

No entanto, quando os pesquisadores analisaram os resultados de *outras* culturas, as coisas ficaram mais interessantes. Em algumas sociedades, como os caçadores-coletores no sul da África e os agricultores na Costa do Marfim, as pessoas não se deixavam enganar, de maneira alguma, pela ilusão de óptica. Elas viam as duas linhas tais como haviam sido realmente desenhadas — iguais em comprimento. Em todas as outras culturas, a suscetibilidade das pessoas à ilusão situava-se entre os dois extremos — entre os ingênuos norte-americanos e os inabaláveis africanos. Pessoas pertencentes a 14 outras culturas pensavam que as duas linhas tinham comprimentos diferentes, mas não tão diferentes quanto os norte-americanos acreditavam ser.

Os pesquisadores levantaram a hipótese de que a ilusão engana os norte-americanos de forma mais eficaz porque vivem entre "ambientes que sofreram os efeitos da carpintaria", ou em meio a ângulos retos. Ou seja, estão cercados por caixas. Para onde quer que olhem, lá estão elas. Vivem em caixas (também conhecidas como casas), dormem em caixas (também conhecidas como camas), cozinham em caixas (também conhecidas como fogões), viajam em caixas (também conhecidas como trens) e preenchem suas casas com caixas (também conhecidas como cômodas, escrivaninhas, sofás, armários etc.).

Os cientistas supõem que toda essa exposição a caixas treina o cérebro para perceber a ilusão de óptica de Müller-Lyer de maneira peculiar: quando vemos as duas setas, o cérebro adota o caminho mais curto. Subconscientemente, transforma as linhas bidimensionais desenhadas na página em margens de caixas tridimensionais (ou, mais especificamente, em desenhos de margens). Por que essa mudança subconsciente faz acreditar que a linha superior é mais curta que a inferior? Imagine que as duas linhas são as extremidades de um prédio. A linha inferior, com as pontas das setas viradas para fora, assemelha-se a uma extremidade que se afasta do ponto de vista— ou que está mais longe. A linha superior, com as pontas das setas padronizadas, assemelha-se a uma extremidade que aponta em nossa direção — ou que está mais perto de nós. Portanto, o cérebro alonga a linha inferior porque imagina que ela esteja mais longe do que a linha superior, que, teoricamente, está mais próxima.

No entanto, em muitas culturas ao redor do mundo, as pessoas não vivem cercadas por caixas e ângulos retos, e sim por formas curvas e harmoniosas. Casas e construções costumam ter plantas internas com formato de cúpula, ou serem feitas de materiais mais flexíveis, como juncos ou argila. E quando as pessoas saem de casa, não caminham em calçadas com postes de luz (formando ângulos retos). Elas se movem em meio à natureza — árvores, plantas, animais e tipos diferentes de solo. E a natureza não é feita de ângulos retos. Ela adora curvas.

Então, quando uma mulher do povo sã no deserto do Kalahari observa as duas linhas da ilusão de Müller-Lyer em um pedaço de papel, ela não se deixa enganar pelas pontas das setas. Seu cérebro não conclui automaticamente que aquelas linhas representam as margens de caixas. Ao contrário, ela vê apenas o que está efetivamente desenhado na página: duas linhas de igual comprimento.

Ao aplicar o teste em diversas culturas, os pesquisadores expuseram uma enorme falha nos fundamentos da psicologia. Suas descobertas mostraram que a cultura e o ambiente em que crescemos podem moldar profundamente as funções cerebrais básicas, como a percepção visual.

Se isso for verdade, então quais seriam as outras formas pelas quais a cultura poderia mudar nosso cérebro? Que outros "universais humanos" ou "princípios gerais" da psicologia não são, na verdade, universais, mas, sim, exclusivos da cultura ocidental — consequências de se viver e ser criado em um ambiente particularmente ESTRANHO?

Outra forma de expressar essa ideia: se pertencer a uma cultura distorce algo tão simples quanto a maneira como interpretamos duas linhas pretas em uma página, como a cultura pode influenciar processos psicológicos mais complexos? Que efeitos teria na maneira como criamos nossos filhos ou interpretamos o comportamento das crianças? E se algumas das ideias que consideramos "universais" quando se trata de criação de filhos forem, na verdade, "ilusões de óptica" geradas pela cultura ocidental?

———————

Depois de ter deixado a aldeia maia em Yucatán e voltado para casa, me senti muito motivada, animada e, pela primeira vez em anos, esperançosa em relação à parentalidade. Achava que talvez — e apenas talvez — eu pudesse entender, afinal, do que se tratava educar um filho; que eu pudesse não apenas domar aquela hiena selvagem em nossa casa, como também ensiná-la a ser prestativa e respeitosa. A perspectiva me provocava vertigens.

Então, comecei a fazer o que faço de melhor: pesquisar. Queria me informar o máximo possível sobre a abordagem dos pais maias para a criação de filhos. Mergulhei na literatura científica, conversei com pesquisadores e consultei livros acadêmicos. Também analisei longa e profundamente obras contemporâneas sobre parentalidade.

Minha frustração foi praticamente imediata: não consegui encontrar quase nenhuma informação sobre a educação de crianças na cultura maia nos livros mais populares sobre criação de filhos. Na verdade, foi difícil encontrar quaisquer informações sobre parentalidade em culturas não ocidentais. Nos raros casos em que os livros mencionavam práticas de outras sociedades, eles tratavam tal conhecimento mais como uma curiosidade intelectual do que como uma informação valiosa que poderia, realmente, ajudar mães e pais em dificuldades.

Foi naquele momento que identifiquei a enorme lacuna existente nas orientações disponíveis acerca da criação de filhos. Quando se trata de instruções e aconselhamentos, damos ouvidos quase exclusivamente à perspectiva ocidental. Há inúmeras vozes e pontos de vista além dela. E mais ainda: quando se trata de entender do que os bebês precisam para dormir, como as crianças pequenas agem e o que fazer quando elas se deitam de bruços no chão (querendo apenas interagir com um amigo), o mundo ocidental pode não ser o melhor lugar para procurar as respostas.

Para começar, a cultura ocidental é relativamente novata em formação de filhos. No cenário parental mundial, é a mais ingênua. Muitos dos métodos existem há apenas cem anos — em alguns casos, há algumas décadas. E essas práticas ainda não foram, sob nenhuma hipótese, "submetidas ao teste do tempo". Muitas vezes, as orientações mudam tão rapidamente de uma geração para outra que isso chega a ser perturbador. Considere, por exemplo, a posição recomendada para o sono de um bebê. Quando minha mãe deu à luz, os médicos lhe disseram para colocar a recém-nascida Michaeleen sobre sua barriga para fazê-la dormir. Hoje, esse conselho seria considerado altamente perigoso e até mesmo negligente, uma vez que foi comprovado que colocar os recém--nascidos para dormir de bruços faz aumentar o risco da síndrome da morte súbita infantil (SMSI).

Além disso, ao comparar estratégias ocidentais de criação de filhos com outras ao redor do mundo e ao longo da história humana, é possível concluir que, muitas vezes, aquilo que é feito é bastante ESTRANHO.

Muito antes de o trio de psicólogos publicar seu notável estudo, dando ao Ocidente a faixa de cultura mais ESTRANHA do mundo, o antropólogo David Lancy já se perguntava se isso também não seria verdadeiro quanto à forma ocidental de criar os filhos. Essa abordagem é a exceção? É o ponto fora da curva?

Por décadas, Lancy analisou dados antropológicos, descrições etnográficas e registros históricos, e concluiu que a resposta era um retumbante *sim*! Muitas práticas de uso disseminado — que acreditam ser essenciais ou fundamentais para a criação de filhos — não estão presentes em nenhuma outra cultura ao redor do mundo ou começaram a surgir apenas recentemente. "A lista de diferenças é muito, muito extensa. Devem existir de quarenta a cinquenta coisas que fazemos que não são observadas em nenhuma outra cultura", diz o pesquisador. Ele resume esses contrastes em seu histórico livro *The Anthropology of Childhood: Cherubs, Chattel, Changelings*.

Por exemplo, o elogio é a melhor maneira de motivar as crianças? É função dos pais estimular e entreter constantemente os filhos? As palavras são a forma ideal de se comunicar com crianças pequenas? As instruções verbais são, de fato, as mais indicadas para ensinar as crianças? Muitas dessas ideias ocidentais dificultam a criação de filhos e, frequentemente, vão contra os instintos naturais das crianças, afirmou Lancy.

Considere, por exemplo, a família nuclear. Na cultura ocidental, existe uma crença genérica de que a estrutura familiar ideal consiste em uma mãe, um pai e seus filhos pequenos, todos morando juntos sob o mesmo teto. E, para tornar essa estrutura ainda mais ideal, segundo o entendimento de alguns, a mãe deve ficar em casa e dedicar toda a sua atenção ao cuidado dos filhos. Isso seria o mais "tradicional", certo?*

Não mesmo. Se olharmos ao redor do mundo e investigarmos a história humana, descobriremos que a família nuclear (com uma mãe cujo único trabalho é ser mãe) é, indiscutivelmente, uma das estruturas menos tradicionais que existem. Em 99,9% do tempo em que os seres humanos estiveram sobre a Terra, a família nuclear simplesmente não existiu. "Trata-se de uma estrutura familiar que passou a existir há pouquíssimo tempo na história humana", diz o historiador John Gillis, da Universidade Rutgers, estudioso da evolução das famílias ocidentais há mais de trinta anos. "Não é uma coisa antiga. Não é tradicional. Não tem raízes reais no passado."

E, definitivamente, não se trata de um sinal de evolução no modo como as crianças humanas passaram a ser criadas. A família nuclear é incapaz de dar conta de instrutores fundamentais na vida de uma criança. Por centenas de milhares de anos, a criação de filhos era um assunto multigeracional. As crianças evoluíam aprendendo com pessoas de diferentes gerações — bisavós, avós, tios, tias, amigos da família, vizinhos, primos e todas as outras crianças que conviviam com elas.

---

* Ao ler isso, dependendo de sua formação, talvez você pense que a ideia de uma mãe em casa pareça antiquada. Entretanto, há pouco mais de catorze anos, 41% das pessoas pensavam que as mães que trabalhavam fora de casa prejudicavam a sociedade, informou o Pew Research Center, em 2007.

Nos últimos mil anos ou mais, a família ocidental foi lentamente encolhendo, deixando de ser uma miscelânea multigeracional para se tornar um minúsculo núcleo composto apenas da mãe, do pai, duas crianças e, talvez, um cachorro ou um gato. Houve não só a perda da avó, do avô, da tia Fay e do tio Bill, como também da babá Lena, do cozinheiro Dan e de uma série de vizinhos e visitantes que, simplesmente, frequentavam a varanda da frente ou dormiam no sofá. Depois que essas pessoas desapareceram do convívio familiar, a maior parte da sobrecarga da criação de filhos recaiu sobre a mãe e o pai.

Como resultado, pela primeira vez na história da humanidade, mães e pais estão, de maneira inesperada, assumindo essa coisa extremamente difícil conhecida como criação de filhos, e tudo por conta própria (ou, até mesmo, de forma individual). "A ideia de duas pessoas cuidando de uma criança por conta própria é total e simplesmente absurda. Duas pessoas estão fazendo todo o trabalho desempenhado antes por uma comunidade inteira", acrescenta Gillis.

David Lancy compara essa abordagem da criação de filhos ao que acontece quando uma nevasca retém uma mãe e uma criança isoladas em uma casa. O isolamento força a mãe a ser a única parceira de brincadeiras da criança — a ser a única fonte de amor, conexão social, entretenimento e estímulo. Essas condições podem causar tensão e exaustão. "Há vários motivos para acreditar que as condições de vida modernas, nas quais bebês e crianças pequenas são afastados de seus pares em famílias monoparentais ou nucleares, produzem um efeito secundário", escreveu ele, em seu livro.

Todo esse isolamento — esse aprisionamento de famílias em nevascas virtuais — provavelmente não vem se revelando tão bom para a saúde mental de pais e filhos. Muitos psicólogos com quem conversei acreditam que a erosão da família estendida é a principal causa das altas taxas de depressão pós-parto nos Estados Unidos, bem como da crescente epidemia de ansiedade e depressão entre crianças e adolescentes. Mães, pais e filhos estão, simplesmente, solitários.

Esse isolamento tem uma outra repercussão prejudicial: as mães e os pais também perderam *seus* orientadores. E talvez tenhamos nos esquecido de quanto esses conselheiros são importantes.

Na cultura ocidental, tendemos a pensar a maternidade como "um instinto que surge tão naturalmente nas mulheres quanto o impulso sexual surge nos homens", escreve John Gillis em seu livro *A World of Their Own Making*. Mas, na realidade, a parentalidade é uma habilidade aprendida. E as fontes tradicionais de conhecimento são as mulheres e os homens que já criaram crianças por conta própria — avós, avôs, tias, tios e vizinhos intrometidos e prestativos. Desde que as gerações mais velhas desapareceram das casas das famílias, também se foram seus conhecimentos e habilidades parentais. Agora, os pais e as mães de primeira viagem terão de descobrir sozinhos as noções básicas da criação de filhos, tais como ajudar um bebê a dormir durante a noite, acalmar uma criança pequena durante um acesso de raiva e ensinar uma irmã mais velha a amar seu irmãozinho recém-chegado, em vez de agredi-lo.

Hoje em dia, o resultado é uma mãe dividida entre balançar o filho nos próprios braços ou niná-lo em um carrinho: agora mais do que nunca na história, ela carrega o dever da criação dos filhos, e, ainda assim, é a menos preparada para exercer essa função.

"As mães nunca estiveram tão sobrecarregadas pela maternidade", conclui Gillis.

Não é de admirar, então, o fato de eu me sentir exausta nas tardes de domingo, depois de passar o fim de semana com Rosy. Por dois dias seguidos, faço o trabalho de cerca de três a quatro pessoas. Não sou apenas a mãe dela, mas também a avó, uma prima e um irmão mais velho. E, ainda por cima, quase sempre desempenho esses papéis de improviso.

Em outras palavras, a criação da família nuclear remodelou a forma como se criam filhos e se aprende a ser pai e mãe. Adeus, vovó. Adeus, tia Carol. E adeus aos conhecimentos e às habilidades parentais e aos braços extras para segurar, cozinhar e massagear as costas dos bebês na hora de dormir. Bem-vindos, isolamento, cansaço e estresse.

Por que sou um pai ou uma mãe tão ESTRANHO?

Depois de me inteirar sobre quanto a forma de criar minha filha é ESTRANHA, não consegui afastar a ideia de que deve haver uma razão subjacente. Claro, para algo tão complexo quanto ser pai ou mãe, existem *muitos* motivos. Mas eu ainda me perguntava se um acontecimento fundamental poderia ter desencadeado uma avalanche de mudanças na cultura ocidental — e, no fim das contas, ao longo de centenas de anos, nos levado a um estado de exaustão e estresse a que chamamos, atualmente, de "ser pais".

Então, ao longo de meses, liguei para inúmeros historiadores e psicólogos e fiz a mesma pergunta: Por que nossa forma de criar filhos é tão ESTRANHA?

Cada pessoa me deu uma resposta diferente: o Iluminismo, o capitalismo, a Revolução Industrial, a redução da mortalidade infantil, o fato de haver menos filhos por família, nosso amor pela privacidade.

Obviamente, a resposta é multifacetada.

Mas, em seguida, liguei para Joe Henrich, um dos três psicólogos que cunhou o termo ESTRANHO. E, uau, sua resposta me surpreendeu. "Bem, coincidentemente, estou escrevendo um livro chamado *ESTRANHO*, que tenta explicar como os ocidentais se tornaram tão psicologicamente estranhos. Na verdade, a chave tem a ver com a Igreja Católica", disse ele.

"O quê? Como assim?"

Nos vinte minutos seguintes, ele explicou as fascinantes descobertas de seu novo estudo.

Há alguns milhares de anos, as famílias na Europa se pareciam bastante com as de outras culturas atuais: grandes, multigeracionais e muito unidas. Os lares das famílias eram estruturas porosas, nos quais parentes, empregados, trabalhadores, velhos vizinhos de sempre e amigos entravam e saíam, sem muito estardalhaço.

Ao mesmo tempo, as crianças gozavam de uma grande autonomia. A gigantesca estrutura familiar formava um escudo protetor em torno de bebês e crianças. A mãe e o pai não precisavam vigiá-los, porque algum outro adulto — ou uma criança mais velha, altamente capaz e cuidadosa — estava sempre por perto para ajudar. Como resultado, a partir dos 6 anos, as crianças na Idade Média (e ao longo da maior parte da história ocidental) passavam a viver, em sua maioria, livres das instruções e orientações de adultos. Elas tinham obrigações e responsabilidades dentro de casa, mas, em geral, criavam regras próprias e decidiam por si mesmas o que fazer a cada dia.

Mesmo assim, os pais ainda controlavam um aspecto essencial da vida de seus filhos: o casamento. Embora essa ideia possa causar certo constrangimento, peço sua compreensão por um momento, pois eles tinham uma razão convincente para fazer isso.

Em muitos casos, os pais encorajavam (ou persuadiam) fortemente seus filhos a casar com alguém próximo da família — por exemplo, um primo distante, um parente de um contraparente, ou um parente por afinidade, afirmou Joe. No entendimento das pessoas, tais casamentos eram "intrafamiliares", mas, na maioria dos casos, não havia razão "biológica" para proibi-los. A noiva e o noivo não eram parentes de sangue nem parentes próximos o suficiente para causar problemas de saúde por conta da consanguinidade.

Esses casamentos serviam a um propósito crucial. Eles formavam um tipo de elo que mantinha unidas as famílias estendidas. Com tais fios, as famílias teciam tapeçarias coloridas — e sólidas. Os casamentos mantinham as terras e os bens entre o clã. Com o passar do tempo, o clã ganhava dinheiro, prestígio e poder. E, talvez ainda mais importante para nossos propósitos, o clã prestava muita ajuda aos pais. As famílias permaneciam grandes e as crianças conseguiam ser autônomas de uma forma (relativamente) segura.

Então, por volta do ano 600, a Igreja Católica começou a mexer naquela tapeçaria, e suas tramas começaram a desfiar.

"A Igreja Católica se tornou obcecada pelo incesto", afirmou Henrich — ou pelo que ela chamava de "incesto".

A Igreja começou a regulamentar quem poderia se casar com quem. Para começar, ela proibiu primos de primeiro grau de se unirem — uma restrição razoável, pois os primos de primeiro grau compartilham cerca de 12% dos genes, e a consanguinidade pode causar problemas de saúde.

Mas, no século VII, a Igreja estendeu a proibição do casamento a todos os "parentes", não importando quão remotos fossem. Cinquenta anos depois, foram acrescentados os casamentos entre parentes por afinidade ou contraparentes. Então, por exemplo, se seu marido morresse, você não poderia mais se casar com o irmão dele (o que, na verdade, era uma escolha bastante comum — e biologicamente segura — no caso das viúvas). A pena por violar essas leis era dura: os bens deveriam ser repassados à Igreja. No século XI, papas e reis em toda a Europa já haviam implementado tantas restrições ao casamento que até mesmo primos de sexto grau não poderiam se unir. Lembre-se de que os laços de parentesco entre primos de sexto grau são intermediados por 128 antepassados. Eles compartilham cerca de 0,01% de DNA. E eles não são, de forma alguma, "aparentados" entre si do ponto de vista biológico.

Inúmeras repercussões resultaram de tais leis, conforme Henrich e seus colegas relataram em seu estudo de 2019. As leis do casamento fragmentaram as famílias estendidas em minúsculas partes. Por volta de 1500, a família ocidental começou a se parecer um pouco com o que ela é hoje. "Pelo menos na Inglaterra e, provavelmente, na Alemanha, a forma de família dominante é, bem possível, a da família nuclear", explicou o pesquisador.

Àquela altura, as mães e os pais ainda podiam contar com bastante ajuda para criar os filhos. Famílias ricas e de classe média contratavam babás, cozinheiras e faxineiras que residiam nas casas. E as famílias mais pobres continuaram a viver em grandes famílias estendidas por séculos. Entretanto, ao dividir as famílias e os clãs poderosos, a Igreja, provavelmente, despertou uma reação em cadeia que alterou a maneira como as pessoas pensam e aquilo que elas valorizam. No estudo, Henrich e seus colegas constataram que, quanto mais tempo uma comunidade havia sido exposta às restrições de casamento impostas pela Igreja Católica, mais provavelmente as pessoas raciocinavam como os ocidentais — ou seja, valorizavam o individualismo, a não conformidade e outros traços psicológicos característicos do Ocidente.

Não sabemos ao certo se a Igreja Católica é uma das razões primordiais pelas quais os pais ocidentais são tão ESTRANHOS. Só porque as duas mudanças estão ligadas no tempo e no espaço não significa que uma tenha causado a outra; algumas de nossas práticas parentais mais ESTRANHAS surgiram muito recentemente. Se refletirmos sobre isso, perceberemos, de maneira bem clara, quanto o encolhimento da família estendida poderia desempenhar um papel significativo na disseminação do intenso individualismo que identificamos nas sociedades ESTRANHAS — e mudar radicalmente a forma como tratamos as crianças.

Quando se cresce em uma família grande e estendida, há uma série de obrigações e responsabilidades para com os outros. É preciso cuidar de um irmão mais novo, ajudar uma avó doente, ou preparar refeições para os primos. Torna-se necessário se acomodar às necessidades dos outros e seguir o fluxo. As necessidades individuais ficam em segundo plano em relação à socialização e à cooperação. A pessoa é um peixinho em um lago superpovoado e interligado. Quando a família se senta para comer, todos comem a mesma comida, da mesma panela. Não há outra maneira.

Contudo, quando reduzimos a família a dois adultos casados e dois filhos, muitas daquelas obrigações são jogadas fora. A cooperação já não é tão necessária. A privacidade torna-se prevalente. Perdemos as habilidades exigidas para lidar com os outros e acomodá-los. Temos tempo e espaço para necessidades e preferências individuais. No fim das contas, depois de centenas de anos, acabamos com uma situação semelhante àquela que constatamos certas noites em nossa casa: à mesa de jantar, cada um come um prato diferente, com um molho diferente, e todo mundo tem uma opinião única sobre como aquele prato deveria ser preparado e ingerido. O individualismo é soberano. E as crianças — santo Deus! — podem se tornar realmente autoritárias.

CAPÍTULO 2

Por que criamos os filhos da maneira que criamos?

Quando Rosy tinha cerca de seis meses, levei-a ao pediatra com meu marido, Matt, para fazer exames e ser vacinada. No fim da consulta, o médico nos deu uma tabela prática, com uma lista de "ações" para ajudar aquele pedacinho de gente a se desenvolver e crescer. A tabela incluía informações sobre o treinamento do sono, horários de alimentação e quanto era importante conversar com o bebê. "Relatem tudo o que vocês fizerem", disse-nos o médico. "Por exemplo, enquanto lava suas mãos, deve dizer a Rosy: 'Estou lavando minhas mãos agora com água e sabão.'"

"Você vai se dar bem nisso", disse Matt, olhando para mim. "Você é uma tagarela profissional." E é verdade — como repórter de rádio, sou ótima quando se trata de falar bastante.

Quando chegamos em casa, afixei a tabela na geladeira, determinada a criar minha filha seguindo uma estrutura, uma rotina e muita conversa ("Agora, Rosy, eu vou abrir a porta da geladeira. Agora eu vou pegar uma garrafa de vinho e servir em uma taça. Agora eu vou tomar o vinho").

IDADE	SONO	ALIMENTAÇÃO
3-6 meses	3 cochilos 8-10 horas por noite	8-12 alimentações por dia
6-9 meses	2 cochilos 10-11 horas por noite	5-6 alimentações por dia
9-12 meses	2 cochilos 10-11 horas por noite	Amamentação antes de oferecer comida sólida; acompanhar os sinais

Eu consigo, pensei comigo mesma. Então, diante da geladeira, dei um passo para trás e olhei para a tabela. Impressa em preto e branco, ela me pareceu algo que um funcionário de Recursos Humanos me entregaria ao fim de uma obrigatória "sessão de treinamento". Uma sementinha de dúvida brotou em minha mente. Comecei a me perguntar a respeito de onde teriam vindo essas orientações. Seriam, de fato, as melhores existentes?

Quando me tornei mãe, minha sensação era a de que nós sempre havíamos criado nossos filhos da mesma maneira. Que mães e pais sempre conversaram com bebês e com crianças pequenas como costumamos fazer. Que sempre estimulamos e instruímos as crianças da maneira como fazemos, cobrindo-as de brinquedos, bugigangas e elogios. Que quando uma criança de 3 anos levava seu prato para a pia da cozinha após o jantar, os pais sempre diziam, em voz estridente, algo como "Ah, que fantástico! Que grande ajudante você é".

Em outras palavras, presumi que as orientações no prontuário do pediatra haviam sido testadas e aprovadas, transmitidas de geração para geração. Que, em uma aldeia macedônia há centenas de anos, a avó da avó da avó... da bisavó Doucleff segurara seu bebê nos braços e seguira as orientações presentes na tabela que o médico me dera.

Logicamente, pais e mães absorvem algumas dicas e ferramentas novas da ciência e da medicina ao longo dos anos para facilitar a vida e tornar os filhos mais saudáveis. O que essas inovações talvez tenham deixado a desejar em primazia histórica, elas compensaram com sólidos dados científicos que as embasaram.

E, sendo assim, eu acreditava que os conselhos de médicos e especialistas eram as melhores orientações que os pais poderiam receber — estávamos todos caminhando juntos, em direção a um regime parental ideal. Uma noite, uma amiga minha me disse, categoricamente: "Michaeleen, estamos otimizando o ótimo."

E, então, cerca de um ano depois de ter pregado a tabela do médico em nossa geladeira, me deparei com um dos livros mais notáveis que já li. Não me lembro de onde o encontrei. Não é um campeão de vendas. E é bem volumoso — levei meses para ler o livro inteiro. Mas valeu cada minuto: bastou esse único livro para mudar a forma como eu encarava as "orientações aos pais" e a abordagem da cultura ocidental para lidar com crianças.

No início dos anos 1980, a escritora britânica Christina Hardyment se encontrava em uma situação difícil: tinha quatro filhos com menos de 6 anos (quatro crianças menores de 6 anos? Isso é biologicamente possível? Tremo ao imaginar) e se sentia sobrecarregada por todos os conselhos que ouvia de médicos, jornalistas e escritores. E, por fim, ela começou a suspeitar de tais orientações. *Humm*, pensou ela, exatamente igual a mim. *De onde vem todo esse conhecimento, afinal de contas?*

Foi aí que Christina empreendeu um grande projeto: leu e revisou mais de 650 livros e manuais sobre criação de filhos, voltando até meados do século XVIII; por volta daquela época, "especialistas" começaram a escrever manuais para "pais inteligentes", e o campo da pediatria emergiu como uma disciplina separada das demais. O livro resultante, chamado *Dream Babies*, traça a história das orientações destinadas aos pais, desde o filósofo John Locke, nos anos 1600, até a ascensão do casal Sears, Bill (pediatra) e Martha (enfermeira), nos anos 1990.

A conclusão do livro é espantosa: muitas das orientações hoje oferecidas aos pais não se baseiam em "estudos científicos ou médicos", e nem mesmo no conhecimento tradicional passado de avós para mães por séculos. Grande parte delas provém de folhetos centenários — muitas vezes, escritos por médicos do sexo masculino —, destinados a hospitais de enjeitados, onde enfermeiras cuidavam, ao mesmo tempo, de centenas de bebês abandonados. Com esses folhetos, os médicos estavam, essencialmente, tentando industrializar os cuidados pediátricos. Suas publicações, porém, encontraram outro público sedento: mães e pais exaustos. Com o tempo, o tamanho e o escopo desses folhetos foram se ampliando. Por fim, se transformaram nos livros de aconselhamento que existem hoje, "descendentes ampliados dos concisos tratados escritos por médicos do século XVIII para serem utilizados por enfermeiras em hospitais de enjeitados", escreveu Christina. "As técnicas para lidar com crianças não trilharam o progresso contínuo em direção ao aprimoramento, conforme reivindicado por alguns historiadores da infância", mas, em vez disso, "sempre foram adaptadas, às vezes de forma interessante, às vezes de forma desagradável, para se adequar às diferentes épocas".

Considere, por exemplo, a ideia de que os bebês precisam se alimentar de acordo com um determinado cronograma — a cada duas horas, como o pediatra me sugeriu. Esse conselho remonta, pelo menos, a 1748, quando o Dr. William Cadogan escreveu um ensaio destinado às enfermeiras do Hospital de Enjeitados de Coram, em Londres — um hospital que admitia em torno de cem bebês por dia. Claramente, a equipe do Coram não conseguia alimentar (tampouco acolher em seus braços) tantos bebês sempre que eles choravam (ou na situação "sob demanda", como costumamos dizer). O médico, então, decidiu recomendar quatro refeições por dia, diminuindo para duas ou três depois que a criança completasse 3 meses. No início, médico de guerra, Cadogan se voltou para a pediatria depois do nascimento de sua filha, em 1746, aplicando nessa especialidade algumas visões misóginas da parentalidade: "É com grande prazer que vejo, finalmente, a preservação das crianças se tornar a preocupação dos homens de bom senso. Em minha opinião, esse negócio foi deixado, fatalmente, por muito tempo sob a gestão das mulheres, que não são capazes de ter um conhecimento adequado que as prepare para a tarefa" (pouco importando o fato de que as mulheres eram aptas para a tarefa poucos milênios atrás na Europa e duzentos mil anos em outros lugares).

Algumas décadas depois de Cadogan ter publicado suas recomendações acerca do cronograma de alimentação, os médicos começaram a oferecer conselhos sobre o sono dos bebês e sua predileção por desenvolver "maus hábitos". Em 1848, o Dr. John Ticker Conquest desconsiderou completamente dezenas de milhares de anos de história e alertou as mães a não balançar os bebês na hora de colocá-los para dormir, o propósito era que eles não se viciassem nisso. Um berço, com seus movimentos de vaivém, escreveu ele, era um aparato "inventado e usado outrora para subjugar lunáticos furiosos". Os especialistas também começaram a recomendar que os bebês se separassem fisicamente das mães à noite e até parassem de mamar. "Embora o desejo instintivo do bebê pela presença da mãe fosse reconhecido, era mais importante adestrá-lo no conveniente hábito de dormir sozinho em um berço", escreveu Christina.

E quanto ao treinamento do sono? Adivinhe quem propôs essa técnica exclusiva? Ora, um cirurgião que virou redator esportivo, é óbvio, e escrevia sob o pseudônimo de Stonehenge. Se os bebês "forem colocados para dormir em seus berços, e lhes for permitido descobrir que não conseguirão o que querem chorando, eles imediatamente se conformarão e, após um curto período de tempo, adormecerão ainda mais prontamente no berço do que no colo", escreveu o Dr. John Henry Walsh, em seu *Manual of Domestic Economy*, em 1857. Além de oferecer aconselhamento sobre o sono infantil, Walsh também escreveu livros sobre armas de fogo, entre eles, *The Shot-Gun and Sporting Rifle* e *The Modern Sportsman's Gun and Rifle* (e, um dia, ele perdeu uma parte considerável da mão esquerda ao manusear uma arma que acabou explodindo).

No fim das contas, esses livros mudaram a forma como os pais encaravam o sono dos filhos. Pela primeira vez, bebês e crianças não dormiriam quando se sentissem exaustos nem acordariam quando estivessem descansados. Em vez disso, os pais seriam obrigados, agora, a controlar, regular e cronometrar o sono dos filhos, assim como faziam com um peru assado no forno. De repente, surgiram todas aquelas regras e requisitos a respeito do sono que não existiam antes. Os pais se tornaram vigias do sono. "A hora de dormir era, agora, uma oportunidade de mostrar quem mandava", escreveu Christina. Em algum momento, as regras para o sono se transformaram em uma questão moral: se seus filhos não estiverem dormindo nos horários ideais, por um número ideal de horas a cada dia, então você não apenas é um mau pai, como, cuidado!, seus filhos terão problemas mais tarde na vida — problemas na escola, problemas para conseguir um emprego, problemas... Bem, apenas problemas. Muitos problemas.

Quando acabei de ler o livro de Christina, minha perspectiva a respeito da tabela afixada na geladeira havia mudado. Não acreditava mais que os pais ocidentais de hoje dispusessem dos melhores conselhos, aperfeiçoados por séculos de experiência e aprimorados pela ciência. *Não* estamos praticando uma parentalidade ideal. Essa ideia não poderia estar mais longe da verdade.

Mas o fato é que, em muitos casos, o primeiro dos conselhos vem sempre impresso em uma página, não importando quão ineficaz ele seja. "Rotinas para a hora de dormir, rotinas para a hora de dormir, rotinas para a hora de dormir!" é o que eu escuto vindo de todas as direções, desde as minhas amigas até o pediatra. Mas se as rotinas para a hora de dormir funcionam tão bem, então por que minha casa parece uma zona de guerra às 20h, todas as noites? E por que um livro chamado *Go the F**k to Sleep* vendeu milhões de cópias na última década, ou algo assim?

Na verdade, se analisarmos muitos dos pilares da educação moderna no Ocidente, encontraremos histórias cujas origens são surpreendentemente frágeis. Esses costumes não se popularizaram por se mostrarem eficazes nem bons para as crianças, e sim por causa do senso de oportunidade e da técnica de exposição de produtos.

———————————

Nos últimos 150 anos, os pais ocidentais aprenderam três práticas que se tornaram a base de nossos relacionamentos com os filhos. São coisas que pensamos que *devemos* fazer e coisas que também fazemos *sem* pensar. Quando observamos como essas práticas surgiram, encontramos um padrão repetitivo.

Nº 1: Apocalipse dos cacarecos

Considere, por exemplo, a infinidade de cacarecos cor-de-rosa, verde-limão e azul-claros empilhados no canto de nossa sala de estar — aqueles quase cem objetos de plástico que eu acabo organizando todas as noites. Sim, estou falando de brinquedos (especificamente, Legos). Ofereço Legos a Rosy porque acho que eles vão ajudá-la a crescer e a se desenvolver cognitivamente, e porque quero mantê-la ocupada. Mas nenhuma evidência científica comprovou que as crianças precisam dessas coisas. Na verdade, há uma grande possibilidade de Rosy se sair melhor na faculdade e em seu futuro emprego — que diabos!, até mesmo na vida, de modo geral — sem precisar de um fluxo contínuo de novos brinquedos bagunçando nossa casa.

Então, por que sinto a necessidade de fornecer a Rosy quebra-cabeças de trenzinhos com abecedário, jogos de chá em miniatura e frutas de madeira que ela possa "cortar" com uma faca de madeira? Por que esses itens ocupam um espaço precioso em nosso pequeno apartamento em São Francisco?

A resposta tem mais a ver com a Revolução Industrial — e o consumismo crescente — do que com a ciência cognitiva ou o desenvolvimento infantil.

No início dos anos 1800, todas as crianças nos Estados Unidos brincavam praticamente da mesma maneira — independentemente de serem ricas, pobres ou estar em alguma outra posição entre esses dois extremos, elas não tinham brinquedos em casa. Elas faziam o que as crianças vinham fazendo há duzentos mil anos: criavam seus brinquedos com objetos que encontravam dentro e fora de casa. "A ausência de brinquedos comprados em lojas não era uma desvantagem", explicou o historiador Howard Chudacoff, em seu livro esclarecedor *Children at Play: An American History*. "Até mesmo nas famílias ricas, os brinquedos informais pareciam mais importantes do que os brinquedos formais", escreveu ele. "Caroline Stickney, nascida em Connecticut, filha do dono de uma fábrica de papel, cortava em pedacinhos os lençóis descartados para fazer as roupas das bonecas, (...) [enquanto] meninos talhavam barcos e armas de brinquedo a partir de gravetos e pedaços de madeira descartados e faziam pipas com papel, tecido e barbante que haviam coletado."

Em meados dos anos 1800, surgiu uma nova ideia na psicologia, vindo ao encontro da Revolução Industrial — e as crianças ocidentais nunca mais brincaram da mesma forma. Especialistas em criação de filhos começaram a defender o "uso de blocos, na escola e em casa, para ensinar valores de organização, assim como o desenvolvimento de habilidades construtivas", e o uso de "jogos de tabuleiro para aprimorar os poderes de planejamento e ordenação", escreveu Chudacoff.

Algumas décadas depois, a Revolução Industrial inaugurou inúmeras novas maneiras de fabricar brinquedos, bonecas, quebra-cabeças e livros — em massa. As bugigangas infantis nunca haviam sido tão baratas de produzir, ou tão atraentes para as crianças. Os brinquedos ficaram mais coloridos e as bonecas, mais realistas; e ambos foram amplamente propagandeados para pais ansiosos, que dispunham de mais renda em seus bolsos. Ao mesmo tempo, os psicólogos começaram a pensar que brincar era importante para o desenvolvimento das crianças. Eles aconselharam os pais a estimular seus filhos a fazê-lo, em vez de ajudar nas tarefas domésticas ou nos negócios da família.

O resultado foi uma explosão de brinquedos nas casas de classe média. Os "bons pais" não permitiriam mais que os filhos construíssem seus brinquedos com lençóis e madeira, mas os presenteariam diligentemente com a última versão manufaturada de pipas, armas, bonecas e comida fictícia. Os brinquedos, antes considerados completamente desnecessários, agora eram essenciais. E brincar, antes considerado como a "oficina do diabo", agora era saudável e desejável.

Surpreendentemente, vemos esse mesmo padrão se repetindo uma e outra vez em aspectos cruciais da educação ocidental. Uma prática surge em determinado momento da história; passa a ser incensada pela mídia e por psicólogos, pediatras, especialistas em saúde pública, ou todos os quatro juntos; e, então, sua importância é ampliada por um produto que precisamos comprar, ou por um livro de autoajuda que precisamos ler. A prática se infiltra em nossas casas, nas escolas, igrejas, clínicas médicas e, no fim, torna-se tão enraizada na estrutura da criação dos filhos que mal percebemos que ela existe.

Nada poderia ser mais verdadeiro do que a segunda "pedra angular" da parentalidade — que eu chamo de "Aprenda-a-palooza".

Nº 2: Aprenda-a-palooza

Essa ideia tem estado latente na cultura ocidental há cerca de um século, mas, na década de 1950, ela disparou como um foguete.

Em 4 de outubro de 1957, a União Soviética chocou o mundo ao lançar na órbita da Terra, com sucesso, o *Sputnik* 1, o primeiro satélite artificial. A conquista atingiu "como uma bola traiçoeira os especialistas em criação de filhos, os educadores e os propagandistas da Guerra Fria nos EUA", escreveram as jornalistas Barbara Ehrenreich e Deirdre English, em seu livro *For Her Own Good: Two Centuries of the Experts' Advice to Women*. Um coro de autoridades culpava os pais norte-americanos por não terem a sabedoria dos pais soviéticos, que, claramente, vinham criando seus filhos para superar as crianças norte-americanas no campo das inovações e do ensino superior — "pelo menos algumas delas [das crianças russas] eram *mais* criativamente ousadas e imaginativas do que suas equivalentes norte-americanas".

O *Sputnik* 1 gerou um sentimento nacional quase instantâneo de pânico e alarme. As crianças norte-americanas estavam ficando para trás em relação às crianças russas, e se a democracia e o livre-arbítrio quisessem sobreviver, os jovens dos Estados Unidos — de bebês a adolescentes — precisavam aprender mais rápido, aprender mais e aprender mais cedo. "É *melhor* Johnny aprender a ler, (...) ou podemos acabar em um mundo onde não se escreverá mais em inglês", afirmava um anúncio de serviço público nas revistas *Newsweek* e *Reader's Digest*, logo após o lançamento do satélite.

E adivinhe quem, de repente, recebeu o fardo de ter de ensinar Johnny a ler aos 3 anos? A mãe, é óbvio. "Era sua função manter o aparelho sensorial da criança ocupado em tempo integral", escreveram Barbara e Deirdre. Das mães, "esperava-se [agora] que mantivessem o ambiente desafiador, sonoramente estimulante, colorido e em constante mudança".

Não bastava mais preparar biscoitos com seu filho de 4 anos; era sua obrigação, também, dar-lhe uma aula de matemática sobre frações. Cada caminhada na floresta se tornara um exercício de ciências. Cada história contada antes de dormir se tornara uma oportunidade de avaliar o vocabulário da criança. Cada momento se tornara uma chance para a mamãe ou o papai estimularem a criança; quanto mais, melhor. E, se eles não fizerem isso, não apenas a União Soviética dominaria o mundo, como o pequeno Johnny não entraria na faculdade.

Na década de 1960, os especialistas em criação de filhos usaram a culpa, a vergonha e o medo para atribuir aos pais norte-americanos uma nova tarefa: estimular, instruir e ensinar aos filhos, em todos os momentos. Essa abordagem de alta energia e intensa verborragia aderiu como uma supercola na cultura norte-americana. Nós naturalizamos essa prática. *É lógico* que o papai vai dar àquela criança no parquinho uma aula completa de física. *É lógico* que comecei a ler para Rosy quando ela estava com 2 meses e continuo fazendo isso até hoje, aos 3 anos. *É lógico* que temos 143 livros infantis em nossa casa. Isso não é apenas normal. É benéfico. É ótimo.

Mas também é exaustivo (para mães, pais e crianças). E, mesmo assim, ainda não é suficiente. Porque, além dos estímulos e das aulas expositivas, precisamos fazer outra coisa — constantemente.

Nº 3: Elogios. Elogios. E mais elogios

Perto do fim do século XX, a sociedade atribuiu aos pais já suficientemente atarefados mais uma responsabilidade. E, dessa vez, era uma coisa verdadeiramente complicada.

O elogio é tão onipresente em torno das crianças hoje em dia que quase não o percebemos. Mas, se prestarmos atenção (e, até mesmo, começarmos a contar), é quase inacreditável quanto todos têm o hábito de cobrir as crianças de elogios. Quando vamos aos correios e Rosy coloca um selo em uma carta, o homem atrás do balcão age como se ela tivesse acabado de negociar a paz no Oriente Médio. "Surpreendente! Você colocou o selo na carta? Que ajudante incrível você é!"

A verdade é que eu elogio Rosy sem nem mesmo pensar nisso. "Uau, você desenhou um R! Que lindo!" "Fez um belo trabalho colocando esse garfo na mesa." "Você calça os sapatos! Hora da dança da felicidade!" "Você desenhou um coração! Que artista incrível você é!" A lista continua, indefinidamente.

Por que faço isso? Porque nas décadas de 1980 e 1990 livros, artigos de revistas, psicólogos e pediatras começaram a dizer aos pais que, se eles não elogiassem as crianças *ad nauseam*, algo terrível aconteceria: nós prejudicaríamos sua florescente autoestima.

Definir o termo "autoestima" é assunto para outro livro. Mas vamos apenas colocar desta forma: a autoestima é uma criação cultural, e não um princípio humano universal. O conceito se infiltrou na cultura popular norte-americana durante a década de 1960 e, em seguida, ocupou mentes, escolas e lares com uma estrondosa vingança algumas décadas depois (quando se tornou a pedra angular da multibilionária indústria da autoajuda). A cultura ocidental, provavelmente, é o único lugar onde existe o conceito de "autoestima" — e, definitivamente, é a única sociedade que exige que os pais a mantenham e a cultivem em seus filhos. Nos Estados Unidos, os pais são levados a crer que devem cultivar um senso "saudável" de autoestima nos filhos; caso contrário, eles podem sofrer todos os tipos de problemas sociais e emocionais, entre eles, fracasso escolar, abuso de álcool e drogas, crime, violência e, até mesmo, gravidez adolescente.

Contudo, quando analisamos efetivamente os dados que conectam a baixa autoestima com todos esses problemas, os estudos se revelam constrangedoramente deficitários. Os nexos causais são tênues, de má qualidade ou inexistentes. No entanto, a falta de evidências não impediu os especialistas de sugerirem aos pais como evitar que um futuro tão terrível se abatesse sobre seus filhos. Eles recomendaram uma medida surpreendentemente simples: elogiar muito as crianças e ignorar seus erros. "Os pais foram instruídos a elogiar seus filhos pequenos em todas as oportunidades, a criticar com moderação, a serem cautelosos com a disciplina para não prejudicar a autoestima, a estimular a autoexpressão e a incentivar os filhos a experimentar coisas novas", escreveram as psicólogas Peggy Miller e Grace Cho, em seu livro arrebatador *Self-Esteem in Time and Place*, publicado em 2017.

Ninguém sabe que efeito todos esses elogios — e a eliminação das críticas — teve sobre as crianças, escreveram as duas. A ciência está mobilizada em torno do assunto. Em alguns casos, os elogios podem motivar as crianças a aprender e a se comportar. Mas em outras situações eles são desmotivantes. O resultado depende de uma série de circunstâncias — quais ações são elogiadas, quanto a criança sente que merece o elogio, como o elogio é manifestado, a idade e a personalidade da criança, a relação que a pessoa tem com ela etc.

Quando os elogios superam em muito as críticas — quando os pais ignoram os erros e fraquezas —, Miller e Cho temem que os pais possam estar dificultando a vida dos filhos em longo prazo. Eles podem estar ensinando as crianças a serem egocêntricas e a competir com os irmãos pelo elogio e pela atenção dos adultos. As crianças podem se tornar mais vulneráveis à depressão e à ansiedade à medida que vão avançando até a idade adulta.

De acordo com minha experiência, todos os elogios contribuem apenas para que Rosy se torne mais irritante — mais do que a dor de cabeça usual —, andando atrás de mim, buscando reações e atenção de minha parte ("Olhe para mim, mamãe!"). Além disso, reforçar constantemente a autoestima de Rosy é muito exaustivo para mim. Como Miller e Cho destacam, a abordagem requer que os pais "gastem muito tempo e energia monitorando o comportamento de seus filhos".

Quando observamos através das culturas e ao longo da história, a abordagem ocidental de criação de filhos (por exemplo, excesso de elogios, pouca ou nenhuma crítica e aferição constante das preferências da criança) se destaca das demais. Alguém poderia argumentar que é a única a agir dessa forma. Em muitas culturas, os pais elogiam muito pouco — ou não elogiam nunca. No entanto, seus filhos crescem exibindo todos os sinais de uma robusta saúde mental, assim como um alto nível de empatia. Além disso, nas culturas que visitaremos neste livro, as crianças que recebem poucos elogios mostram mais confiança e força mental do que suas equivalentes norte-americanas, mergulhadas em afagos.

Para ser honesta, depois de ler o livro de Miller e Cho, tive uma grande sensação de alívio. Pela primeira vez desde que Rosy nasceu, senti que não precisava elogiar cada ação dela. Que sua autoestima não era um frágil ovo Fabergé, que eu esmagaria a qualquer momento, sem querer. Eu poderia deixar as coisas seguirem seu curso, e apenas fazer-lhe companhia; simplesmente sentar ao lado dela no ônibus e não sentir a menor necessidade de lhe dizer: "Bom trabalho!" (ou dar-lhe uma aula sobre as leis da física que fazem as rodas do ônibus girar). Nosso tempo juntas começou a parecer mais com o tempo que eu passava com meu avô, quando eu era criança: calmo, silencioso, com menos pressão para fazer o que fosse.

E aconteceu uma coisa engraçada. Depois de mais ou menos uma semana sem elogios, percebi que minhas palavras estavam se tornando mais eficientes. Quando finalmente reagi às suas demandas, ela estava mais propensa a escutar. O fluxo constante de elogios e reações vinha abafando o que realmente importava para mim. Sem os comentários adicionais, Rosy poderia entender mais facilmente quando eu realmente precisava que ela me escutasse ou cooperasse. Até escovar seus dentes à noite ficou mais fácil.

Em seu best-seller *Sapiens*, Yuval Noah Harari argumentou que o progresso da humanidade é uma ilusão. E, sob muitos aspectos, a tecnologia e a ciência tornaram nossa vida mais difícil, ao invés de facilitá-la. Consideremos, por exemplo, o e-mail. A tecnologia, certamente, tornou a comunicação mais rápida, mas a que custo? O e-mail tornou nossa vida mais descontraída? "Infelizmente não", escreveu Harari. Agora, a cada dia, invadem nossas caixas de entrada (e nossa mente) centenas de mensagens de pessoas que esperam respostas imediatas. "Achávamos que estávamos economizando tempo [com as novas tecnologias]; em vez disso, aceleramos dez vezes a velocidade anterior da roda da vida e tornamos nossos dias mais ansiosos e agitados."

Podem-se usar os mesmos argumentos a respeito da parentalidade. À medida que acumulamos mais tecnologias, mais produtos e mais discernimento psicológico, talvez tenhamos tornado nosso trabalho muito mais difícil. Esperamos que as crianças estejam ocupadas o tempo todo, atendam prontamente aos nossos pedidos e alcancem todas as metas o mais rápido possível. Aceleramos dez vezes a roda da parentalidade e, de fato, nos tornamos mais ansiosos e agitados.

Em outras palavras, dedicamos cada vez mais recursos aos nossos filhos, mas será que isso nos tornou pais melhores ou, simplesmente, pais mais exaustos? Talvez, nesse processo, tenhamos perdido as habilidades parentais essenciais e o conhecimento que nossos ancestrais — até mesmo nossos avós —, certa vez, possuíram. Habilidades que nos ajudaram a criar filhos de maneira mais harmoniosa, calma e eficaz. Habilidades que faziam com que ser mãe ou ser pai fosse muito mais agradável.

Agora temos a chance de recuperar essas habilidades e aprender outras ao longo do caminho.

Para fazer isso, vamos reduzir a marcha, expandir nosso círculo de especialistas em parentalidade. Em vez de depender apenas de médicos, cientistas ou mesmo de cirurgiões que viraram redatores esportivos para buscar orientações acerca da criação de filhos, vamos aprender com os superpais do mundo, cujas ferramentas e técnicas têm o que não encontramos nas ferramentas modernas: tempo e números. Suas estratégias foram testadas e aprimoradas em milhões de crianças ao longo de milhares, talvez dezenas de milhares de anos, tornando-as tão "baseadas em evidências" ou "testadas por pesquisas" quanto um pai ou uma mãe poderiam se tornar.

Nossa primeira parada? A casa de Maria, em Yucatán, onde testemunhamos sua filha pré-adolescente Angela pular da cama certa manhã e, imediatamente, começar a lavar a louça — tudo por iniciativa própria.

Mas espere! A ciência não pode me dizer como criar meus filhos?

Quando soube que estava grávida, fiquei nas nuvens. Não, na Via Láctea. Sério. Meu marido e eu vínhamos tentando ter um bebê há mais de seis anos. E, com a ajuda da ciência de última geração, finalmente vimos aquelas duas listras cor de rosa na fitinha do teste de gravidez.

Oito meses depois e vinte quilos a mais, pensei, de fato, que estava pronta para ser mãe — a melhor de todas. Eu acabara de retornar de uma reportagem que tinha ido fazer no epicentro de um surto de ebola, durante a qual não me senti, em nenhum momento, nem amedrontada nem sobrecarregada. *Ser mãe não pode ser mais difícil do que isso*, pensei (oh, santa inocência).

Além disso, eu tinha uma estratégia infalível para resolver qualquer problema com a criação de meus filhos, da mesma forma que resolvera tudo na minha vida: com a ciência. O bebê não quer dormir? Não é preciso se preocupar. Vou encontrar uma pesquisa que me mostrará a estratégia ideal. A criancinha está se debatendo no chão como um peixe fora d'água? Não há razão para se preocupar. Tinha certeza de que os psicólogos haviam descoberto uma maneira simples de controlar as pirraças — e tinha, praticamente, a mesma certeza de que tal descoberta estaria apoiada em inúmeros dados de alta qualidade.

Portanto, antes de Rosy nascer, comprei um monte de livros sobre criação de filhos, e me senti reconfortada com a grande quantidade de referências listadas nas páginas finais. A ciência seria minha graça salvadora (ou seria esse o canto de uma sereia?).

Depois de dois meses de maternidade, de repente comecei a me deparar com obstáculos — obstáculos sérios. A amamentação revelou-se quase impossível. Foi um esforço hercúleo para que Rosy e eu sobrevivêssemos às primeiras seis semanas de sua vida. Depois de contornarmos essa questão, nos deparamos com um problema ainda maior: o sono. Eu não conseguia fazer aquele pinguinho de gente dormir. Claro, ela adormecia no meu peito, no meu colo, e, até mesmo, nas minhas costas. Mas era só deitá-la no berço e, pronto — até nosso pastor-alemão escondia a cabeça debaixo da cama para fugir do pandemônio.

Repetidamente, as estratégias baseadas em evidências não ajudavam muito. É chocante, eu sei. Às vezes, elas funcionavam por uma semana ou até um mês, mas o efeito sempre desaparecia, e nos víamos de volta à estaca zero.

Foi então que comecei a pesquisar as referências no fim dos livros que eu havia comprado. Imediatamente, o alarme começou a soar em meu cérebro privado de sono. Talvez eu estivesse dormindo menos de três horas por noite, mas meu cérebro científico ainda não havia se transformado em um mingau. Eu ainda conseguia perceber que muitos daqueles estudos traziam inconsistências importantes, de vários ângulos. Comecei a questionar muitas das descobertas e a duvidar de que aquelas estratégias parentais realmente funcionassem. *A ciência pode realmente me ajudar a aprender a ser uma mãe melhor?*, perguntava-me. Claro, ela pode me ajudar a preservar a boa saúde física de Rosy com vacinas e antibióticos. Mas o que dizer sobre sua saúde mental e emocional? A ciência pode me ensinar como fazê-la adormecer mais facilmente? Como impedi-la de atirar comida para todos os lados na hora do jantar? Ou o que fazer ao acordar certa manhã e ver sua filha de 2 anos correndo pela calçada completamente nua? A ciência pode me dizer como criar uma criança para que ela seja amável e cooperativa?

Fiz essas perguntas ao psicólogo Brian Nosek, da Universidade da Virgínia. Ele deu uma risadinha discreta e, depois, disse algo que nunca mais esquecerei: "A criação dos filhos é um dos problemas mais difíceis enfrentados pela ciência — mandar um foguete para Marte é uma tarefa muito mais fácil, em comparação." Os pais estão, simplesmente, exigindo demais da ciência quando pedem que ela resolva as pirraças das crianças pequenas ou nos diga como convencê-las a serem prestativas", disse ele. Nem mesmo no século XXI os cientistas dispõem de meios para responder a perguntas tão complexas.

Nosek explicou que os estudos acerca da parentalidade tendem a apresentar um grande problema: eles constituem o que os cientistas chamam de estudos com baixo poder. É exatamente assim que me sinto como mãe — com baixo poder, sobrecarregada e tentando fazer mais do que minhas ferramentas permitem. Muitos experimentos de psicologia ficam estacionados no mesmo patamar, tentando chegar a muitas conclusões a partir de pouquíssima informação.

Em muitos casos, os pesquisadores não realizam os experimentos com um número suficiente de crianças ou famílias para concluírem se determinada abordagem realmente funciona. Em geral, os estudos envolvem apenas algumas dezenas de crianças, e mesmo as "grandes" pesquisas abrangem apenas algumas centenas, não os milhares ou dezenas de milhares de indivíduos necessários para chegar a conclusões efetivas sobre uma estratégia parental. Com um número muito reduzido de crianças em um estudo, não se pode afirmar com segurança se a ferramenta realmente funciona, ou se é provável que funcione com *outras* crianças.*

Estudos com baixo poder fazem com que os dados pareçam confusos. Como afirmou Nosek: "É um pouco como ter um telescópio de baixa resolução para estudar a galáxia." Os objetos no céu podem ficar distorcidos e serem confundidos com outros. Os anéis de Saturno se fundem com o próprio planeta. Algumas das luas de Júpiter desaparecem. E o cinturão de asteroides se torna uma faixa sólida.

---

* No fim, a pesquisa acaba sendo, muitas vezes, o que os cientistas chamam de irreproduzível. Ou seja, se executássemos o mesmo experimento uma segunda vez, obteríamos uma resposta diferente, ou as descobertas não se sustentariam. Em 2015, Nosek e seus colegas publicaram evidências de que a probabilidade de as pesquisas em psicologia serem reproduzíveis gira em torno, apenas, de 60%. E a pesquisa em psicologia social — que lida com relacionamentos — parece ainda pior. Eles descobriram que apenas cerca de 20% desses estudos eram reproduzíveis.

Um pesquisador pode tomar nota e publicar tais descrições. Mas e se alguém aparecer com um telescópio mais poderoso? Ih... Parece que Júpiter tem luas e o cinturão de asteroides não é exatamente um cinturão, mas se assemelha mais a fragmentos de rochas em órbita. O estudo inicial está completamente errado. E os cientistas mudam completamente sua conclusão inicial.

Acontece o mesmo com muitos estudos sobre parentalidade. Os dados que sustentam as recomendações costumam ser tão vagos que, quando outro estudo mais aprofundado surge, os cientistas não apenas desdizem a recomendação inicial, como até mesmo defendem o comportamento oposto.

Essa mudança pode frustrar os pais, além de provocar graves repercussões nas crianças.

Foi exatamente isso o que aconteceu com as alergias ao amendoim. Em 2000, a Academia Americana de Pediatria aconselhou os pais a não oferecer manteiga de amendoim aos bebês, pois estudos reduzidos haviam sugerido que a exposição precoce poderia aumentar o risco de uma alergia ao amendoim se desenvolver. Mas, com o tempo, vieram estudos mais extensos e mais potentes. Estes mostraram exatamente o oposto: a exposição ao amendoim, logo no início, diminuía o risco de uma criança desenvolver alergias. A orientação inicial estava errada; vinte anos depois, a comunidade médica deu uma guinada completa e, agora, recomenda que os pais introduzam a manteiga de amendoim na dieta de um bebê entre 4 e 6 meses de idade.

Em última análise, a recomendação imprecisa, provavelmente, contribuiu para o aumento das alergias ao amendoim em crianças nas últimas duas décadas. De 1999 a 2010, elas cresceram cerca de 0,4% para 2%, segundo relatam autoridades sanitárias.

Mesmo quando os estudos são suficientemente abrangentes — e apresentam fortes evidências —, nem sempre eles dizem aos pais aquilo que *realmente* querem saber: se a ferramenta ou a estratégia será efetiva com seus filhos. Só porque funciona em um laboratório ou com um pequeno grupo de crianças não significa que será útil para seu filho, dentro da sua casa. Na melhor das hipóteses, os estudos nos mostram aquilo que, em média, pode funcionar. Portanto, uma ferramenta poderia funcionar incrivelmente bem para um quarto das famílias, não funcionar nem um pouco para outras e, na realidade, tornar a vida de alguns pais ainda mais difícil.

Portanto, Nosek recomenda que os pais tenham cuidado com as novas ideias que emergem dos estudos, especialmente quando as evidências não são muito fortes e o tamanho da amostra é pequeno. Ao mesmo tempo, figuras influentes como pediatras, especialistas em saúde pública, jornalistas e escritores (inclusive esta que vos escreve) também devem ser mais cautelosos ao promover tais ideias. As pessoas precisam compreender a incerteza existente em qualquer conclusão científica. Ele ainda acrescentou: "Como tudo na ciência, a humildade não faz mal."

_____

O método maia

E

Q

União

I

P

E

**Se uma criança se comporta mal,
ela precisa ter mais responsabilidades.**

CAPÍTULO 3

As crianças mais prestativas do mundo

Em uma manhã de junho, Rosy e eu embarcamos em um avião em São Francisco e, seis horas depois, pousamos no calor sufocante de Cancún. Alugo um sedã Nissan marrom e seguimos para oeste, em direção ao centro da península de Yucatán. Depois de algumas horas, chegamos a uma barraca que vende flamingos de plástico cor-de-rosa — cerca de uma dúzia deles. Eu os reconheço da última viagem que fiz até lá, pois eles continuam perfilados como soldados de uma tropa. *Aha*, penso, *é neste ponto que saímos da estrada principal.*

Fazemos uma curva fechada à esquerda, sacolejando em uma estrada de cascalho esburacada. Passamos por algumas casas com telhados de palha e galinhas no jardim. Avistamos uma barraca em que se vende mel e, a certa altura, paramos para deixar uma família de cabras atravessar a estrada.

Olho para trás e vejo Rosy dormindo profundamente em sua cadeirinha, segurando um ursinho de pelúcia azul. Com seus cachinhos loiros e os lábios rosados e carnudos, ela parece um anjo quando dorme.

A estrada começa a se estreitar. Gavinhas e galhos arranham as janelas do carro enquanto desviamos para evitar os grandes buracos na estrada. Sem casas à vista, fico nervosa. *Virei em alguma curva errada?*

De repente, a estrada se abre para um grande espaço aberto, mais ou menos do tamanho de um campo de futebol, e ficamos cara a cara com o que parece ser um brontossauro com dois pescoços. Um brontossauro cor-de-rosa. É uma igreja espanhola do século XVIII com duas torres, de 18 metros de altura, inteiramente pintada de rosa.

Sinto o sorriso abrir-se no meu rosto. *Finalmente chegamos*, penso. *E eu amo este lugar.*

Estamos no centro de Chan Kajaal* — uma pequena aldeia maia aninhada em uma floresta tropical, não muito longe da antiga pirâmide de Chichén Itzá. O termômetro registra 38°C, e o calor do sol da tarde nos envolve como em um forno quente. Mas isso não importa. A aldeia ainda está movimentada. Em um dos cantos, um açougueiro usa um cutelo para destrinchar um porco recém-abatido. Do outro lado da rua, uma menina de uns 6 anos carrega um saco de milho até a tortilheria para colocá-lo à venda. Adolescentes conversam perto de uma caminhonete azul brilhante. Vejo smartphones nos bolsos traseiros. Sinto um cheiro fraco de fumaça no ar.

Estamos a menos de três horas do burburinho turístico de Cancún, mas essa comunidade parece estar a um universo de distância. Não há ar-condicionado aqui. O sinal de Wi-Fi é fraco. Portanto, a vida ocorre, principalmente, do lado de fora das casas. E, com isso, vem a sensação calorosa e maravilhosa de que todos ao redor pertencem a uma mesma família — de que todos o protegem.

Para onde quer que olhemos, há pessoas: socializando, se movendo, conversando. As irmãs mais velhas levam as caçulas da escola para casa, segurando os livros. Uma *abuela*, com os cabelos grisalhos presos em um coque bem cuidado, espalha sementes de abóbora na calçada para secá-las. Crianças pequenas ziguezagueiam em triciclos e bicicletas. Jovens passam voando em motocicletas. Seus pais locomovem-se em gigantescos triciclos de carga, em cujas plataformas dianteiras vão as crianças pequenas, os mantimentos e alguns galões de água potável.

---

* Para proteger a privacidade das famílias mencionadas neste livro, estou usando um pseudônimo para o nome da aldeia.

A aldeia estabeleceu-se em torno de uma piscina subterrânea de água doce, dentro de uma cratera calcária chamada no México de cenote. Durante séculos, as famílias maias vêm coletando para si, seus animais e seus jardins a água doce que também nutre plantas e animais em toda a aldeia. Folhas de palmeira crescem até atingir o tamanho de orelhas de elefante. Enormes mangueiras se erguem nos quintais, como se fossem balões de ar quente. E os pássaros — ah, meu Deus, existem tantos pássaros! — cantam entusiasmados em todas as árvores.

A maioria das casas de família consiste em pequenos complexos, compostos por pequenas edificações. As paredes das cozinhas, em geral, são construídas com varas de madeira; seus telhados, com palhas de palmeira; as paredes dos quartos podem ser feitas com blocos de concreto. Muitas vezes, vemos um galpão no quintal para armazenar milho, um curral para as galinhas e um pomar com bananeiras, laranjeiras e pés de graviola, com sua polpa branca e macia de gosto ácido.

Depois de algumas voltas pela aldeia, seguimos por uma rua escura, à sombra de um gigantesco flamboyant. Sinto que estamos chegando perto. Em um quintal, uma jovem esfrega uma calça jeans em uma lata d'água cheia de espuma. Um peru abre as penas de sua cauda ao lado da cerca. Então, à frente, avisto o que procurava: uma casa turquesa com janelas enfeitadas de branco. Meu coração acelera ligeiramente.

"Acorde, Rosy. Acorde", digo. "Foi para isso que viajamos 4.800 quilômetros."

"O que foi, mamãe? O que é isso?", pergunta Rosy.

"É a casa de Maria", respondo. "Ela vai me ensinar tudo sobre ser *acomedido*. E como ensiná-la a ser *acomedida*. Você está pronta?"

———

Nas últimas quatro décadas, antropólogos têm visitado a aldeia de Chan Kajaal para estudar como as crianças aprendem com suas famílias e sua comunidade. Os pais e as mães desse lugar descobriram algo que os pais norte-americanos (incluída esta mãe aqui) dariam o dedo mindinho para saber: como fazer com que os filhos executem as tarefas voluntariamente. As crianças maias — assim como as crianças de outras comunidades nativas no México — desempenham uma enorme quantidade de atividades domésticas. Elas lavam as roupas e a louça, ajudam a preparar refeições e cuidam de jardins. Elas fazem tortilhas para vender na feira nos fins de semana; abatem e cozinham porcos; cuidam de parentes mais velhos e de irmãos mais novos. Elas são competentes, autossuficientes e extremamente prestativas. E, na maioria das vezes, realizam essas tarefas sem serem solicitadas, ameaçadas ou atraídas por recompensas. Sem estrelas douradas. Sem concessões. Sem promessas de sorvete.

A psicóloga Lucia Alcalá tem estado na vanguarda dessa pesquisa, primeiro como estudante de pós-graduação na Universidade da Califórnia em Santa Cruz e agora como professora dessa universidade, mas em Fullerton. Em um estudo, Lucia e seus colegas entrevistaram 19 mães pertencentes a outro grupo nativo do México, chamado náuatle. Os pesquisadores fizeram uma série de perguntas às mães a respeito de como seus filhos, de 6 a 8 anos, ajudavam em casa. Com que frequência as crianças realizam tarefas domésticas? O que elas fazem? E com que frequência elas contribuem voluntariamente? As respostas das mães foram incríveis.

Uma mãe disse aos pesquisadores que sua filha de 8 anos chega da escola e diz: "Mãe, vou ajudá-la a fazer tudo." Em seguida, ela "se encarrega da casa inteira, voluntariamente", relata o estudo.

Conforme as crianças crescem, sua ajuda vai se tornando ainda mais complexa e abrangente, constatou o estudo. "A mãe chega do trabalho, e está muito cansada", diz Barbara Rogoff, da Universidade da Califórnia, Santa Cruz, que contribuiu para o estudo entrevistando mães da etnia náuatle em Guadalajara. "A mãe apenas se joga no sofá. E a filha diz: 'Mãe, você está muito cansada, mas precisamos limpar a casa. Que tal eu ligar o rádio e cuidar da cozinha e você cuidar da sala de estar, e assim arrumamos tudo?'"

De modo geral, essas crianças já haviam aprendido tarefas complexas, como preparar refeições e cuidar dos irmãos sem a supervisão de um adulto. E cerca de três quartos das mães afirmaram que, rotineiramente, seus filhos "tomam a iniciativa" nas tarefas domésticas. A criança simplesmente verá o que precisa ser feito, se levantará e começará a fazer. Se há louça suja na pia, ela começará a lavá-la; se a sala está bagunçada, começará a recolher as coisas. Se um irmão mais novo começar a chorar, ela o pega e leva-o para fora de casa para brincar — tudo sem precisar da orientação da mãe.

Lucia me explica que os pais estão ensinando aos filhos uma habilidade muito mais complexa do que meramente saber lavar a louça ou as roupas: eles estão ensinando os filhos a prestar atenção no que os rodeia, a reconhecer quando uma tarefa específica precisa ser feita, e, então, fazê-la.

"Eles estão ensinando as crianças a serem membros da família com senso de responsabilidade. Eles querem que as crianças percebam quando alguém está precisando de ajuda, estejam atentas ao que está acontecendo e, então, ajudem", afirma Lucia. E essa habilidade também significa saber quando não ajudar, diz ela. "Para que você não interfira na coesão nem na orientação do grupo. É uma habilidade vitalícia entender a situação ao seu redor e saber o que fazer", acrescenta.

Essa habilidade — de prestar atenção e depois agir — é um valor e um objetivo com tamanha importância para as crianças que muitas famílias no México têm um termo para isso: ser *acomedido*.

A ideia é complexa: não é apenas dedicar-se a uma tarefa ou a uma missão porque alguém lhe disse para fazer isso; é saber que tipo de ajuda é apropriada em um determinado contexto, pois você está prestando atenção.

No mesmo estudo, Lucia e sua equipe também entrevistaram 14 mães em Guadalajara, cujas formações eram mais semelhantes às do Ocidente. Ou seja, elas já moravam em cidades há várias gerações e tinham poucos vínculos com as comunidades nativas. Adivinhe quantas dessas mães relataram que, rotineiramente, seus filhos "tomavam a iniciativa" em casa? Zero. Aquelas crianças cosmopolitas não apenas realizavam menos atividades domésticas e menos tarefas complexas, como, de modo geral, também precisavam ser solicitadas a fazê-lo. Algumas mães revelaram que não mediam esforços para convencer os filhos a ajudá-las, negociando com eles ou montando tabelas de tarefas. As mães também relataram que seus filhos exigiam, com mais frequência, recompensas, mesadas ou presentes para se sentirem motivados (pais ou mães com ambas as formações declararam que, às vezes, precisavam pressionar os filhos a ajudar, retirando privilégios, como o tempo dedicado à televisão).

Mas eis aqui a parte que mais me impressiona: muitas vezes, as crianças das linhagens maia e náuatle gostam, de verdade, de realizar as tarefas domésticas! Seus pais não apenas lhes ensinaram a ser *acomedidas*, mas também a valorizar o próprio esforço e a sentir orgulho de suas contribuições para a casa. Ajudar nas tarefas é um privilégio.

Os pais não precisam subornar nem reclamar, pois seus filhos já sentem uma motivação intrínseca para contribuir. Eles *querem* ajudar a família e *querem* trabalhar juntos como uma equipe.

E é por isso que voltei a Chan Kajaal: para descobrir como os pais motivam os filhos dessa maneira. Como eles acessam o desejo inato das crianças de ajudar?

Com o tempo, percebi que a técnica usada para motivar as crianças não é exclusiva das comunidades maia e náuatle — de modo algum. Trata-se de um método fundamental que os pais, em todo o mundo, usam para transmitir os valores fundamentais de suas culturas aos filhos.

A vontade de ajudar em casa é um valor central nas comunidades maias, que as mães e os pais transmitem intencionalmente para os filhos. Na cultura ocidental, também há esse valor, mas, em muitos aspectos, os pais e as mães se esqueceram de como transmiti-lo aos filhos. E tal esquecimento tornou a vida muito mais difícil.

É preciso atentar para o fato de que, quando transmitimos o valor da prestatividade a uma criança, recebemos um pacote completo de benefícios extras. As crianças tornam-se mentalmente mais saudáveis e também menos enfadonhas. Por quê? Porque quando elas aprendem a ser prestativas, também aprendem a cooperar e trabalhar junto conosco. Então, quando o papai veste o paletó de manhã e sai pela porta, a criança o segue — sem choramingar, sem incomodar.

CAPÍTULO 4

Como ensinar as crianças a executar tarefas voluntariamente

"Desde o primeiro dia, quando eles ainda são pequenos, você começa a lhes mostrar como ajudar", confidencia-me Maria.

Maria de los Angeles Tun Burgos é a supermãe perfeita para nos ensinar como criar crianças prestativas que também sintam orgulho de suas atividades domésticas. Claramente, ela fez um excelente trabalho ao transmitir esse valor para sua filha mais velha, Angela, que não só lava os pratos voluntariamente, como também limpa a casa enquanto a mãe está fora, resolvendo seus assuntos. Maria também tem duas filhas mais novas — de 5 e 9 anos — em diferentes estágios do processo de aprendizagem, de modo que também podemos observar como ela modifica o treinamento à medida que as filhas crescem.

Porque eis aqui o segredo de aprender a executar as tarefas voluntariamente: são necessários anos para aprender, disse-me Maria. "Você tem de ensiná-las lentamente, aos poucos, e, no fim, elas entenderão."

Por esse motivo, ensinar as crianças a serem prestativas é um pouco como ensinar uma criança a ler ou a realizar operações matemáticas. Não é possível, simplesmente, dar instruções verbais a uma criança de 4 anos, pendurar uma tabuada na geladeira e esperar que, imediatamente, ela saiba que $3 \times 3 = 9$ e $8 \times 4 = 32$.

O mesmo vale para as tarefas domésticas. Não se pode, simplesmente, pendurar na parede uma tabela de tarefas e esperar que uma criança de 4 anos comece a lavar a louça às terças e quintas, sem você pedir. Como ressalta Maria, é preciso ensiná-la aos poucos. É preciso treiná--la. A criança tem de entender não apenas como fazer as tarefas, mas também quando fazê-las e por que fazê-las é importante e benéfico para a família — e para ela mesma.

Se pensarmos sobre isso, uma tabela de tarefas pode, na verdade, inibir uma criança de aprender a ser *acomedida*. Por quê? Porque o que se pretende é que elas prestem atenção no mundo ao redor e aprendam quando tarefas específicas se fazem necessárias. Se uma tabela diz que a criança deve lavar a louça na terça, varrer na quarta e levar o lixo para fora na sexta, então a criança pode chegar à conclusão de que essas tarefas são as únicas que ela precisa fazer. Assim, ela não precisaria prestar atenção em outros momentos, ou mesmo aprender a ignorar tarefas que não constassem da tabela. A tabela acaba ensinando à criança o oposto de ser *acomedido* — ou seja, "sua responsabilidade se resume ao que está escrito ali".

Assim como os pais ensinam os filhos a realizar operações matemáticas, Maria ensina os filhos a serem *acomedidos* ao aplicar um processo intencional. Podemos dividir esse processo em três partes. Como veremos ao longo do livro, esses três ingredientes combinados formam uma receita incrivelmente poderosa para transmitir valores às crianças. Diferentes culturas em todo o mundo, incluída a cultura ocidental, usam essa receita para ensinar às crianças basicamente qualquer habilidade ou valor desejado.

Uma vez que essas etapas são tão primordiais para a criação dos filhos, dedicaremos um capítulo a cada uma e, em seguida, voltaremos para revisar o que aprendemos. Cobriremos a Etapa 1 aqui, e abordaremos as Etapas 2 e 3 nos próximos dois capítulos, respectivamente.

Para uma mãe ocidental como eu, a primeira etapa é contraintuitiva. Deve-se fazer quase exatamente o oposto daquilo que acreditamos fazer sentido: as tarefas devem ser atribuídas aos membros da família menos competentes da casa.

Etapa 1: Valorize as Crianças Pequenas Ltda.

Quando pergunto diretamente a Maria como ela cria filhas tão prestativas, ela me apresenta o conceito que passei a chamar de "Crianças Pequenas Ltda.". Sim, estou me referindo às crianças desajeitadas, balbuciantes, que andam como se estivessem bêbadas, com idades entre 1 e 4 anos. Estou falando sobre a mesma população de seres humanos em miniatura que associamos mais com o termo "terrível" do que "prestativo".

Maria diz que esses pequenos seres humanos desastrados são a chave para criar seres humanos grandes e prestativos. Para explicar o que quer dizer, ela aponta para sua filha mais nova, Alexa.

"Não importa o que eu esteja fazendo, Alexa também quer fazer", diz Maria. "Quando estou fazendo tortilhas, Alexa começa a chorar se eu não a deixar fazer tortilhas. E depois, ela sempre pede a vassoura para varrer."

"Como você reage?", pergunto.

"Eu a deixo fazer as tortilhas e dou a vassoura para ela varrer", responde Maria.

"E ela varre mesmo? Ela é prestativa?"

"Isso não importa. Ela quer ajudar de alguma forma, e eu apenas deixo", pondera ela, sentada em uma rede, com as mãos cruzadas sobre o colo.

"Sempre que ela se dispõe a ajudar, você permite?", pergunto, ainda sem entender. "Mesmo que ela faça uma bagunça descomunal?"

"Sim. Essa é a maneira de ensinar as crianças."

Se analisarmos as famílias ao redor do mundo — sejam elas cultivadoras de milho em Yucatán, caçadoras de zebras na Tanzânia ou escritoras de livros no Vale do Silício —, suas crianças pequenas têm duas características em comum. A primeira são as pirraças. Sim, as pirraças infantis são praticamente inevitáveis, não importa onde você more, conforme apontam os registros etnográficos. Mas a segunda semelhança é um pouco mais surpreendente. É a prestatividade. Crianças pequenas, em todos os lugares, estão ansiosas para se mostrarem solícitas — muito ansiosas.

As crianças são ajudantes inatas. E ficam ansiosas para entrar em campo e fazer o trabalho "por conta própria". Precisa varrer a cozinha? Enxaguar um prato? Ou quebrar um ovo? Não se preocupe. Crianças Pequenas Ltda. estará lá imediatamente. Cuidado! Lá vêm elas.

Em um estudo, crianças de 20 meses pararam de brincar com um brinquedo novo e, surpreendentemente, atravessaram a sala para ajudar um adulto a pegar algo do chão. Ninguém pedira ajuda à criança nem ela recebeu uma recompensa pelo auxílio prestado. Na verdade, as crianças pequenas ficariam menos propensas a ajudar uma segunda vez se tivessem recebido um brinquedo depois, concluiu o estudo. Ora, isso é ser *acomedido*!

Ninguém entende exatamente por que as crianças se sentem tão motivadas a ajudar (ou por que as recompensas parecem diminuir esse impulso). Mas poderia ser resultado de um forte desejo de estar perto da família e conectadas com os pais, irmãos e outros cuidadores.

"Acho que esse ponto é realmente crucial", diz a psicóloga Rebeca Mejía-Arauz, da Universidade ITESO, em Guadalajara. "Fazer coisas na companhia de outras pessoas as deixa felizes, e é importante para um bom desenvolvimento emocional."

Durante minha visita a Maria, em Yucatán, ela enfatizou esse mesmo ponto. "Quando os filhos são pequenos, gostam de fazer o mesmo que a mãe. Alexa gosta de brincar de mãe com seus brinquedos e bonecas", disse ela.

Ou seja, as crianças nascem com todos os ingredientes necessários para se tornar *acomedidas* em todo o mundo, inclusive aqui nos Estados

Unidos. O que difere é a forma como os pais tratam seus pequenos *acomedidos*. E essa diferença é crítica — provavelmente, o que determina se a criança continuará a ajudar de maneira voluntária à medida que cresce ou se ela vai "superar isso", diz Rebeca.

Muitos pais criados no Ocidente, entre os quais esta mãe que vos fala, costumam ter por hábito rejeitar as ofertas de ajuda de uma criança pequena. Vamos lá, é preciso reconhecer — as crianças pequenas podem querer ajudar, mas não são muito úteis. Eu sei que Rosy, com certeza, não é. Ela é uma máquina de destruição, e seu envolvimento nas tarefas me atrasa e provoca uma bagunça gigantesca para eu arrumar. Por isso, prefiro que ela brinque na sala de estar ou pinte o chão da cozinha enquanto eu limpo a casa. E não estou sozinha nisso.

Rebeca afirma: "Temos mães que nos dizem coisas como 'Preciso fazer uma tarefa correndo, e se meu filho tentar ajudar, ele faz uma bagunça. Por isso, prefiro fazer sozinha a contar com a ajuda dele'." Em muitos casos, pais e mães com formação ocidental dizem a seus filhos pequenos podem ir brincar enquanto eles cuidam das tarefas. Ou colocam uma tela diante do filho. Se pensarmos bem, estamos dizendo para a criança *não* prestar atenção, *não* ajudar. Estamos dizendo que aquela tarefa não lhe compete. Sem perceber, ceifamos o desejo de uma criança pequena de ajudar e a segregamos das atividades úteis.

Mas as mães nativas no México costumam fazer o oposto: "Elas aceitam a ajuda, e chegam até a solicitá-la", conta Rebeca — mesmo que a criança aja de maneira atabalhoada. Se a criança, literalmente, pegar as ferramentas dos pais para assumir uma atribuição (parece familiar?), os pais, ainda assim, se renderão à criança e permitirão que ela execute a tarefa.

Considere, por exemplo, uma criança de 2 anos que está ansiosa para ajudar a mãe a arar um campo de milho em uma comunidade mazaua, no noroeste do México.

A mãe começa a limpar o jardim. Imediatamente, a filha começa a imitar as ações da mãe. Em seguida, a criança pede para fazer o trabalho totalmente sozinha. A mãe permite e espera. Em pouco tempo, a menina assume totalmente o lugar da mãe. Quando a mãe tenta recomeçar, a menina protesta e exige que lhe seja dada permissão para continuar o que está fazendo. Tudo por conta própria! Mais uma vez, a mãe cede ao ser humano minúsculo e autoritário.

Rosy age assim com frequência. Ela exige fazer meu trabalho. Ela pega o garfo enquanto tento fazer ovos mexidos pela manhã. Ela pega a faca enquanto estou cortando cebolas para o jantar. Ela agarra a tigela do cachorro quando estou tentando alimentá-lo, a vassoura quando estou varrendo, e meu laptop quando estou tentando escrever (e, então, começa a apertar todas as teclas, o mais rápido possível).

Normalmente reajo à sua avidez da mesma maneira que meus pais reagiam a mim quando eu era uma garotinha: afasto suas mãozinhas rechonchudas e digo algo em tom acusatório, como "Me devolva isso!". E então interpreto suas ações — ou seu comportamento — como reivindicativos e controladores (chego a ouvir a voz de minha mãe na minha cabeça: "Ela quer controlar você, Michaeleen").

No entanto, muitos pais das comunidades nativas se satisfazem com o fato de a criança ávida estar disposta a ajudar. Eles ficam felizes em ver a criança tomar a iniciativa, interpretando a insistência como um desejo de contribuir nas tarefas da família. O único problema é que ela é muito jovem para saber, a princípio, como ajudar da melhor maneira: só precisa aprender. "Uma mãe nos disse: 'Quando meu filho estava lavando a louça, no começo a água espirrava para todos os lados, mas eu o deixava lavar a louça porque só assim ele aprenderia'", conta Rebeca, referindo-se às suas entrevistas com mães de linhagem náuatle, em Guadalajara.

Os pais entendem essa bagunça como um investimento. Se a criança pequena e incompetente quer muito lavar a louça, com o tempo ela se tornará a criança maior, competente e ainda disposta a ajudar — e que poderá, realmente, fazer a diferença.

"Conversei, por exemplo, com uma família que tinha um comércio de carnes", explica Rebeca. Desde muito cedo, um dos filhos se interessou em cozinhar porco. "A mãe segurava o menino enquanto cozinhava." Às vezes, ela até o deixava pegar alguns pedaços da panela e colocá-los em um prato. "Ela me disse que era arriscado, porque ele poderia se queimar. 'Eu ficava com os olhos grudados nele', contou-me ela." Mas, com o passar do tempo, as habilidades — e o interesse — do menino nos negócios da família foram crescendo cada vez mais. Aos 9 anos, ele já estava fazendo contribuições significativas para a atividade comercial da família. "Ele era capaz até de abater os animais", acrescenta Rebeca.

Contudo, existem algumas ressalvas. Os pais não aceitam *todas* as ofertas de ajuda de uma criança — nem a deixam fazer o que bem entender, a torto e a direito. Se a tarefa for muito avançada para a criança, o pai ou a mãe podem ignorar a solicitação ou dividir a tarefa em uma subtarefa menor e mais exequível. Se a criança começar a desperdiçar recursos preciosos, os pais irão orientá-la a ser mais produtiva ou sugerir que ela desista.

Em uma comunidade maia em Chiapas, México, os pais rejeitam *intencionalmente* as ofertas de ajuda de crianças pequenas, a fim de aumentar a motivação delas para a tarefa. Por exemplo, um menino de 2 anos, Beto, quer ajudar o pai a fazer um piso de cimento — um trabalho muito difícil para uma criança. No início, o pai ignora os apelos de Beto para participar. Então, diz ao menino que ele precisa esperar mais um ano antes de estar pronto para a tarefa. Essa rejeição implícita alimenta ainda mais o desejo do menino de participar. Em determinado momento, o garotinho pega uma ferramenta e começa a deslizá-la sobre o cimento. Feliz em ver o menino tão ansioso, o pai sorri. Em seguida, ele observa Beto com atenção e propõe correções simples, como "Querido, não é assim". Quando Beto comete um erro grave e pisa no cimento fresco, o pai sublinha o que o menino fez de errado ("Querido, ei, você pisou no cimento... Você estragou o piso"), e dá por encerrada a participação de Beto, dizendo que sua mãe está procurando por ele.

Desde muito cedo, as crianças estão aprendendo — e colocando em prática — o lugar que ocupavam na família. Ao incluir uma criança pequena em uma tarefa, os pais estão, na verdade, dizendo a ela: "Você é um membro atuante da família; você ajuda e contribui como pode."

Os psicólogos acreditam que quanto mais uma criança ajuda sua família, por mais tenra que seja sua idade, maior será a probabilidade de crescer e se tornar um adolescente prestativo, para quem os afazeres são naturais. O envolvimento precoce em tarefas domésticas orienta a criança a ajudar voluntariamente mais tarde na vida. Isso transforma seu papel na família e na comunidade. Ela se torna um membro responsável e participante.

Por outro lado, se a ajuda de uma criança for constantemente desestimulada, ela passará a acreditar que tem um papel diferente na família: o de brincar ou sair do caminho. Outra forma de colocar as coisas: se você disser a uma criança várias vezes "Não, esta tarefa não é para você", ela vai terminar acreditando em você e parar de querer ajudar — aprenderão que ajudar não é responsabilidade delas.

A psicóloga Lucia Alcalá e seus colegas documentaram esse efeito em laboratório. Em um experimento, ela e sua equipe deram a duplas de irmãos uma tarefa para ser executada colaborativamente. Eles tinham de ajudar uns aos outros a escolher os itens em uma mercearia-modelo. Em uma dupla de irmãos euro-americanos, o irmão mais novo não parava de oferecer sugestões de mantimentos que deveriam ser comprados. "Ele estava tentando ajudar, mas o irmão mais velho o ignorava, repetidamente. Em determinado momento, o irmão mais velho afastou o braço do irmão mais novo, para que ele não pudesse mais apontar para nenhum produto", conta Lucia.

Depois de algumas tentativas, o menino mais novo simplesmente perdeu o interesse na tarefa. "Ele foi para debaixo da mesa e, basicamente, desistiu", lembra Lucia. "Em outro caso, a criança mais nova foi embora e não quis mais continuar, porque não havia espaço para ela participar daquela atividade."

Lucia acredita na probabilidade de que tais situações sejam idênticas àquelas em que os pais dizem aos filhos, repetidamente, para ir brincar enquanto eles assumem as tarefas domésticas. Isso estabelece um padrão a partir do qual as crianças aprendem que seu papel na família é brincar com Legos ou assistir a vídeos enquanto seus pais cozinham e fazem faxina.

Felizmente nem tudo está perdido. Nem um pouco. Crianças de todas as idades (incluídos alguns adultos que conheço) são incrivelmente maleáveis, e o desejo de ajudar é tão forte que tal padrão pode ser facilmente alterado. O segredo é o pai ou a mãe mudarem a forma de encarar o próprio filho. Incentive o envolvimento de uma criança, seja qual for a idade dela, siga as ideias do próximo capítulo, e, antes que você se dê conta, terá transformado um pré-adolescente egocêntrico em um dínamo de secar louça.

Coloquei essa tese à prova recentemente, quando tive o prazer de cuidar, por uma semana, de uma criança de 9 anos hospedada em nossa casa. Trata-se de uma pré-adolescente viciada em TikTok, e cujo passatempo era andar pela casa com o telefone a cerca de oito centímetros do nariz. Em sua primeira noite conosco, pedi que ela viesse descascar uma batata, e ela me olhou como se eu fosse de Marte. Mas continuei aplicando as estratégias do próximo capítulo e, no intervalo de alguns dias, ela já havia desenvolvido um intenso desejo de contribuir com as tarefas domésticas (e ela serviu como um modelo maravilhoso para Rosy): se oferecia para me ajudar a fazer a cama e corria para a cozinha na hora do jantar para picarmos os legumes.

No quinto dia, ela já estava me seguindo pela casa como um patinho pré-adolescente. "O que vamos fazer agora, Michaeleen?", perguntava ela. Ela não ajudava em todos os momentos, mas estava fazendo contribuições reais para nossa família. E ela e eu estávamos nos conectando de maneira genuína. Percebi que ela gostava de fazer parte de nossa equipe e se orgulhava de ajudar e trabalhar em conjunto.*

Portanto, o primeiro passo para criar filhos prestativos pode ser resumido em uma única frase: deixe-os praticar. A prática da limpeza. A prática da cozinha. A prática da lavagem. Permita que eles peguem a colher da sua mão e mexam algo na panela. Permita que eles peguem o aspirador e comecem a limpar o tapete. Permita que eles façam um pouco de bagunça quando forem pequenos, um pouco menos de bagunça à

---

* As técnicas do próximo capítulo também funcionam com adultos. Com essas ferramentas e um pouco de paciência, treinei vários em minha vida, tornando-os muito mais prestativos.

medida que forem crescendo, e quando chegarem à pré-adolescência eles estarão ajudando a limpar as próprias bagunças, sem que você precise lhes pedir isso — ou, até mesmo, administrando a casa toda.

ETAPAS NA CRIAÇÃO DE UMA CRIANÇA

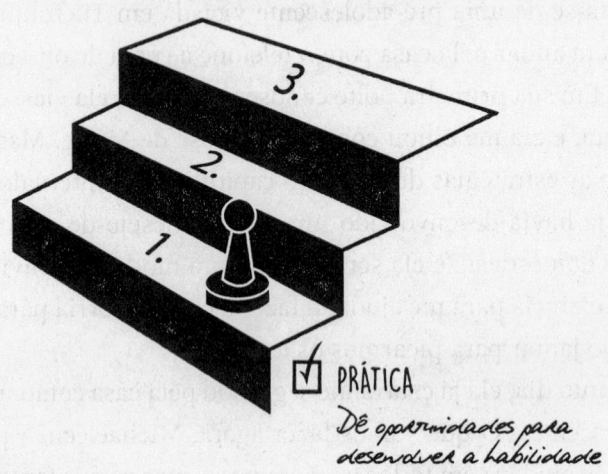

☑ PRÁTICA
Dê oportunidades para desenvolver a habilidade

Na opinião de Rebeca, nunca é cedo demais (ou tarde demais) para começar a convidar as crianças para ajudar: "Elas podem, de fato, se envolver nas tarefas domésticas muito mais cedo, e fazer muito mais do que imaginamos." Frequentemente, os pais ocidentais subestimam o que uma criança, seja qual for sua idade, é capaz de fazer quando se trata de ajudar uma família. Portanto, estabeleça expectativas elevadas e deixe que ela lhe mostre o que é capaz de fazer, por meio de seus interesses e suas demandas ("Mas, mãe, eu consigo fazer!", diz Rosy todos os dias para mim).

Ao longo do caminho, você aprenderá algo sobre seus filhos e sobre você mesmo. Vocês aprenderão a trabalhar juntos, lado a lado, em prol de objetivos comuns.

Tente isso 1: Treine a prestatividade

Por mais pequenina e cambaleante que seja, a criança já tem obriga-
ções a executar — carregar água, pegar tições emprestados, recolher
folhas, rechear o porco... Aprender a cumprir as tarefas taticamente
é uma das primeiras lições da infância.

Quando se trata de pedir ajuda nas tarefas de casa, a cultura ocidental entende as coisas ao contrário. Temos a tendência de considerar os bebês e as crianças pequenas isentos dos deveres e das contribuições domésticas. Muitas vezes, pensamos que eles são incapazes de ajudar de verdade. Certamente, era assim que eu via Rosy. Pensava em lhe atribuir tarefas quando ela fosse crescendo, mas enquanto ela era uma criança pequena, não me atrevia a pedir sua ajuda.

Entretanto, em muitas culturas de caçadores-coletores, os pais adotam a abordagem oposta: assim que uma criança começa a andar, eles começam a pedir ajuda a ela com pequenas subtarefas. Com o tempo, a criança aprende o que precisa ser feito dentro de casa. E, assim, o número de solicitações, na verdade, *diminui* (não, ele não aumenta) conforme a criança vai ficando mais velha. Quando a criança chega à pré-adolescência, os adultos não precisam mais fazer muitos pedidos, pois a criança já sabe o que lhe será exigido. Na verdade, pedir ajuda a pré-adolescentes seria quase desrespeitoso. Isso implicaria que eles não amadureceram nem aprenderam nada — que eles continuam sendo infantis.

A psicóloga Sheina Lew-Levy documentou de maneira extraordinária essa estratégia com os caçadores-coletores bayakas, na República do Congo. Primeiro, Sheina aprendeu a falar e compreender a língua do povo. Em seguida, acompanhou as crianças e seus pais por várias horas a cada dia, e contou quantas vezes um pai, ou outro adulto da comunidade, solicitava a ajuda de uma criança em tarefas como "Segure o copo d'água", "Venha comigo buscar mel", "Carregue essas estacas de caça" ou "Ajude sua irmã a se vestir".

O que Sheina descobriu foi impressionante: a maior parte dos pedidos era direcionada às crianças mais novas, de 3, 4 anos de idade, enquanto as mais velhas, adolescentes, recebiam uma quantidade menor. Conforme as crianças iam crescendo, esperava-se que já soubessem o que fazer. As solicitações breves e fáceis, feitas desde muito cedo, ensinavam às crianças o que se esperava delas. Os pais haviam transmitido com sucesso o valor da prestatividade. "As crianças desenvolvem comportamentos cooperativos à medida que crescem", conclui Sheina. "Elas vão aprendendo a executar as tarefas que lhes são solicitadas e a antecipar as que precisam ser realizadas."

Em outras palavras: as crianças mais velhas já aprenderam a ser *acomedidas*. Já sabem como prestar atenção nas necessidades dos outros e o que fazer para ajudar. Portanto, ninguém precisa pedir a elas — isso seria ultrajante e embaraçoso, e resultaria apenas em um adolescente revirando os olhos (tipo "Sério, mãe?").

Mas como podemos começar a trazer o conceito de *acomedido* para nossa família? Na verdade, não é difícil. Quando você estiver executando tarefas domésticas e precisar de ajuda, peça. Ou certifique-se, apenas, de que as crianças estão por perto para assistir. Apresentaremos aqui algumas ideias para você dar a largada, desde bebês até pré-adolescentes.

Lembre-se de que as faixas etárias que estou sugerindo são muito aproximadas. Baseie suas expectativas no grau de experiência de uma criança em determinada tarefa, em vez de em sua idade. Se uma criança de 9 anos não passou muito tempo com você enquanto você preparava o jantar ou lavava as roupas, não espere que ela já saiba como realizar essas tarefas. Comece atribuindo-lhe pequenas subtarefas (por exemplo, "Corte esta cebola", ou "Guarde esta camisa") e continue a partir daí. Talvez você queira até começar pela seção "Crianças pequenas", logo a seguir (é o que eu faço com os adultos que precisam aprender a ser prestativos).

Lembre-se de que as orientações aqui expostas destinam-se, simplesmente, a dar-lhe algumas ideias sobre o que experimentar. Avalie o que a criança quer fazer ou aquilo a que ela reage. Deixe que os interesses e as inclinações da criança o guiem.

Bebês (de 0 mês até começar a andar)

Pense em: *Assistir e incluir*

> *"Assim que a criança conseguir se sentar, sente-a a seu lado enquanto você estiver trabalhando, e ela conseguirá ver o que você está fazendo",* disse uma mãe maia iucateca a Lucia Alcalá e seus colegas.

No caso dos bebês recém-nascidos, a principal forma que eles têm de "praticar" a ajuda é ficar perto dos pais e observá-los trabalhar. Desconsidere a ideia de que é preciso "entreter" o bebê com brinquedos e outros dispositivos "enriquecedores". Suas tarefas diárias são um entretenimento mais do que suficiente. Cuide de seus negócios e leve a criança a reboque. Quando possível, deixe o bebê assistir ao que você está fazendo. Apoie-o em um assento para que ele possa ver você lavar a louça, picar legumes ou dobrar as roupas. Prenda-o à barriga enquanto você varre, passa o aspirador, ou caminha pelo supermercado. Inclua os bebês em todas as tarefas que ajudem você e os outros membros da família.

Crianças pequenas (de 1 a 6 anos, aproximadamente)

Pense em: *Mostrar, encorajar e solicitar ajuda*

> *"Assim que a criança começar a andar, você pode passar a pedir-lhe ajuda. (...) Ela pode [por exemplo] pegar meus sapatos do outro lado da sala",* disse uma mãe da linhagem náuatle a Rebeca Mejía-Arauz.

> *"Ao acordar, sempre limpo o quarto e preparo o café da manhã — e as crianças me observam. Se você lhes mostrar como fazer isso todos os dias, elas acabarão fazendo sozinhas",* disse-me uma mãe maia.

Nessa idade, o objetivo é atiçar o entusiasmo de uma criança para ajudar; não é deixá-la exausta. Veja como fazer isso:

Mostrar

Assim como acontece com os bebês, certifique-se de que as crianças pequenas tenham acesso regular e previsível às tarefas diárias. Evite enxotá-las para outro cômodo ou que saia da casa para brincar. Em vez de fazer isso, convide-as a se aproximar e ficar perto de você enquanto trabalha, de modo que elas possam aprender observando e, ocasionalmente, contribuindo.

"Muitas mães dirão algo como 'Venha, meu filho. Ajude-me enquanto lavo a louça'", conta Rebeca, referindo-se a suas entrevistas com mães da linhagem náuatle. "O convite é sempre para se juntar, para fazer a tarefa em conjunto."

Encorajar

Se uma criança pedir para ajudar, deixe-a ajudar! Se a tarefa for simples, recue e deixe-a fazer uma tentativa. Não comece a dar instruções; para crianças pequenas, as palavras soam como sermões — e, ainda por cima, confusos. Observe o que a criança faz e tente potencializar seu esforço. Se ela começar a fazer muita bagunça ou a cometer erros demais, gentilmente conduza-a de volta ao patamar de produtividade. Por exemplo, na comunidade maia em Chiapas, Beto, de 2 anos, quer ajudar a avó a descascar feijão, mas ele é desajeitado para isso. O menino pega um punhado de vagens e joga tudo no lixo. Sua avó, então, o corrige e lhe mostra a maneira correta de se fazer. Ela retira os feijões da mão do neto antes que ele consiga jogá-los fora e diz a ele que os feijões ainda nas vagens não devem ser desperdiçados. Quando Beto a ignora, ela repete a orientação.

Se uma tarefa for muito avançada — ou muito perigosa — para o nível de habilidade de uma criança, relaxe. Fique calmo. Não há necessidade de assustar a criança. Diga-lhe para observar enquanto você executa a tarefa. Por exemplo, uma mãe maia, enquanto frita tortilhas, diz a seu filho pequeno: "Observe para aprender." Ou, então, encontre uma maneira segura para que uma criança pequena possa participar. Por exemplo, Rosy segura o prato para mim enquanto retiro o frango da grelha, ou acrescenta sal e óleo a uma panela de macarrão.

"Dependendo da atividade, algumas vezes as crianças observam e, outras vezes, ajudam", conta Lucia. "Todas as mães sabem se um filho é capaz de realizar uma tarefa ou não." (Mas como elas sabem disso? Adivinhe o que a mãe estava fazendo enquanto a criança ajudava. Sim, assistindo. Assistindo. Assistindo. Você já conseguiu detectar o mantra?)

Solicitar ajuda

"Uma criança pequena que mal aprendeu a caminhar poderá, em uma reunião familiar noturna, ser solicitada pela mãe a levar um copo para o pai", escreve David Lancy em The Anthropology of Childhood: Cherubs, Chattel, Changelings.

Na grande maioria das culturas ao redor do mundo (talvez em todas as culturas, a não ser em algumas ESTRANHAS exceções), os pais costumam pedir a bebês e crianças pequenas que os ajudem em uma variedade de tarefas ao longo do dia. David Lancy chama isso de "currículo de tarefas", mas talvez, na cultura ocidental, devêssemos chamá-lo de "currículo cooperativo", pois essas tarefas ensinam as crianças a trabalhar junto com suas famílias. Não estou falando de tarefas que seus filhos já consigam fazer por si próprios, como se vestir ou escovar os dentes. Na verdade, o que está sendo descrito aqui são tarefas pequenas, rápidas e fáceis que ajudam outras pessoas — ou toda a família. São solicitações cumpridas diante dos pais, visando a atingir um objetivo comum. Frequentemente, são subtarefas de uma tarefa maior (por exemplo, manter a porta aberta enquanto você leva o lixo para fora) e, muitas vezes, minúsculas — quero dizer *minúsculas*, pequenininhas mesmo (por exemplo, guardar uma panela no armário que fica do outro lado da cozinha, pegar uma tigela no guarda-louça), mas são reais. Elas realmente significam uma ajuda.

Não é preciso exagerar nas solicitações: três ou quatro por dia, provavelmente, é o suficiente. Apenas perceba qual a natureza das necessidades — digamos, quando suas mãos estão ocupadas ou seu corpo está cansado — e aquilo em que a criança demonstra interesse. Eis aqui algumas tarefas para serem experimentadas:

VÁ BUSCAR UMA COISA

"Corra e vá lá buscar uma coisa para mim" é uma das frases mais comuns ouvidas pelas crianças pequenas em Tikopia [Ilhas Salomão].

— Raymond Firth, antropólogo

As crianças são excelentes *task rabbits*.* Elas podem ir buscar um item no carro, na garagem ou no quintal. "Vá lá em cima pegar papel higiênico." "Vá ao outro quarto pegar um travesseiro." "Vá lá fora e me traga um pouco de hortelã." Até mesmo o simples fato de atravessar um cômodo para pegar seus sapatos já é uma grande tarefa para uma criança pequena. Vá, vá, vá! As crianças *adoram* ir. Aproveite essa energia e, ao mesmo tempo, ensine-as a prestar atenção nas necessidades dos outros.

SEGURE ISSO AQUI

Segurar objetos enquanto você trabalha é outra missão ótima para as crianças de todas as idades. Isso não apenas as incentiva a ficar por perto para que possam aprender pela observação, como também libera suas mãos. Eis aqui alguns exemplos (observe o uso do pronome; tem tudo a ver com executar uma tarefa em conjunto):
- "Segure a luminária enquanto nós tentamos consertar o fogão."
- "Segure o prato enquanto nós tiramos as panquecas da assadeira."
- "Segure a porta enquanto nós levamos o lixo para fora."

MEXA ISSO AQUI

Crianças pequenas são ótimas assistentes de cozinha. Elas podem:
- Ajudar a fazer misturas para molhos, bolos e temperos.
- Quebrar ovos.

---

* Referência à plataforma on-line TaskRabbit, concebida para conectar usuários com prestadores de serviços variados, que, estando nas redondezas, mostrem-se dispostos a realizar as atividades e tarefas requisitadas pelo usuário. Dizer que as crianças são excelentes *task rabbits* equivaleria, então, a afirmar que são excelentes "realizadoras de tarefas". [N. do T.]

- Marinar carnes e peixes.
- Triturar ervas.
- Bater uma massa com almofariz e pilão.
- Começar a picar ou descascar legumes (falaremos sobre facas mais adiante. Mas, por ora, talvez você queira apresentar uma faca de mesa à criança ou comprar um pequeno descascador).

Carregue isso aqui

Carregar pode ser um esforço da família toda. Se suas mãos estiverem ocupadas, então talvez as mãos de seus filhos também estejam ocupadas. Ao chegar do supermercado, prepare uma pequena mochila ou uma bolsa a tiracolo para as crianças levarem até o carro ou para dentro da casa. Em seguida, trabalhem juntos na hora de guardar os mantimentos. Com essa atividade, as crianças aprenderão a organizar as compras na cozinha e a planejar as refeições em família. Ao viajar, leve uma mala pequena para que as crianças possam carregar — e acondicionar — seus pertences. Em nossa família, todos carregam algo quando viajamos, fazemos compras ou vamos à escola.

Tarefas que expressam amor

As crianças adoram ser "a mamãe", "o papai" ou o "irmão grande" ou a "irmã maior". Comece a treiná-las para serem amáveis com os irmãos, fazendo-as pegar fraldas limpas, jogar fora as sujas, recolher os brinquedos do bebê, entreter e alimentar o caçula e, até mesmo, trabalhar com você para preparar comida e mamadeiras. Se o bebê estiver chorando, antes de se apressar e pegá-lo no colo, faça uma pausa para identificar se a criança pequena ou mais velha se apresentará para oferecer ajuda.

Finalmente... Limpe, limpe, limpe

As crianças pequenas são limpadoras contumazes. Elas são capazes de enxaguar pratos, despejar sabão na máquina de lavar louças ou de lavar roupas, limpar mesas, aspirar o pó... Seja o que for, as crianças vão limpar. Tudo o que eventualmente lhes faltar em perfeição, elas compensarão com interesse e entusiasmo. Talvez nada fique muito limpo depois, mas elas farão o possível para que seja assim. Não interfira em suas ações. Dê-lhes as ferramentas e deixe-as se aventurar.

De modo geral, qualquer tarefa de baixa complexidade é ótima para as crianças pequenas. Mais uma vez, perceba aquilo no que ela demonstra interesse e aceite a ajuda. Alguns princípios para ter em mente:

1. A tarefa deve ser real e representar uma real contribuição para a família. A contribuição não precisa ser grande, mas não deve ser imaginária. Por exemplo, pedir a uma criança que "varra o chão" depois que você já varreu não é uma tarefa real. Tampouco pedir a ela que pique legumes, apenas para jogá-los fora. Talvez você tenha de cortar os legumes em cubos menores ou ajudar a criança a terminar de varrer, mas você precisa se certificar de que o trabalho dela contribui para a família.

Outra armadilha é dar às crianças ferramentas "falsas", como comidinha de brinquedo, equipamentos de cozinha de plástico ou ferramentas de jardinagem que parecem enfeites. As crianças conhecem a diferença. Elas sabem que não estão aprendendo as tarefas "reais". E elas não podem contribuir para um objetivo comum quando seu papel é "falso".

Se uma criança não estiver pronta para uma tarefa, como cozinhar à beira de um fogão quente ou costurar com agulhas, não há necessidade de se alarmar se ela quiser ajudar. Diga-lhe para observar você executando a tarefa. Ou ofereça à criança uma parte dos instrumentos reais, para que ela possa ir praticando paralelamente. Por exemplo, dê a uma criança ávida um pedaço extra de tecido e linha enquanto você estiver costurando, ou uma panela e uma colher para simular o ato de mexer. Enquanto estávamos em Yucatán, uma mãe deu a Rosy uma bolinha de massa de milho para que ela praticasse a confecção de tortilhas à parte (o que é diferente de atribuir à criança uma tarefa sem finalidade alguma).

2. As tarefas devem ser exequíveis (ou quase). O segredo é dar às crianças pequenas tarefas adequadas ao nível de habilidade pessoal de cada uma. É melhor errar pelo lado da facilidade extrema do que da dificuldade extrema. Se a missão for muito difícil, a criança ficará frustrada e perderá rapidamente o interesse (ou precisará de muitas instruções ou supervisão de sua parte). Contudo, até mesmo a tarefa mais simples (por exemplo, sair do supermercado carregando um pão) pode ser empolgante para uma criança. Por exemplo, se eu der uma faca de mesa a Rosy e pedir que ela descasque uma batata, muitas vezes ela se frustra e se afasta, pois é muito difícil cortar a batata com essa faca (e se eu lhe der uma faca mais afiada, fico tão ansiosa com a possibilidade de ela se cortar que nenhuma de nós consegue relaxar). Mas se eu der uma banana para ela cortar, ela vai ficar muito entusiasmada e solicitar novas tarefas.

3. **Nunca imponha uma tarefa.** Aprofundaremos esse assunto mais adiante. Por enquanto, apenas tenha em mente que forçar uma criança a executar uma tarefa pode minar seriamente a motivação dela. Mais adiante, aprenderemos muitos truques para lidar com uma criança teimosa e pouco prestativa, mas impor uma tarefa apenas a atrapalhará a aprender a ser *acomedida* e aumentará a tensão. Se uma criança disser não ou ignorar seu pedido, deixe para lá. Tente mais tarde. Estamos treinando a criança para cooperar, não para obedecer aos pais. Parte do trabalho conjunto é aceitar quando ela escolher não ajudar.

Crianças na infância média (de 6 a 12 anos)

Pense em: *Incentivar, ativar e deixá-las tomar a iniciativa*

> *"Este é o momento em que você realmente lhes ensina o que deve ser feito", diz Maria, referindo-se à sua filha de 9 anos, Gelmy. "Você não lhes dará as tarefas de uma mãe, mas algo mais leve. Na primeira vez, pode ser que elas não prestem atenção — e, talvez, nem na segunda e nem na terceira —, mas no fim elas entenderão."*

À medida que as crianças se tornarem um pouco mais velhas, continue usando as mesmas diretrizes aplicadas às mais novas, incentivando sua inclinação para auxiliar e pedindo ajuda com as tarefas secundárias. Ao mesmo tempo em que a competência da criança aumenta, as subtarefas podem se tornar mais complexas, de modo a acompanhar a expansão de seu nível de habilidade. Preste atenção no que elas tentam fazer ou pareçam interessadas em tentar. Sempre que mostrarem iniciativa, recue e deixe-as se empenharem ao máximo. Aceitar as contribuições das crianças — sem exercer interferência — estabelece as bases para ensiná-las a ajudar voluntariamente.

1. Continue investindo no trabalho conjunto. Chame as crianças para ficar a seu lado e ajudar nas tarefas executadas. Em vez de "Lave e guarde o prato depois do jantar" ou "Dobre a roupa de cama", defina as tarefas como uma atividade comunitária, como "Vamos todos limpar a cozinha depois do jantar" ou "Vamos todos dobrar a roupa de cama como uma família".

"O convite é para fazermos coisas juntos", explica Rebeca. "Na cultura ocidental, de modo geral as crianças trabalham de forma independente — um irmão faz uma coisa na quinta-feira, o outro, na sexta-feira. Mas, nesse caso, é 'Vamos executar a tarefa juntos e terminaremos mais cedo'."

Em nossa casa, antes de sairmos e fazermos algo divertido no sábado, eu convoco uma festa da limpeza. Chamo Rosy e meu marido, coloco um pouco de música e limpamos o andar de baixo juntos. Em seguida, ressalto: "A verdade é que nós limpamos mais rápido quando trabalhamos juntos."

Adoto uma estratégia semelhante com as roupas limpas aos domingos. Depois de tirá-las do varal, chamo Rosy e Matt para dobrarmos as roupas uns dos outros. Mais uma vez, procuro observar que trabalhar em conjunto é mais rápido do que trabalhar sozinho. Ou sublinho quanto é bom — e importante — ter roupas limpas para usar na semana seguinte.

2. Delegue subtarefas. À medida que as crianças vão crescendo e se tornando mais competentes, é possível oferecer-lhes uma parte mais expressiva da tarefa. Por exemplo, "neste momento, Gelmy [de 9 anos] está apenas enxaguando os pratos, enquanto Angela [de 12 anos] os lava", destacou Maria, quando eu estava em sua casa. "É assim que eu as ensino — fazendo com que executem apenas uma parte da tarefa. No fim, Gelmy aprenderá a tarefa toda."

3. Experimente a ativação. Em vez de dizer explicitamente à criança para executar uma tarefa, "ative" sua ajuda avisando que você está iniciando uma tarefa ou dando uma dica de que aquela tarefa é necessária. Em um dos estudos de Lucia, 50% das mães pertencentes à linhagem náuatle afirmaram que, por vezes, usam essa abordagem para motivar uma criança a ajudar. "Uma mãe relatou, por exemplo, que comunica à filha quando está começando a preparar o jantar", observa o estudo. Assim, a filha sabe que é hora de passar a contribuir. "Mãe, você quer ajuda?", pergunta a garota. "Sim, me passe um tomate, retire os ingredientes, as cebolas ou os feijões", responde a mãe. "Ela já sabe o que deixar preparado para mim."

Às vezes, digo a Rosy "Mango está com fome", ou "A tigela do Mango está vazia", para ensiná-la a prestar atenção quando o cachorro precisa de comida. Ou então eu digo "Hora de levar o lixo para fora" e sinalizo que preciso que ela abra e mantenha as portas abertas para mim. Ou eu digo "Hora do supermercado", para que ela saiba que deve ir pegar as sacolas reutilizáveis. Logicamente, nem sempre ela faz o que eu espero ou o que eu quero que ela faça. Mas ela está aprendendo, aos poucos, sem reclamar nem brigar.

———————

Tudo bem, vamos ser honestos aqui. A essa altura, talvez você esteja pensando: "Minha nossa! (ou, até mesmo, 'Que droga!'), esse processo de treinamento em execução de tarefas parece *muito* mais trabalhoso do que simplesmente afastar as crianças e terminar de lavar aqueles malditos pratos em cinco minutos."

E é verdade: esse processo exige um pouco de paciência com as crianças — mais paciência do que eu esperava. Quando Rosy põe suas mãozinhas nos pratos ou nas roupas sujas, todo o processo pode demorar bastante. Às vezes, ela leva um ou dois minutos inteiros para decidir como colocar um prato na máquina de lavar louças. Ou depois de dobrarmos e guardarmos suas roupas, ela começa a arrancar tudo das gavetas e a jogar as roupas no chão. "Vamos fazer de novo, mamãe!", grita ela. "Mas... mas... mas... Nós acabamos de...", digo eu, fazendo uma careta.

Uma parte de mim quer gritar para que ela saia do quarto. Outra parte de mim quer sucumbir ao desespero e deixar o caos se instalar à minha volta. Mas nenhuma dessas abordagens ensinaria Rosy a ser um membro familiar prestativo. Então respiro fundo, busco um pouco mais de paciência e penso na avó maia em Chiapas, ensinando o menino a não jogar fora as vagens ainda com feijões. *O que ela faria agora?*, pergunto-me. *Ela ajudaria Rosy a reencontrar o caminho certo.* Então, gentilmente, pego as roupas das mãos de Rosy, coloco-as de volta na gaveta e lhe digo, calmamente: "As roupas dobradas ficam na gaveta. Nós as dobraremos novamente na próxima semana." E saio do quarto.

Dito isso, há outro motivo pelo qual me sinto motivada a continuar com essa abordagem (e a fortalecer minha paciência): ela, de fato, me economiza uma quantidade enorme de tempo. E não estou falando apenas sobre economizar tempo no futuro, quando (ou se) Rosy se tornar mais prestativa. Estou querendo dizer que isso me economiza tempo agora, enquanto ela ainda é essa batatinha pequena e desajeitada.

Explicarei como esse princípio funciona no próximo capítulo, quando formos apresentados à segunda etapa do treinamento de crianças prestativas. É um princípio extraordinário. Depois de vê-lo em ação, mudei totalmente a maneira como pensava o papel de Rosy em nossa família. Ele não apenas ensina as crianças a serem mais prestativas, como também é imprescindível para ensiná-las a serem membros familiares cooperativos, inclusive em suas interações com os irmãos.

Resumo do Capítulo 4:
Como criar filhos prestativos

Ideias para serem lembradas (crianças de todas as idades)

- Os filhos têm um desejo inato de ajudar os pais. Eles nascem assim. Pode não parecer, mas eles têm um impulso genuinamente inerente de pertencer à família, e a ajuda faz com que eles ganhem um lugar no grupo.
- Muitas vezes, eles não sabem qual é a melhor forma de ajudar. Por isso, parecem incapazes ou desajeitados. A função dos pais é treiná-los.
- Ao começar a ajudar em uma tarefa, é possível que uma criança pareça desajeitada, e talvez faça alguma bagunça. Com a prática, porém, ela aprenderá rapidamente, ao mesmo tempo em que manterá seu amor pelo ato de ajudar.
- Nunca desestimule uma criança, qualquer que seja a sua idade, quando ela pretender ajudar um pai ou outro membro da família. Enxotar uma criança pode afetar sua motivação para contribuir e trabalhar em conjunto. Se a tarefa for muito difícil ou perigosa para ela, diga-lhe para ficar assistindo. Ou divida a tarefa em subtarefas exequíveis.

Faça hoje

Para crianças mais novas (crianças até 7 anos, aproximadamente):
- Peça a uma criança que ajude você e sua família ao longo do dia. Não exagere com as solicitações. Um pedido por hora é o suficiente. Coisas a serem pedidas:
  ↳ Vá buscar algo de que você precisa; carregue uma pequena sacola de mantimentos; mexa uma panela no fogão; pique um legume; segure a porta; utilize uma mangueira.

- Certifique-se de que as solicitações sejam para:
  ↳ Tarefas reais que representem uma contribuição real para a família e não tarefas sem finalidade ou simuladas.
  ↳ Trabalhar juntos, como uma equipe; não para a criança executar sozinha a tarefa.
  ↳ Tarefas simples que sejam de fácil compreensão e conclusão para a criança, sem que ela precise de sua ajuda (por exemplo, entregue um livro a uma criança e diga-lhe para colocá-lo na estante, em vez de pedir-lhe que limpe a sala de estar). Por outro lado, você não pode facilitar demais a tarefa.

Para crianças mais velhas (maiores de 7 anos):
- Se uma criança não estiver acostumada a ajudar, faça com que ela se sinta confortável nesse papel. Experimente colocar em prática as dicas acima. E seja paciente. Talvez a criança não ajude de imediato, mas, no fim, ela o fará.
- Se a criança já estiver aprendendo a ser *acomedida*, aumente a complexidade da tarefa conforme seu nível de habilidade for aumentando. Deixe que o interesse e as habilidades da criança guiem seu pedido.
- Em vez de dizer diretamente a uma criança o que fazer, tente ativá-la aludindo indiretamente a uma tarefa (você poderia dizer, por exemplo, "A tigela do cachorro está vazia" para lembrá-la de alimentar o cachorro, ou "Hora de preparar o jantar" para lembrá-la de aproximar-se e começar a retirar os ingredientes da geladeira).

CAPÍTULO 5

Como criar crianças flexíveis e cooperativas

"Na cultura maia, existe uma crença de que todos têm um propósito", diz a psicóloga Barbara Rogoff.

"Até mesmo as crianças pequenas?", pergunto.

"Sim. Todo mundo. E parte do objetivo da interação social é ajudar todos a atingir seu propósito."

Humm, penso comigo mesma. *Qual é o propósito de Rosy em nossa família?*

———

Na quarta noite em Chan Kajaal, sinto-me tão empolgada que não consigo dormir. Estou agitada e me reviro na rede sem parar. Olho fixamente para o ventilador no teto. Escuto os cachorros latindo na rua. São duas horas da manhã e os 35°C em nosso quarto também não ajudam.

Finalmente, por volta das cinco da manhã, antes de o primeiro galo cantar, ouço uma caminhonete estacionando na garagem.

Pulo da rede, visto-me e me despeço de uma adormecida Rosy, dando um beijo em sua testa pegajosa. Hoje, vou ao encontro do que estou esperando há mais de um ano.

Sempre que conto a amigos e familiares sobre as supermães maias — sobre quão pouco elas discutem com os filhos —, muitos norte-americanos reagem da mesma forma: "Está bem, mas você não viu os pais preparando os filhos para ir à escola de manhã. Volte lá e observe um pai ou uma mãe fazerem isso, e tenho certeza de que você vai testemunhar algum conflito."

Bem, hoje vou fazer exatamente isso: assistir a uma família maia lidando com a temida rotina matinal.

Entro apressada na caminhonete. Atrás do volante está a pessoa que vem tornando toda esta viagem possível: Rodolfo Puch. Com mais de 30 anos, Rodolfo é um homem notável, com sobrancelhas grossas e escuras e cabelos pretos brilhantes, penteados para cima, em um topete ondulado. Ele veste uma camisa branca impecável, com os botões superiores abertos e frouxos.

"*Días*", diz ele, me cumprimentando.

"*Días*", respondo.

"Você está pronta para ver Teresa balançando as redes?", pergunta ele, com um largo sorriso no rosto. Rodolfo tem um belo sorriso, que toma conta não apenas de seus lábios, mas também das bochechas, dos olhos e da testa.

Digo-lhe que mal posso esperar para visitar a família de Teresa, e agradeço-lhe novamente por marcar a entrevista. Quando atravessamos a aldeia de carro, o sol ainda está escondido sob o horizonte e o céu apresenta uma cor alaranjada brilhante, tal qual o miolo de uma nectarina madura.

Rodolfo cresceu em uma aldeia semelhante a Chan Kajaal, e hoje administra uma empresa de turismo. Contratei-o para agendar entrevistas com as famílias e fazer a tradução simultânea de nossas conversas, do maia para o inglês. Sua ajuda tem sido inestimável. Independentemente de quão absurdas minhas ideias pareçam, ele sempre responde da mesma maneira: acena com a cabeça e diz: "Sim, podemos. Podemos, sim." E, então, ele encontra uma solução possível, que, ao mesmo tempo, também atende às minhas necessidades.*

Hoje não será exceção.

Rodolfo convenceu um casal da aldeia — Maria Teresa Caamal Itzá, conhecida por Teresa, e Benito Kumul Chan — a nos deixar aparecer em sua casa de madrugada e gravar um áudio enquanto eles preparam os filhos para ir à escola. Ou seja, vestir um total de *três crianças*, alimentá-las e despachá-las, tudo isso antes das sete da manhã.

"Se as crianças não chegarem ao portão antes das sete, a escola não permitirá a entrada", acrescenta Rodolfo.

Se eu estava interessada em testemunhar disputas de poder e ouvir gritos de desespero, aquele era o momento ideal.

Rodolfo e eu estacionamos diante da casa de Teresa e Benito. As luzes estão apagadas. O silêncio é completo. Estão todos dormindo ainda — exceto Teresa. Ela está de pé, na varanda da frente, esperando por nós, impecavelmente vestida. Vestida com uma saia lápis lilás e uma blusa rendada cor-de-rosa, parece pronta para um almoço de poderosos em Manhattan. O cabelo, comprido, está preso em um coque informal.

"*Días*", diz ela baixinho, com um aceno de cabeça, enquanto entramos em sua sala de estar. "*Días*", respondemos Rodolfo e eu com um sussurro. Seus três filhos ainda estão dormindo em redes penduradas no cômodo. Imediatamente, Teresa dá início à sua tarefa de tentar acordá-los. Ela dá um puxão na ponta de uma das redes. "Acorde. Acorde, Claudia. Você precisa ir para a escola", diz Teresa, delicadamente, para a filha mais nova, que tem 6 anos e ainda está profundamente adormecida. "Acorde.

---

* Como ficaremos sabendo no próximo capítulo, esse método funciona incrivelmente bem com crianças pequenas, que, muitas vezes, têm ideias absurdas. Em vez de resistir a tais ideias com uma afirmação do tipo "Não, não, não. Não podemos fazer isso", da próxima vez tente simplesmente balançar a cabeça e dizer "Podemos, sim, podemos", e, em seguida, ouça o que a criança está dizendo. Em 90% das vezes, a criança vai seguir em frente e se esquecer de tudo. Ou ela perguntará novamente, mais tarde. A essa altura, vocês já terão chegado a um denominador comum.

Acorde. *Ay-yai.*" A voz dela continua baixa, mas é possível detectar um leve indício de frustração.

Aha!, penso. *Aí está: a disputa de poder entre mãe e filha.* Pego meu gravador, pronta para documentar como Teresa reagirá à desobediência.

Mas é aí que Teresa gira em torno de si mesma, literalmente. Em vez de sacudir a pequena Claudia para fazê-la acordar, ela se vira e vai até a outra extremidade da sala. Chegando lá, ela dá um tempo antes de fazer uma coisa que nunca vi nenhuma mãe ocidental tentar. Teresa, basicamente, se transforma em uma maestrina — ou, melhor ainda, em uma técnica de beisebol, orientando silenciosamente o time ao lado do banco de reservas. Em vez de emitir um fluxo de instruções, ameaças e explicações em voz alta, ela se comunica por meio de expressões faciais e gestos manuais. Uma contração do nariz significa "Comece a se vestir"; um puxão na orelha significa "Escove seu cabelo"; e um aceno rápido com a cabeça significa "Você está fazendo um bom trabalho". Se não prestarmos atenção, perderemos todas as instruções.

Teresa começa com o primeiro jogador de base: seu filho de 11 anos, Ernesto. Ele adora a escola e já está acordado, vestido e se encaminhando para a porta. "Volte. Vá procurar seus sapatos, Ernesto", diz Teresa, com naturalidade. Ernesto não responde e sai correndo pela porta da frente. Terá ele simplesmente ignorado a mãe? Não ficou claro. Mas Teresa não parece se importar. Imperturbável, ela se volta para sua mais importante lançadora: Laura. Ela tem 16 anos e conhece bem aquele jogo.

"Você precisa pentear o cabelo da sua irmã", diz Teresa. Mais uma vez, seu tom é extremamente profissional. Embora não transmita urgência nem estresse, ela também não abranda o pedido. Ela não adoça o tom nem introduz palavras adicionais em sua solicitação, como "Você se importa em pentear o cabelo da sua irmã?", ou "Você quer pentear o cabelo da sua irmã?", e nem mesmo "Você poderia pentear o cabelo da sua irmã?". Na verdade, seu pedido é direto: "Você precisa pentear o cabelo da sua irmã." E funciona.

Meio adormecida e caminhando tal qual um zumbi, Laura vai até a irmã mais nova, acorda-a delicadamente e começa a pentear-lhe os cabelos. Teresa entrega a Claudia o uniforme escolar, e a menina vai para outro quarto se vestir. Quando Claudia retorna, sua irmã mais velha desempenha o mais doce ato de bondade fraternal que eu já testemunhei. Sem ser questionada, a jovem de 16 anos traz uma tigela de água e começa a lavar os pés da irmã mais nova. Com cuidado e amor, Laura esfrega a sujeira amarronzada dos calcanhares e dedos dos pés de Claudia e depois os seca. Por fim, Laura ajuda a irmã a calçar os sapatos, tudo com a maior ternura.

Passa pela minha cabeça que talvez os filhos de Teresa estejam sendo tão calmos e amáveis uns com os outros porque Rodolfo e eu estamos ali assistindo. Por isso, pergunto a Teresa se nossa presença está mudando o comportamento deles. Teresa ri um pouco e depois responde: "Bem, Laura estaria lavando os pés de Claudia mais rapidamente se vocês não estivessem aqui. Ela estaria dizendo à irmã para não se mexer, para que ela pudesse terminar logo."

Ernesto aparece à porta dos fundos, ainda sem os sapatos escolares calçados. Teresa lhe pergunta: "Você achou seus sapatos? Onde você os colocou ontem?" Novamente, Ernesto não diz nada e sai pela porta da frente.

Teresa, então, faz sinais para as meninas, mostrando que está na hora de tomar o café da manhã. Elas se aproximam imediatamente e começam a comer. Parada ali com meu microfone na mão, fico impressionada com a forma como todos são incrivelmente pacíficos. Todo esse tempo, Teresa falou apenas umas poucas palavras. Ela manteve sua energia muito bem controlada. E as crianças seguiram seu exemplo. Enquanto as meninas comem, a sala fica tão silenciosa que dá para ouvir o canto dos pássaros lá fora.

Em seguida, o silêncio se quebra quando Ernesto entra correndo pelo jardim da frente, e ele *ainda* está sem os sapatos! *Argh*, penso, *Teresa já lhe pediu duas vezes que encontrasse os sapatos.* Mas ela não sente necessidade de intensificar sua reação. Ela não transforma a desobediência dele em um conflito. Nem sequer o lembra de que já fez o mesmo pedido duas vezes. Em vez disso, ela mantém a compostura, e simplesmente reitera o pedido no mesmo tom prático: "Vá encontrar seus sapatos." (Também percebo que ela espera cinco minutos inteiros antes de repetir um pedido a algum dos filhos. Em comparação, costumo esperar cerca de dez segundos — se tanto.)

E a paciência de Teresa é recompensada. Ernesto volta a sair e, rapidamente, retorna com os sapatos!

Logo depois, Teresa faz outro sinal com a mão, e as três crianças saem pela porta da frente. Laura sobe no assento do triciclo de carga, seus irmãos mais novos pulam na plataforma dianteira e Laura os leva para a escola. E é isso. Toda a rotina matinal durou cerca de vinte minutos, desde Teresa balançar as redes até as crianças saírem. Foi tranquilo, fácil e extremamente calmo. Sem drama. Sem conversa fiada. Sem gritos. Sem lágrimas. Sem resistência.

A loucura matinal era tudo, menos loucura. Na maior parte das vezes, os filhos de Teresa seguiam o fluxo. Eles ouviam e sabiam o que fazer. E quando não respondiam imediatamente a uma ordem, Teresa nunca os pressionava para se apressarem. Ela simplesmente esperava alguns minutos e perguntava de novo, no mesmo tom. Ela nunca estimulou um conflito.

"As manhãs são tranquilas porque as crianças se ajudam", afirma Teresa. E, de fato, ela não poderia estar mais certa. As crianças eram muito cooperativas. Pude ver que elas não apenas queriam ajudar a mãe, como também queriam ajudar umas às outras.

Mas sinto algo naquela casa que também já havia sentido em outras famílias de Chan Kajaal. Para além de simplesmente quererem se ajudar de forma mútua, Teresa e seus filhos parecem se entender em um nível mais profundo do que Rosy e eu nos entendemos. Teresa sabia que pressionar um pouco mais Ernesto não o faria ir buscar os sapatos com mais rapidez. Teresa sabia que havia mais probabilidades de Laura conseguir fazer com que Claudia acordasse do que se ela própria continuasse tentando. E Laura sabia exatamente como pentear o cabelo da irmã para não repuxá-lo nem machucá-la. Cada membro da família entendia como os outros membros funcionavam. Como resultado, a casa possuía aquele maravilhoso senso de coesão e coordenação —

aquele maravilhoso senso de "nós", como se estivessem querendo dizer "Estamos todos juntos nisso".

E então me ocorreu o seguinte: Teresa havia treinado sua família para trabalhar em conjunto como um time campeão da World Series, enquanto eu havia feito o oposto. Eu havia treinado uma adversária, uma dissidente ou, por vezes, uma verdadeira anarquista dos Hells Angels.

Por que Rosy não fazia parte do meu time?

Se eu pudesse recrutá-la de alguma forma para minha equipe, conseguiria resolver alguns de nossos problemas? Talvez a rotina matinal fosse mais fácil. Talvez sair do parquinho fosse mais rápido. E talvez — apenas talvez — Rosy fosse se deitar para dormir sem drama e sem lágrimas. Poderiam todos esses problemas ter origem em um mesmo problema básico?

Etapa 2: Dê às crianças carteirinhas de membro da equipe

Antes de conhecer Teresa e Maria, eu organizava o cronograma de Rosy da maneira que acreditava que todos os bons pais deveriam fazer: quando ela não estava na creche, sempre havia uma "atividade" planejada para ela executar.

Enquanto ela cochilava ou dormia à noite, eu me ocupava de todas as tarefas. Limpava a sala de estar e a cozinha, lavava as roupas e fazia uma parte do café da manhã e do almoço para o dia seguinte, de modo que não precisássemos nos apressar de manhã.

Nos fins de semana, íamos ao zoológico, a museus e áreas de lazer cobertas. Brincávamos em parques e fazíamos artesanato para o Dia das Bruxas e a Páscoa. Quando chovia, enchíamos nossa sala de estar com brinquedos, jogos, quebra-cabeças e "ferramentas de aprendizagem". Eu me sentia bem com aquelas atividades, pois pensava que estavam enriquecendo a vida de Rosy, expondo-a a uma série de experiências. Na prática, elas também a mantinham entretida, afastada de mim, e distraída a ponto de não me fazer enlouquecer.

Mas, para ser brutalmente honesta, jamais gostei muito daquelas atividades. Dizer isso faz com que eu me sinta uma mãe ruim, mas é verdade. Em ambientes "próprios para crianças", eu ficava completamente entediada, ou então hiperestimulada pelo barulho, pelas luzes e pelo caos. Saía do museu de ciências infantil exausta, no limite, e com a sensação de que um pedacinho da minha alma havia ficado na lanchonete, depois de gastar uma fortuna em uma fatia de pizza pepperoni (que, a propósito, quem acabava comendo era eu, depois que Rosy gritava na minha cara: "Eca! Não gosto deste queijo!").

Brincar em casa com Rosy na sala de estar não era muito melhor do que isso. Em certas tardes, eu preferiria arrancar meus olhos a ter de começar outra rodada de Princesa Elsa e Anna. Mas dizia a mim mesma: *Isso é o que uma boa mãe faz. Isso é o que Rosy precisa e deseja. Isso é bom para ela. Isso a está ajudando.*

Soa familiar?

Mas o tempo que passei com Maria e Teresa em Chan Kajaal me levou a refletir: e se todas aquelas ideias preconcebidas que eu venho alimentando sobre "o que uma boa mãe faz" fossem uma completa bobagem? E se nossa lista abarrotada de atividades estiver, na verdade, provocando o oposto do que pretendo e, em vez de tornar minha filha mais feliz e nossa vida mais tranquila, ela estiver, de fato, piorando o comportamento de Rosy e tornando minha vida mais difícil? Aquelas atividades poderiam estar corroendo a motivação intrínseca de Rosy de ser um membro familiar cooperativo — de fazer parte da equipe? Elas poderiam estar destruindo sua confiança e seu senso de identidade? Existe uma maneira mais fácil, mais eficaz e mais prazerosa de passar o tempo com uma criança?

———————

Suzanne Gaskins vem estudando a criação dos filhos na cultura maia há mais de quatro décadas. Ela é antropóloga psicológica da Universidade Northeastern Illinois, de Chicago, e passou vários meses morando em

Chan Kajaal, observando famílias e entrevistando pais. Suzanne conhece muito bem as famílias da aldeia. E elas também a conhecem bem.

Quando Suzanne morou aqui, no início dos anos 1980, ela também era mãe — seu filho tinha 1 ano. Imediatamente, ela percebeu uma diferença impressionante entre os pais maias e seus amigos que tinham filhos em Chicago. Os pais maias não sentem a necessidade de entreter nem de brincar constantemente com os filhos. Eles não propiciam um fluxo infinito de vídeos, brinquedos e caças ao tesouro para estimular os filhos e mantê-los ocupados. Em outras palavras, os pais maias não participam de jogos de princesa esparramados pelo chão nem passam fins de semana em museus infantis comendo fatias de pizza que custam uma fortuna.

Suzanne chama essas atividades de "centradas na criança", ou seja, aquelas voltadas exclusivamente para elas, que os pais não fariam se não tivessem filhos. De acordo com Suzanne, os pais maias não sentem a necessidade de programar muitas dessas atividades, se é que programam alguma.

Em vez disso, eles proporcionam aos filhos uma experiência ainda mais rica, algo que muitas crianças ocidentais não aproveitam muito: a vida real. Os pais maias acolhem as crianças no mundo adulto e lhes dão acesso total à sua vida e ao seu trabalho.

Os adultos cuidam de seus afazeres cotidianos — limpar, cozinhar, alimentar o gado, costurar, construir casas, consertar bicicletas e carros, cuidar dos irmãos —, enquanto as crianças brincam a seu lado e observam as atividades dos adultos. Esses eventos da vida real são as "atividades enriquecedoras". Elas são o entretenimento das crianças e suas ferramentas para aprender e crescer, tanto física quanto emocionalmente.

As crianças são convidadas a vir correndo para assistir e contribuir quando necessário. Com o tempo, elas aprendem gradualmente a tecer uma rede, criar um peru, assar *tamales* em uma cova ou consertar uma bicicleta.

Observo esse tipo de aprendizado em toda a Chan Kajaal. Uma tarde, na casa de Maria, observo-a começar a lavar milho em um balde — uma etapa necessária para fabricar a massa para as tortilhas. O processo envolve enxaguar repetidamente o milho com água doce. Debruçada sobre um balde azul, Maria submerge os grãos secos e amarelos na água fria e clara e os remexe. *Whoosh, whoosh.* Imediatamente, suas duas filhas mais novas, Alexa e Gelmy, chegam correndo para assistir. Maria despeja a água fora e pede ajuda a Gelmy. "Vá abrir a mangueira", diz ela à menina de 9 anos. Gelmy corre até a torneira para ajudar a mãe. O tempo todo, a pequena Alexa observa a mãe e a irmã mais velha.

"Em uma tarefa como essa, digo às crianças para assistir e aprender", revela Maria, durante uma pausa. "É o que sempre lhes digo. 'Isso é importante. Vejam.'"

E, assim, os pais maias — novamente, como a grande maioria dos pais ao redor do mundo — organizam os cronogramas dos filhos para dar oportunidades às crianças de estar com a família ou perto dela, enquanto os adultos cumprem suas rotinas diárias. As crianças estão por perto quando os adultos trabalham em casa, cuidam dos negócios da família ou fazem a manutenção do jardim da família — seja onde for, as crianças são bem-vindas.

E as crianças, na verdade, adoram essas atividades. Eles as desejam. As crianças não veem diferença entre o trabalho dos adultos e as brincadeiras, diz a psicóloga Rebeca Mejía-Arauz. "Os pais não precisam saber brincar com as crianças. Se as envolvermos nas atividades dos adultos, isso será uma diversão para elas." E, assim, as crianças associam as tarefas a uma atividade divertida e positiva. Elas associam isso a brincar.

"Os pais não obrigam os filhos a cumprir tarefas domésticas nem a assumir uma missão, mas organizam a casa e o contexto para que as crianças desenvolvam tais habilidades", diz a psicóloga Lucia Alcalá. "É uma forma bastante sofisticada de encarar o desenvolvimento infantil."

Não há dúvida de que acolher as crianças no mundo adulto torna muito mais fácil a aprendizagem das tarefas domésticas. Se as crianças estiverem perto de você quando estiver fazendo o café da manhã ou lavando roupa, rapidamente elas aprenderão a preparar ovos mexidos ou a separar as roupas claras das escuras.

Mas essa abordagem tem outras vantagens. Ela permite que os pais descansem. Em vez de ter de programar, investir e participar de infinitas atividades centradas na criança, eles podem levar a vida normalmente — trabalhando ou repousando — enquanto as crianças os acompanham, aprendendo à medida que crescem. Em vez de programar sua vida em torno de seu filho, você pode, simplesmente, ajustá-lo à sua programação.

Além disso, é provável que os seres humanos tenham evoluído até o ponto em que as crianças aprendessem seguindo o exemplo dos adultos; é o que elas têm feito há, pelo menos, duzentos mil anos (como veremos no próximo capítulo). Portanto, para muitas crianças, aprender dessa forma é mais fácil e menos estressante do que fazê-lo por meio de atividades centradas nela mesma. E isso gera menos conflito e resistência.

E que maneira maravilhosa de aprender! Não existe nenhuma pressão para desenvolver uma habilidade com mais rapidez do que se é capaz, nem aulas expositivas, e tampouco teste de avaliação no fim do semestre. As crianças podem, simplesmente, aprender de acordo com seu ritmo, bastando estar perto dos adultos, assistindo e auxiliando.

Entretanto, e talvez mais importante do que tudo, essa abordagem dá às crianças algo que vem sendo esquecido em muitos lares norte--americanos: uma carteirinha de membro da equipe.

No Ocidente, costuma-se adotar dois tipos de motivação: recompensas (elogios, presentes, adesivos, mesadas) e punições (gritos, castigos, proibições, ameaças). Mas, em muitas outras culturas, as mães e os pais investem em outro tipo de motivação: o impulso de uma criança para se adequar à própria família e trabalhar em conjunto como uma equipe. O impulso de pertencer.

Essa motivação é poderosa. Sem ela, mães e pais estariam criando os filhos praticamente com as duas mãos amarradas nas costas. A motivação para pertencer não apenas leva as crianças a prontificar-se e executar as tarefas voluntariamente, como também as ajuda a serem mais cooperativas e flexíveis em geral. Isso as impulsiona a preparar-se para a escola todas as manhãs, entrar no carro quando for a hora de voltar do parque para casa, comer a comida que foi colocada no prato e não se atrasar quando você pedir que arrumem os pratos na mesa!

As crianças realizam essas tarefas com relativa facilidade porque têm um compromisso com a família. A família está lavando a louça, então uma criança também lava. A família está limpando a casa, então a criança também limpa.

Elas estão preparadas para esse tipo de cooperação. É uma das características que nos torna humanos: nos sentimos bem em trabalhar juntos e em ajudar as pessoas que nos amam.

Crianças de 8 ou 9 anos têm plena consciência dessa motivação, afirma Lucia. "Perguntamos às crianças maias por que elas ajudam nas tarefas domésticas. Várias responderam que é porque fazem parte da família, e trata-se de uma responsabilidade compartilhada. Todo mundo ajuda." Uma criança respondeu: "Bem, eu moro lá. Por isso, devo ajudar." Outra respondeu: "Porque eu também como em casa; também preciso ajudar meu pai."

Mas, para que as mães e os pais acessem essa motivação natural, há um requisito fundamental: as crianças precisam ter a sensação de que são membros efetivos e contribuem para a família. Precisam sentir que suas contribuições realmente fazem a diferença e são importantes. Por exemplo: se uma criança estiver cuidando de um irmão mais novo, ela é *realmente* responsável pelo bem-estar do irmão.

As crianças estão perfeitamente cientes de seu relacionamento com os outros — elas sabem quem pertence à equipe e quem não pertence. Até mesmo as crianças pequenas estão cientes de sua interdependência e suas conexões com outras pessoas; sabem quem as ajudou e quem elas ajudaram.

Elas também estão perfeitamente cientes da própria função na equipe. Sou um receptor envolvido em quase todas as jogadas no campo de beisebol ou sou um campista direito que não participa de muitas ações? Ou, ainda mais diretamente ao ponto, sou apenas um espectador VIP sentado no camarote comendo um cachorro-quente e tomando suco de maçã?

Ao acolher as crianças no mundo adulto, você confirma que elas fazem parte da equipe da família. Metaforicamente, você lhes dá a carteirinha de membro, que elas carregam no bolso. Essa carteirinha oferece acesso total aos benefícios — e às responsabilidades — da equipe. Ela diz à criança: *Eu faço o que esses adultos fazem porque sou parte deste grupo. Quando a família lava as roupas, eu lavo as roupas. Quando a família limpa, eu limpo. Quando a família sai de casa pela manhã, saio com ela. Quando a família...* Seja o que for, a criança vai acompanhar.

Cada vez que incluímos uma criança em uma tarefa de adultos — seja algo tão simples quanto levar o lixo para fora, seja tão complexo quanto levá-la a Yucatán para fazer parte do projeto de um livro —, estamos dizendo que ela faz parte de algo maior do que ela própria. Ela é parte de um "nós" e está ligada aos outros membros daquela família. O que ela faz ajuda ou prejudica os outros.

Por outro lado, cada vez que escolhemos uma atividade dedicada e centrada na criança, aos poucos estamos invalidando aquela carteirinha de membro. Dizemos às crianças que elas são diferentes do restante da família, um pouco como um espectador VIP, que pode ser dispensado do trabalho da família, das atividades dos adultos. Diminuímos a motivação da criança para trabalhar em equipe.

Era exatamente isso o que estava acontecendo entre mim e Rosy. Eu estava lhe ensinando que seu papel em nossa casa era brincar com Legos, assistir a vídeos educacionais e receber de forma passiva as refeições (especificamente, macarrão sem molho e torradas com manteiga). Meu papel era limpar, cozinhar, lavar as roupas dela e transportá-la de uma atividade para outra. Então, por que diabos ela colocaria os sapatos quando eu pedisse, todas as manhãs? Por que ela comeria os brócolis que preparo? Ou iria para a cama quando estivéssemos todos exaustos?

Em muitos aspectos, ela agia como a diretora-executiva de uma empresa de tecnologia; eu era sua gerente de eventos, estava lá para planejar seus dias e garantir que ela estivesse se divertindo.

Mas depois daquela manhã que passei com Teresa e de minhas conversas com Suzanne sobre atividades centradas na criança, reconsiderei, refleti e, no fim, me peguei pensando: "Chega. Chega! Não vou mais comprar uma fatia de pizza caríssima, em uma lanchonete cheia de crianças, para depois ter que comê-la eu mesma, sozinha. Não vou mais lavar as roupas enquanto ela fica assistindo a vídeos no YouTube. Não vou mais cozinhar pratos especiais para ela no jantar. Esses tempos na família Doucleff acabaram."

Decidi deixar de ser a gerente de eventos de Rosy e começar a acolhê-la em meu mundo. Decidi parar de entretê-la e aprender, simplesmente, a estar com ela.

Depois que saí da aldeia Chan Kajaal e voltei para casa, implantei três grandes mudanças no lar dos Doucleff:

1. Modifiquei totalmente o cronograma de atividades de Rosy. Percebi que os fins de semana e as tardes após a pré-escola eram momentos preciosos para que Rosy adquirisse sua carteirinha de membro da família — para que ela estivesse por perto para acompanhar o funcionamento interno de nossa casa e imergisse no mundo adulto. Assim, aboli quase todas as atividades centradas na criança. Não há mais museus infantis, zoológicos e centros de recreação. Cortei até mesmo as festas de aniversário, exceto as de amigos da família, com quem Matt e eu quiséssemos passar algum tempo juntos. O mesmo princípio foi adotado para brincadeiras com os colegas: se não desejo ficar na companhia daquela mãe ou daquele pai, nós não a levamos mais. Ou, simplesmente, eu a levo à reuniãozinha e dou-lhe algum tempo para que ela fique sozinha com a outra família. O que descobri é que Rosy realmente gosta de ficar algum tempo afastada de Matt e de mim. Mesmo quando tinha apenas 2 anos e meio, ela não se importava de ir ao encontro dos amiguinhos para brincar sem a minha presença. Contanto que ela se sentisse conectada com outro adulto, ela ficava bem.

Quando temos algum tempo livre, escolhemos atividades que toda a família poderá apreciar, aquelas que costumávamos fazer antes de Rosy chegar. Às vezes, precisamos modificar um pouco o programa para que ela possa participar (por exemplo, encurtar uma caminhada, modificar um percurso de bicicleta, pular a segunda rodada de bebidas no jantar). Mas as atividades não são centradas nela, não são feitas para ela, e não são "apenas para crianças". São as atividades do mundo adulto, das quais ela é uma participante plena.

E eis aqui a grande mudança: em vez de esperar para executar as tarefas enquanto Rosy cochila e dorme, nós as fazemos quando ela está por perto. Nas manhãs de sábado, cozinhamos alguma coisa divertida no café da manhã e limpamos a casa — todos juntos; nem Matt nem eu nos omitimos. Nas manhãs de domingo, lavamos as roupas — de novo, todos juntos — e, à tarde, vamos ao supermercado. Nas noites de domingo, trabalhamos no jardim, passeamos com o cachorro ou visitamos amigos.

O que eu faço agora enquanto ela dorme ou cochila? Puxa vida, eu descanso! Leio um livro, dou uma caminhada, assisto a filmes ou converso longa e calmamente com meu marido, sem ser interrompida. E, às vezes, tomo um banho muito, muito longo, ou me deito para tirar uma soneca.

2. Mudei totalmente a maneira como encarava a sua disposição para ajudar. Mesmo que Rosy tenha feito uma grande bagunça, quebrado algo ou tirado algum utensílio da minha mão, faço questão de me lembrar: *Ela está tentando ajudar, mas não sabe como. Eu preciso ensiná-la. E isso pode levar algum tempo.* Eu recuo, deixo que ela realize as tarefas como deseja, e tento minimizar a quantidade de instruções ou comentários. E passei a encorajar qualquer interesse da parte dela em executar tarefas, mesmo quando parecer que ela está apenas brincando ou zombando.

3. Dei-lhe o máximo de autonomia que pude. Ficaremos sabendo mais sobre isso posteriormente, quando visitarmos o povo hadza. Por enquanto, quero enfatizar que respeitar a autonomia de uma criança — ou seja, minimizar o autoritarismo — é necessário para que este sistema funcione.

Tente isso 2: Treine a cooperação

Na cultura ocidental, nos desdobramos para traçar uma linha entre o mundo infantil e o adulto. As crianças vão para a escola; os pais, para o trabalho. As crianças vão para a cama cedo; os pais, tarde. Crianças comem comida infantil; os pais comem "comida de adulto" (como me disse minha sobrinha de 7 anos). A separação é nítida. Mas não tem de ser assim. Nosso papel é encontrar oportunidades de fundir os dois mundos. E existem muitas, muitas oportunidades. Só precisamos aprender como identificá-las.

Lembre-se de que algumas crianças podem precisar de tempo para se ajustar ao novo ambiente — especialmente as mais velhas, sem muita experiência no mundo adulto. No início, é possível que elas não saibam como se comportar muito bem. E talvez seja necessário apresentar-lhes aos poucos novas experiências ao longo de várias semanas e meses.

"O problema é que as crianças vêm sendo criadas apenas em locais seguros para elas. Então, quando elas adentram um lugar regido por regras diferentes, como um ambiente adulto de classe média, às vezes elas podem se comportar de maneira desagregadora. Há pessoas que ficam irritadas. E aí os pais desistem", diz Barbara Rogoff.

Mas não desista! Seja paciente. Lembre-se de que você está *treinando* a criança em uma nova habilidade.

Com o tempo e a prática, as crianças podem aprender a se comportar adequadamente em ambientes adultos, diz Barbara. "Se você começar cedo ou acostumar uma criança mais velha a determinada situação, ela aprenderá. Crianças são realmente boas em distinguir entre o mundo adulto e o mundo infantil." Elas também descobrem facilmente quais regras se aplicam a diferentes ambientes.

Pensando bem, como podemos esperar que as crianças aprendam a agir com maturidade se nunca as expusermos regularmente a adultos maduros? Se Rosy passa o tempo todo brincando com outras crianças de 3 anos, como espero que ela aja de maneira mais madura do que uma criança de 3 anos?

A exposição ao mundo adulto também é um ótimo treinamento para a escola. Ela ensina as crianças a serem pacientes, calmas e respeitosas, bem como a assistir e a ouvir.

Vejamos como começar.

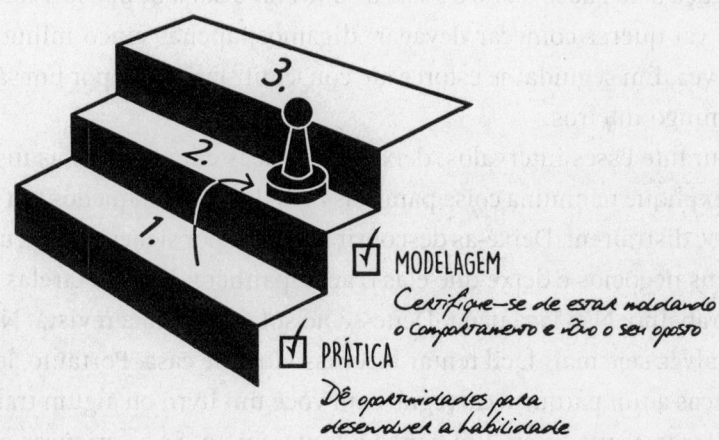

ETAPAS NA CRIAÇÃO DE UMA CRIANÇA

☑ MODELAGEM
Certifique-se de estar moldando o comportamento e não o seu oposto

☑ PRÁTICA
Dê oportunidades para desenvolver a habilidade

Comece a se envolver

• **Use o sábado ou o domingo como o dia de adesão ao grupo familiar.** Nesse dia, todos os membros da família são tratados da mesma forma e convidados a executar as mesmas atividades. Substitua as atividades centradas na criança e o entretenimento exclusivamente infantil (incluídos TV, YouTube e jogos apropriados para a faixa etária) por atividades para toda a família. Concentre-se em envolver a criança no mundo adulto. Execute tarefas em várias partes da casa, seja no quintal, seja no escritório. Façam as compras juntos. Vá a um parque e faça um piquenique com a família e amigos. Vá pescar. Vá à praia e leia ou trabalhe enquanto seus filhos brincam. Organize um jantar e envolva as crianças no planejamento —

escolhendo os guardanapos, o cardápio, as bebidas e todas as outras coisas boas. Compareça a uma atividade da igreja destinada a todas as faixas etárias. Ou ofereça-se para ser voluntário em um projeto no qual as crianças sejam bem-vindas, como banco de alimentos, refeitório para necessitados, horta comunitária, ou grupo de manutenção de trilhas. Ao longo do dia, tente pensar consigo mesmo: *Não é minha função entreter as crianças. A função delas é fazer parte da equipe.*

• **Faça uma pausa diária e deixe de entreter e dar instruções a seu filho.** Você vai querer começar devagar; digamos, apenas cinco minutos de cada vez. Em seguida, se esforce até conseguir fazer isso por um sábado e domingo inteiros.

Durante esses intervalos, deixe as crianças em paz. Não as instrua, não explique nenhuma coisa para elas nem lhes dê brinquedos (ou telas) para se distraírem. Deixe-as descobrir as coisas por si mesmas. Ocupe-se de seus negócios e deixe que elas o acompanhem. Faça as tarefas. Faça seu trabalho. Não faça nada. Deite-se no sofá e leia uma revista. No início, talvez seja mais fácil tentar fazer isso fora de casa. Portanto, leve as crianças a um parque e carregue com você um livro ou algum trabalho para fazer. Sente-se em um banco e fique quieto. Se as crianças choramingarem ou reclamarem que estão entediadas, simplesmente ignore. Elas descobrirão uma maneira de se estimular e se divertir, mesmo sem você ou uma tela diante delas. E, à medida que suas habilidades forem amadurecendo, a vida ficará mais fácil, serena e pacífica.

Se isso ajudar, pense no esquema 20-20-20: por 20 minutos a cada dia, ficarei pelo menos 20 passos afastado de meus filhos e, por 20 minutos, em silêncio.

Envolva-se

• **Reduza (ou, até mesmo, elimine?) todas as atividades centradas na criança.** Não se preocupe, seu filho ainda participará de inúmeras dessas atividades na escola e com amigos e familiares. Mas tenha como meta dizer não ao maior número possível de festas de aniversário, passeios ao zoológico, encontros para brincar e "excursões enriquecedoras". As crianças pequenas realmente não precisam dessas atividades.

No caso das crianças mais velhas, ajude-as a assumir a responsabilidade quanto à diversão, ensinando-as a planejar, organizar e executar suas atividades. Deixe-as agendar seus encontros para brincar e visitas aos amigos. Mostre-lhes como se inscrever em esportes, aulas de música e outras atividades extracurriculares. Ensine-as a andar de bicicleta, a caminhar, a pegar um ônibus para chegar ao local da atividade escolhida. Se isso não for possível, ajude a criança a organizar um esquema de carona solidária com outras famílias. O objetivo, aqui, é minimizar seu envolvimento em atividades centradas na criança e maximizar a autonomia dela.

Lembre-se de que as atividades centradas na criança são aquelas que os pais realizam apenas em nome da criança; os pais não estariam lá se o filho não estivesse participando, e os pais não apreciam verdadeiramente aquela atividade. Aquilo que se enquadra de forma exata nessa categoria varia de pai para pai, de atividade para atividade. Por exemplo, os esportes coletivos costumam ser pensados apenas para crianças, mas, geralmente, envolvem muitos membros da família e amigos próximos. Muitas famílias se reúnem para torcer e apoiar umas às outras. Portanto, só você pode decidir o que será classificado como "centrado na criança".

Pessoalmente, me pergunto se eu participaria ou não de uma atividade caso Rosy estivesse doente. Por exemplo, sua turma da pré-escola promove jantares semanais com as outras famílias. Gosto bastante dessas noites. Os demais pais já se tornaram amigos, e também fazem parte da nossa rede de apoio. Tenho vontade de valorizar e fortalecer essas conexões. Portanto, embora os jantares sejam promovidos pela escola dela, na minha cabeça eles contam como "centrados na família" e, por isso, nós ainda comparecemos. Eu também gosto bastante de parquinhos infantis, acredite se quiser. Adoro observar os pássaros, ler um livro ou rabiscar em um caderno. Adoro o fato de os parques infantis reunirem crianças de todas as idades. Mas não gosto de brincar no parquinho. Do meu ponto de vista, isso faz com que a atividade centrada na família se transforme em uma atividade centrada na criança. Rosy e eu vamos ao parquinho com frequência, mas eu trabalho enquanto ela brinca. Ponto.

Outro grande teste decisivo é como seu filho se comporta após uma atividade. Ele fica mais calmo e cooperativo ou mais agitado e hostil? Se for a última opção, abandone a atividade. Isso está minando a motivação dele para fazer parte da equipe. E se a atividade, de alguma forma, desencadear brigas, discussão ou resistência, descarte-a. Ela não vale a pena se despertar conflito. As crianças precisam de menos confrontos, não de mais.

Por outro lado, depois de uma tarde trabalhando juntos em casa, seu filho se mostra mais agradável, mais cooperativo e mais capaz de se divertir sozinho? E quanto ao nível de estresse em casa? Há menos conflito e resistência?

Pessoalmente, acho que Rosy enfrenta uma espécie de "ressaca" desagradável após intensas atividades infantis. Ela se comportará mal por cerca de uma hora ou mais, enquanto percorre o caminho de volta para a vida centrada na família, em que precisa seguir a rotina e ser cooperativa. Também avalio que as atividades centradas na criança são estressantes para ela, pois a deixam desconectada da família e, ainda por cima, muitas vezes superestimulada. As atividades centradas na criança costumam estar relacionadas ao "eu", e do que ela realmente precisa — e anseia — são as relacionadas ao "nós".

• **Aumente a exposição ao mundo adulto.** Leve as crianças a lugares que, geralmente, não são considerados "adequados para crianças", mas que podem lhes mostrar como o mundo adulto funciona. Leve-as ao supermercado, ao consultório médico e ao dentista, ao banco, aos correios, à loja de ferragens — basicamente, a qualquer lugar que você precise ir a trabalho e por conta dos negócios da família.

Não espere que elas se comportem perfeitamente no início. Você precisa treiná-las, lentamente, ao longo do tempo. Comece devagar — digamos, em torno de quinze minutos — e vá aumentando com o tempo. Ou deixe a criança conduzi-lo. Observe e veja quanto tempo elas aguentam ficar em um lugar adulto. Rosy é muito boa em me avisar quando seus limites no mundo adulto foram atingidos. Por outro lado, às vezes ela me surpreende com quão paciente e calma consegue ser. Na semana passada, passou três horas (!) em uma consulta oftalmológica, sem fazer muito alvoroço e sem perturbar.

Mas quando ela começa a se comportar mal, eu a lembro: "Este não é um lugar para brincar. É um privilégio estar aqui, e se você ainda não é uma garota grande o suficiente, terá de ir embora." Quando ela toca ou brinca com algum equipamento, eu a lembro: "Não são brinquedos. Este é o lugar de uma menina grande, e aqui não vamos brincar com coisa alguma."

• **Jogue fora os brinquedos e todos os outros objetos centrados na criança.** Está bem, então não é preciso jogar *todos* eles fora. Mas é possível, definitivamente, reduzir o suprimento a alguns livros, lápis, giz de cera e, talvez, um conjunto de Legos (ou um brinquedo com o qual a criança brinque regularmente). E, em definitivo, é possível parar de comprar novos brinquedos. Lembre-se de que as crianças passaram duzentos mil anos sem esses itens. Elas não precisam deles, de forma alguma. Além disso, parentes e amigos vão oferecer presentes mais do que suficientes para manter sua casa cheia de objetos de plástico cor-de-rosa e ursos felpudos.

Existem inúmeras vantagens em ter menos brinquedos — e em se importar menos com eles, de modo geral. Você economizará tempo arrumando e administrando esses itens, além de ter mais espaço e menos bagunça. Sua casa parecerá menos imatura (por exemplo, se você tiver um quarto de jogos, poderá usá-lo para uma atividade voltada para adultos, como costura ou carpintaria). E quando começar a entender que os brinquedos são desnecessários e dispensáveis, poderá usá-los para treinar seu filho em outras habilidades, como ajudar e compartilhar.

• **Use os brinquedos para ensinar a ser *acomedido*.** Se os brinquedos e jogos não são mais essenciais na casa (mas apenas um privilégio para a criança), então não é mais função dos pais guardá-los — pelo menos, não sozinhos. Agora, você pode definir algumas regras úteis sobre esses objetos. Mostre a uma criança como arrumar seus brinquedos ou trabalhe em conjunto para guardá-los. E, se elas não participarem ou deixarem de recolhê-los regularmente, simplesmente jogue os brinquedos fora ou doe-os para instituições de caridade. Essa ideia foi proposta por uma mãe da linhagem náuatle, em um dos estudos de Lucia. Quando o filho não quer arrumar os brinquedos, a mãe ameaça "destruí-los". Imediatamente, a criança recolhe tudo o que está fora do lugar.

Se tenho de pedir a Rosy mais de três vezes para guardar um brinquedo (ou se sou eu quem tem de recolhê-lo repetidas vezes), eu o jogo fora. Ou então coloco-o em uma caixa e, no fim da semana, levamos a caixa para doação. Às vezes, dou avisos como "Última chance de arrumar isso, ou vai para o lixo!" Outras vezes, simplesmente jogo fora. Em nenhum momento ela pediu de volta algum dos itens descartados. Rapidamente, reduzimos os brinquedos àqueles dos quais ela realmente gosta, e ela se tornou melhor na arrumação.

• **Use os brinquedos para ensinar a compartilhar.** Quando você for visitar amigos, peça a seu filho que escolha um brinquedo ou um livro para doar a outra família. Ou examinem, juntos, os brinquedos todos os meses e reservem metade deles para instituições de caridade. Aposto meu dedo mindinho direito que seus filhos vão adorar compartilhar os brinquedos com amigos e instituições de caridade, e começarão a fazê-lo voluntariamente após algumas semanas.

• **Reconsidere seu papel como pai e o papel de seu filho na família.** Seu papel é manter seu filho ocupado e entretido? Ou é mostrar-lhe habilidades para a vida e ensiná-lo a trabalhar em conjunto com os outros?

Agora pense no papel de seu filho dentro de casa. Ele é beneficiário de um entretenimento sem fim? Ou possui um propósito maior — ajudar e cooperar? Trabalhar em conjunto, como uma equipe? Como seu filho contribui ou deseja ajudar?

Espere que as crianças auxiliem em tarefas rotineiras, como preparar refeições, limpar, ajudar com as roupas sujas e cuidar dos animais de estimação. Peça-lhes que ajudem ou contribuam — ou apenas certifique-se de que estão por perto enquanto o trabalho está sendo realizado. Se elas demonstrarem resistência, lembre-as de que elas fazem parte da família, e as famílias trabalham juntas.

Ao convidar a criança para ajudar, lembre-se de que o convite é sempre para trabalhar em conjunto. Você não está pedindo à criança que ela realize a tarefa sozinha. Você pode dizer algo como "Vamos todos dobrar essa roupa juntos e assim terminar mais rapidamente". Cada tarefa se torna uma oportunidade de trabalhar em conjunto e reforçar a adesão da criança à família (além disso, lembre-se de que o convite para ajudar não é uma ordem. A criança pode dizer não, se quiser).

• **Comece a treinar um colega de trabalho.** Se você realmente quiser que seu filho se sinta um membro efetivo da família, envolva-o em sua profissão ou trabalho.

↳ Leve-o regularmente ao seu escritório ou local de trabalho (tanto quanto a gerência permitir, mas, de preferência, algumas horas por semana). Deixe ele fazer o que quiser enquanto você trabalha. Ele pode colorir, desenhar ou ler. Se ele demonstrar interesse em seu trabalho, ofereça pequenas tarefas que sejam fáceis e viáveis para crianças. Por exemplo, Rosy adora fazer lindos cartões de agradecimento para dar às pessoas que entrevistamos. Ela também grampeia contratos, escaneia documentos e cola selos em cartas.

↳ Nos fins de semana, em casa, se precisar trabalhar, convide a criança para ficar perto de você enquanto trabalha. Você não precisa dizer a ela o que fazer. Simplesmente comente algo como "Agora estamos trabalhando e precisamos ficar quietos". Rosy adora se sentar a meu lado enquanto escrevo, embora tudo que eu faça seja ficar olhando para a tela. Ela se deita a meu lado e descansa. Ou ela colore e "lê".

↳ Seja criativo. Procure maneiras de incluir os filhos em seu trabalho; maneiras que a cultura ocidental geralmente não incentiva. Por exemplo, leve seu filho com você para uma viagem, um jantar ou uma festa de negócios. Peça o conselho ou a opinião dele sobre um problema ou uma tarefa relativos à sua atividade profissional. Discuta seu trabalho no jantar ou enquanto dirige; ouça o que ele tem a dizer sobre o assunto. Ou, simplesmente, mostre-lhe seu trabalho — suas apresentações de slides, análises de projetos, tabelas de contabilidade. Indique, em um mapa, onde você, seus clientes ou consumidores trabalham. Mostre-lhe tudo o que você puder. Traga-o para o seu mundo.

Com Rosy, costumo entrevistá-la para matérias de rádio, mesmo quando a matéria não é sobre criação de filhos, tanto por ela adorar ser gravada, e ouvir sua voz em uma fita, como pela sua visão interessante sobre os tópicos. Ela é muito boa em resumir ideias. E, mais para a frente, quero que ela me ajude a transcrever entrevistas e editar as reportagens, então preciso que ela se envolva o mais cedo possível.

————————

Quer dizer que quando cheguei em casa de Chan Kajaal e implementei essas mudanças, tudo se tornou imediatamente incrível? Bem, não exatamente. Foram meses de prática para parar de entreter Rosy, para deixar de ser sua gerente de eventos. De vez em quando, ainda me pego organizando "atividades" para ela, ou transformando nossa caminhada no parque em uma aula de biologia. Mas, em geral, essa nova abordagem tornou nossa vida muito menos estressante. Meu marido e eu não ficamos mais nos apressando de uma atividade infantil para outra a cada fim de semana. Temos muito mais tempo para nossos hobbies e interesses, como caminhadas, jardinagem e leitura, ou para ficarmos completamente ociosos na praia por três horas seguidas, em uma tarde de sábado. E Rosy adora saber de nossos interesses. Ela também se anima com tudo aquilo que nos deixa entusiasmados! E isso se transforma em uma oportunidade para aprimorar nossas habilidades colaborativas.

E, desde então, nunca mais comi nenhuma fatia de pizza exorbitantemente cara.

EQUIPE 1

Introdução à parentalidade em EQUIPE: a melhor maneira de estar junto

São sete da manhã de um dia quente e úmido de julho de 1954. Em Alton, Illinois, uma pequena cidade do Meio-Oeste às margens do rio Mississippi, as escolas entraram em férias de verão. Mickey Doucleff, de 9 anos, já está de pé, vestido e pronto para trabalhar. Alguns minutos antes, seu pai fizera "o chamado".

"Tudo o que ele precisava dizer era 'Mickey' com sua voz grave, e eu sabia o que significava. Eu estava de olhos bem abertos", lembrou ele anos depois.

O jovem Mickey passa um pente nos cabelos com corte militar e desce correndo as escadas. O cheiro de açúcar e canela se espalha pelo ar.

O pai de Mickey está diante de uma mesa de trabalho, preparando rolinhos de canela e colocando-os em assadeiras. Uma batedeira gigante, do tamanho de uma caixa de correio, produz cerca de catorze quilos de massa fermentada. A massa branca bate nas laterais da batedeira a cada poucos segundos, emitindo um *bam, bam, bam* alto e rítmico.

"Bom dia, pai", diz Mickey. Ele passa pelo pai e vai até a frente da loja. Uma vitrine exibe rosquinhas com cobertura de chocolate, muffins de frutas vermelhas e pães doces dinamarqueses com damasco. Atrás do balcão, pães de trigo integral, centeio e *babka* estão empilhados em uma prateleira. Vários clientes já estão em fila, esperando para retirar os pedidos.

Mickey pega um avental branco, amarra-o na cintura fina e começa a trabalhar.

"Bom dia", diz ele. "Como posso ajudá-la? A senhora viu que as rosquinhas estão à venda por dez centavos a dúzia?"

———————

Se observarmos ao redor do mundo hoje, em todos os seis continentes habitáveis encontraremos uma maneira comum de criar os filhos. Trata-se de uma forma de se relacionar com as crianças a que mães e pais recorrem continuamente, em climas e sociedades totalmente diferentes, desde os caçadores-coletores no deserto do Kalahari e os pastores no Quênia até os agricultores na Amazônia e os padeiros ao longo do rio Mississippi. A abordagem, provavelmente, existe há dezenas, talvez centenas de milhares de anos. E, não faz muito tempo, pais norte-americanos também a colocavam em prática. No entanto, em algum ponto dos últimos cem anos, alguém convenceu as mães e os pais dos Estados Unidos de que era necessário fugir desse roteiro. E a abordagem começou a desaparecer em muitas comunidades norte-americanas.

Agora, vamos aprender como trazê-la de volta.

Essa abordagem consiste em quatro elementos centrais que estabelecem as bases para o relacionamento entre pais e filhos: união (*togetherness*), encorajamento (*encouragement*), autonomia (*autonomy*) e interferência mínima (*minimal interference*). Criei um acrônimo simples, EQUIPE (*TEAM*), de modo que, quando eu estiver tendo dificuldades com Rosy (ou quando o inferno desabar sobre a casa dos Doucleff), eu possa me lembrar facilmente dos elementos centrais e usá-los para recuperar o controle em meio à confusão.

Vamos mergulhar em cada um dos quatro elementos neste livro. Comecemos com "união".

A sociedade ocidental concentra-se firmemente em ensinar as crianças a serem independentes — a se vestir sozinhas pela manhã, a arrumar o próprio quarto e a fazer o dever de casa sozinhas. A lista é enorme. Mas é bem provável que essa linha de pensamento vá contra centenas de milhares de anos de evolução. Nós, seres humanos, temos um impulso extraordinário de estarmos juntos e de ajudarmos os outros — essa é uma das principais características que nos separam de outros prima-tas. E, provavelmente, é uma das razões pelas quais nós, *Homo sapiens*, sobrevivemos nos últimos duzentos mil anos, enquanto (pelo menos) sete outras espécies de *Homo* não resistiram. "Além da linguagem, (...) a última distinção notável entre nós e outros macacos envolve um curioso pacote de atributos hipersociais que nos permite monitorar os estados mentais e os sentimentos dos outros", escreve a bióloga evolucionista Sarah Blaffer Hrdy, em *Mothers and Others: The Evolutionary Origins of Mutual Understanding*.

Além disso, esse impulso de ajudar surge precocemente na vida. Em um estudo, crianças pequenas ajudaram de maneira voluntária um adulto em quatro tarefas completamente diferentes: buscaram um item que o adulto não conseguia alcançar, abriram um armário quando as mãos do adulto estavam ocupadas, corrigiram o erro de um adulto e removeram um obstáculo no caminho de uma pessoa. Para serem pres-tativas de maneiras tão diversas, as crianças pequenas têm de possuir uma quantidade extraordinária de empatia, habilidades de leitura da mente e motivação para cooperar.

A vontade de ajudar uns aos outros está incorporada em nosso DNA. Como diz Lady Gaga, nós "nascemos desse jeito".

Por isso, quando os pais insistem que os filhos pequenos trabalhem sozinhos, estamos indo contra seu desejo inato — e, até mesmo, contra sua necessidade — de estarem juntos e colaborar. Acabamos criando tensão e estresse entre nós e nossos filhos, nos preparando para a luta e o conflito.

Pense nos fatores que desencadeiam os acessos de raiva ou a ansiedade. Muitos deles abrangem momentos do dia em que uma criança está se separando de seu cuidador, como a hora em que ela é "deixada" na creche (por que chamamos isso de "deixar"? Rosy achava que realmente a deixaríamos lá!), em que cochila e quando vai dormir, ou quando um dos pais viaja a trabalho.

Para entender melhor o que estou tentando dizer, considere por um momento nosso cachorro, Mango. Ele é um pastor-alemão de 12 anos de idade, um cão doce e maravilhoso. Mas, Jesus amado, como é barulhento! Ele late para tudo: quando a campainha toca, quando as pessoas entram em nossa casa, se abraçam, dançam — você já entendeu. A resposta padrão dele é latir. No início, tentamos treiná-lo a não latir, o que exigiu um enorme esforço. E todas as soluções tiveram vida curta. No fim, percebi que latir era algo incorporado em seus genes. Ele foi criado para latir. E, além disso, latir é a sua forma de nos proteger, de nos ajudar e de nos demonstrar amor. E, então, decidi trabalhar com o latido, em vez de lutar tanto contra ele.

Com os filhos e a união acontece a mesma coisa. As crianças pequenas foram, sob muitos aspectos, criadas para estar perto das pessoas e trabalhar junto com elas. É seu modo padrão e sua maneira de nos amar. Isso não apenas as ajuda a construir conexões profundas com os adultos que elas amam, mas também a se desenvolver cognitiva e emocionalmente. Elas precisam trabalhar em conjunto para serem saudáveis.

Então, em todo o mundo, constatamos que supermães e superpais não brigam contra esse instinto, apenas o potencializam. Eles sabem que fazer tarefas "juntos" é tão valioso — ou ainda mais importante — quanto fazer algo sozinho. Se uma criança precisar de ajuda ou estiver pedindo para ser ajudada, a mãe e o pai aparecerão para ajudá-la. Por exemplo, se uma criança de 5 anos precisar de ajuda para se vestir pela manhã, então os pais ajudam, e o fazem de boa vontade — mesmo que a criança seja perfeitamente capaz de se vestir sozinha. Os pais não forçam constantemente a criança a ser independente, nem aceleram o processo. Ao contrário: dão aos filhos espaço e tempo para se desenvolverem de acordo com o próprio ritmo.

Se pensarmos um pouco sobre isso, como poderemos esperar que uma criança nos ajude se não a ajudarmos quando ela precisa (ou como esperar que aquela criança ajude um irmão?)?

Por outro lado, diante da necessidade, as supermães e os superpais não hesitam em pedir ajuda às crianças, nem mesmo se forem crianças pequenas. Em casa, isso pode assumir a forma de pedidos como "Pegue um copo d'água", "Vá buscar um tição no vizinho", "Abra a mangueira enquanto regamos o jardim", "Venha nos ajudar a debulhar o milho", ou, até mesmo, "Descubra se a tia Mary está tendo um caso com o vizinho Bob" — sim, entre o povo de caçadores-coletores ese'ejas, na Amazônia boliviana, as crianças servem como colunistas de fofocas para os adultos, pois elas podem passear pelas casas sem serem detectadas enquanto os adultos conversam.

Certo, está na hora de fazer outra confissão: quando li pela primeira vez sobre a importância da união, me pareceu um novo tipo de inferno. Já achava exaustivo estar sempre ao lado de Rosy. Algumas noites depois do jantar, eu rastejava discretamente pelo chão da cozinha até o banheiro e trancava a porta, apenas para ter alguns minutos de paz e sossego. A última coisa que eu queria era ficar grudada por horas e horas, todos os dias, como se fôssemos duas metades de um fecho de velcro.

Em Chan Kajaal, porém, tenho a oportunidade de ver Maria e Teresa praticarem a união, e me dou conta de que estou fazendo tudo errado. Para começar, estou dificultando demais as coisas. Demais. É por isso que não consigo sustentar isso por mais de uma ou duas horas. E estou transformando quase tudo em um problema pessoal. Entendi totalmente ao contrário o *quem* e *o quê* da união.

• **Quem:** A união não é, de forma alguma, domínio exclusivo da mãe e do pai. Em muitos casos, as mães e os pais nem estão envolvidos. Qualquer pessoa que ama a criança pode proporcionar união. Em comunidades tradicionais, como Chan Kajaal e Kugaaruk, para onde quer que olhemos veremos alguém que não é a mãe nem o pai de uma criança oferecendo união. São: avó, avô, tia, tio, irmão, vizinho, babá, amigo. Você escolhe. A união é Laura, a irmã mais velha, ajudando Claudia, a irmã mais nova, a se vestir. É a vovó Sally levando Tessa, de 3 anos, para colher amoras na tundra. É a babá Lena levando Rosy ao parque Golden Gate. Um irmão mais velho dormindo com seu irmão mais novo. Um vizinho segurando um bebê. Um amigo estendendo a mão. A união é um círculo de amor que envolve a criança, não importa aonde ela vá.

Como continuaremos vendo, contar com esses outros cuidadores é um componente central da parentalidade em EQUIPE. E torna a criação dos filhos muito mais fácil (e menos cansativa para a mãe e o pai).

• O quê: Enquanto estão em estado de união com as crianças, os pais e outros responsáveis não emitem constantes instruções, ordens e avisos. Também não estimulam incessantemente as crianças, brincando com elas ou dando-lhes aulas. A união é o oposto dessa dinâmica. E acho que você perceberá que é um modo muito menos complicado (e exaustivo) de criar os filhos.

A união significa deixar a criança à vontade ou permitir que ela fique a seu lado, seja o que for que você precise ou queira fazer. Você acolhe a criança em uma missão ou tarefa, e, então, simplesmente deixa que ela faça as coisas dela. Se ela se aproximar e quiser ajudar ou assistir, estará autorizada. Mas se não, tudo bem também. A criança está no mundo dos pais, fazendo as atividades dela. Dois indivíduos — o cuidador e a criança — estão coexistindo no mesmo espaço, mas não estão exigindo atenção um do outro. Mais tarde, nos aprofundaremos em como treinar uma criança reivindicadora a aprender essa habilidade. Por enquanto, apenas entenda que quanto menos você exigir a atenção de uma criança — por meio de ordens, instruções e correções —, menos ela exigirá sua atenção.

A união é calma. É descontraída. Ela flui. É o que acontece quando todos paramos de tentar controlar as ações uns dos outros e, simplesmente, deixamos o outro em paz. A supermãe inuíte Elizabeth Tegumiar resumiu essa ideia para mim uma noite, durante uma dança de tambores em Kugaaruk. Estava tentando dizer a Rosy o que fazer enquanto ela brincava com outras crianças. Elizabeth virou-se para mim e disse: "Deixe-a em paz. Ela não está irritada. Ela está bem."

Rosy e eu testemunhamos essa união calma e descontraída em todos os lugares que viajamos para elaborar este livro. Em Chan Kajaal, as mães maias alimentam galinhas ou tecem redes enquanto as crianças sobem em árvores próximas. Na cidade ártica de Kugaaruk, pais e mães inuítes partem para verificar as redes de pesca no rio, e as crianças vão atrás para brincar nas rochas. No outro dia, duas mães talham um narval no gramado da frente, enquanto Rosy e um bando de crianças pequenas andam de bicicleta e brincam em um riacho próximo. De vez em quando, uma criança para e dá uma olhada na *muktuk* (carne de baleia). Mas os pais nunca dão instruções, a menos que o filho demonstre interesse — ou se os pais precisarem de ajuda genuína. Pais e filhos simplesmente coexistem.

Ao mesmo tempo, pode-se perceber que as crianças estão absorvendo tudo. "É assim que se faz. É assim que fazemos as coisas." Elas estão aprendendo.

Não faz muito tempo, os adultos nos Estados Unidos ainda usavam a união como forma primária de ensinar às crianças todos os tipos de habilidade. Foi assim que meu avô aprendeu a cultivar amendoim na Geórgia, bem como as habilidades de carpinteiro para construir móveis. Foi assim que minha avó aprendeu a assar, cozinhar, tricotar e costurar. E que minha própria mãe aprendeu a fritar frango e a pregar um botão. E foi assim também que Mickey Doucleff aprendeu a ser padeiro.

Mickey é meu sogro. Quando lhe conto sobre como os pais maias em Chan Kajaal ensinam as crianças a executar tarefas, ele sabe exatamente do que estou falando. "É muito parecido com a maneira como fui criado", diz ele. "Foi assim que aprendi tudo na padaria."

O pai de Mickey era imigrante da Macedônia. E, em 1951, seu pai abriu a Duke Bakery, em Alton, Illinois (perto do local onde Abraham Lincoln debateu com Stephen Douglas, antes da Guerra Civil).

Desde o dia da inauguração da padaria, a família de Mickey esperava que ele desse sua contribuição ao negócio familiar. Sua primeira tarefa, aos 4 anos, foi dobrar as caixas de tortas. "Teoricamente, eu deveria receber um centavo por caixa. Acho que nunca recebi nenhuma remuneração. Era apenas uma isca", conta ele, rindo.

Ele passava quase todo seu tempo livre na padaria. "Brincávamos dentro, fora e ao redor da padaria, todos os dias", diz Mickey. Ele e seu irmão não tinham babás, acampamentos nem aulas de caratê. Depois da escola, nos fins de semana e durante o verão, o entretenimento das crianças era o movimento da padaria, enquanto a família trabalhava.

"Meu irmão e eu éramos sempre bem-vindos, e eu ia lá diariamente — exceto quando fazia tempo bom e as crianças da vizinhança queriam sair para brincar."

Com o passar dos anos, Mickey aprendeu a fazer tudo o que a padaria comercializava, desde uma torta de chocolate e nozes-pecã do Mississippi até o pão *babka*, e por meio de duas ferramentas simples: observação e experimentação. "Treinamento prático", afirma Mickey. "Apenas executando tarefas diferentes."

O pai de Mickey era um homem de poucas palavras e, assim como Teresa, escolhia-as com cuidado. Em vez de oferecer toda uma aula sobre como uma coisa deveria ser feita, ele propunha pequenas correções de rumo. Por exemplo: "Tem muito açúcar no pão de canela", ou "Você amassou demais a massa fermentada", ou, ainda, "Você se lembrou de provar o pão?". Mas, de modo geral, ele permitia a Mickey e seu irmão cometerem erros — doces imperfeitos e tortas deformadas. E deixava, simplesmente, que os filhos ficassem por perto. "Nunca houve pressão para trabalhar", afirma Mickey. "Ninguém gritava nem ficava chateado se decidíssemos apenas assistir."

Quando Mickey completou 9 anos, já havia desenvolvido habilidades suficientes para fazer contribuições significativas para os negócios da família. "Eu trabalhava principalmente no atendimento, cuidando dos clientes", diz. Mas ele também continuava aprimorando suas habilidades no forno.

Foi naquela época, lembra ele, que seu tio Nick pediu-lhe que preparasse um pão de canela. "Eu mal conseguia alcançar a bancada, mas me senti honrado pelo meu tio querer que eu fizesse algo para ele. Então, respondi: 'Claro!'"

No dia seguinte, quando Mickey voltou da escola, seu pai lhe perguntou: "Mickey, você se lembra do que prometeu ao tio Nick?"

"Então, voltei imediatamente para a padaria, e meu pai havia separado um pedaço de massa já misturado, só para mim. Ele também havia colocado um caixote sob a mesa, para que eu pudesse alcançar a bancada."

Mickey desenrolou a massa, acrescentou açúcar de canela, moldou-a no formato de um pão e levou ao forno.

"Não fiquei muito orgulhoso da aparência. E eu tinha esquecido de fazer a prova. Poderia ter ficado muito melhor, mas, para minha idade, acho que estava bom. E o tio Nick ficou emocionado. Ele ficou feliz, e disse que tinha gostado do pão."

Tudo isso preparou Mickey para assumir a padaria depois de concluir a faculdade. Ele trabalhou no estabelecimento por quase cinquenta anos, até se aposentar, em 2019. Mas ser um membro efetivo da equipe da padaria ao lado dos pais lhe proporcionou um presente ainda maior enquanto amadurecia: um sentimento de orgulho pelo trabalho e pela contribuição dada à família. "Um orgulho imenso", diz o ancião de 74 anos, com lágrimas nos olhos. "Meu pai nunca recusou ninguém que quisesse trabalhar, nem mesmo uma criança pequena."

Agora, podemos começar a vislumbrar uma nova dimensão da parentalidade — uma que não envolve controle. Podemos começar a perceber uma forma de colaborar com a criança que envolve fundir nossas agendas com a dela e buscar um objetivo comum. Lucia chama essa sofisticada forma de colaboração de "fluida", e, nos próximos capítulos, aprenderemos mais sobre como ela funciona. Veremos como diminuir a resistência das crianças e, ao mesmo tempo, abrir canais de comunicação e amor.

Resumo do Capítulo 5:
Como criar filhos cooperativos

Ideias para serem lembradas

- As crianças têm uma forte motivação natural para trabalhar em equipe e cooperar. Pense nisso como uma "pressão do grupo", com a diferença de que a família ocupa o lugar dos colegas.
- Atividades centradas na criança, projetadas apenas para elas, minam a motivação para trabalhar em equipe e lhes dão a impressão de que elas estão dispensadas das responsabilidades familiares.
- Por outro lado, quando incluímos as crianças em atividades adultas, ampliamos sua motivação para cooperar e fazer o que a família está fazendo. A criança se sente um membro efetivo da equipe, com benefícios e responsabilidades.
- Muitas vezes, as crianças se comportam mal quando precisam fazer a transição do mundo infantil (incluído o entretenimento direcionado a elas) para o adulto.
- Na grande maioria das culturas ao redor do mundo, os pais não estimulam nem entretêm os filhos constantemente. Esse modo de criar os filhos pode ser exaustivo e estressante tanto para a criança quanto para os pais.
- As crianças não precisam desse entretenimento nem dessa estimulação. Elas estão totalmente equipadas para se autoentreter e se ocupar. Podem fazer tudo isso sozinhas, com poucas contribuições dos pais ou dos dispositivos domésticos.

Faça hoje

Para todas as crianças:
- Reduza as atividades intrinsecamente infantis. Certifique-se de que as crianças tenham acesso à sua vida e ao seu trabalho, e que

estejam por perto enquanto você executa tarefas ou outras atividades adultas. Suas ações são entretenimento e estímulo mais do que suficientes.

- Reduza as distrações, como telas e brinquedos. Quanto menos itens de "entretenimento" uma criança tiver, mais atraente seu mundo parecerá, e maior será a probabilidade de ela se interessar em ajudar e estar a seu lado.
- Potencialize a exposição ao mundo adulto. Cuide de seus negócios e leve a criança com você. Leve-as consigo em tarefas, compromissos, visitas a amigos e, até mesmo, ao seu local de trabalho, tanto quanto possível.
- Nos fins de semana, escolha as atividades que deseja fazer — atividades que você faria mesmo que não tivesse filhos. Vá pescar, fazer caminhadas, andar de bicicleta. Trabalhe no jardim. Vá à praia ou ao parque. Visite amigos.

Para crianças mais velhas (maiores de 7 anos):
- Deixe uma criança mais velha planejar e organizar suas atividades centradas na criança (por exemplo, esportes, aulas de música e arte, outras atividades extracurriculares, encontros para brincar com os amigos). Incentive-as a cuidar da logística por conta própria, como inscrições, transporte etc.
- Intensifique lentamente as responsabilidades da criança em casa, entre elas, cuidar mais dos irmãos mais novos e contribuir com o preparo das refeições e na limpeza. Pense em como as crianças podem ajudá-lo no trabalho.
- Se uma criança mais velha tiver experimentado pouco do mundo adulto, apresente-a gradualmente a ela. Cuide de seus negócios e leve-a com você. Se a criança se comportar mal, explique-lhe como ela deve agir no mundo adulto.
- Se a criança ainda se comportar de maneira desagregadora, seja paciente. Não desista. Tente mais tarde. Ela vai aprender.

CAPÍTULO 6

Grandes motivadores: o que é melhor do que um elogio?

Todos os dias, por volta do meio-dia, ao passar pela casa de Maria, pode-se ouvir um som vindo da cozinha. *Tap, tap, tap. Tap, tap, tap.* Em seguida, há uma pausa de cerca de vinte segundos. E de novo. *Tap, tap, tap. Tap, tap, tap.*

Ela está pendurando alguma coisa na parede? Construindo algum móvel?

Tap, tap, tap. Tap, tap, tap. Isso dura uns quinze minutos, talvez mais.

À medida que me aproximo de sua porta, o cheiro invade minhas narinas: milho doce e amanteigado, caramelizando enquanto assa sobre um fogão a lenha.

Maria está sentada à mesa da cozinha com uma grande montanha de massa de milho amarelo-claro à sua frente. Ela arranca uma bolinha de massa, mais ou menos do tamanho de uma noz e, com a ponta dos dedos, achata-a em um disco perfeito. *Tap, tap, tap. Tap, tap, tap.* Em seguida, põe gentilmente o disco em uma frigideira quente por um minuto ou mais, até que ele fique inchado como um baiacu, e então o vira de lado. Essas tortilhas têm gosto de paraíso — quentes, cremosas e macias. Eu nunca vou comer uma tortilha mais saborosa na minha vida.

Então, a filha de 5 anos de Maria, Alexa, vem ajudar, e o que eu testemunho é uma aula magistral sobre motivação de crianças. Os dedinhos de Alexa são desajeitados, vagarosos, e mal conseguem fazer o trabalho. Mas Maria não a impede. Ela não se precipita, nem segura a mão da criança para mostrar como melhorar o aspecto das tortilhas. Em vez de fazer isso, ela recua e deixa Alexa preparar algumas tortilhas deformadas, do jeito que Alexa achar que for melhor. Ela deixa a filha praticar. E, quando a menina se cansa da tarefa, Maria não a força a ficar ali e terminar o que estava fazendo. Alexa se levanta rapidamente e vai para o lado de fora da casa, enquanto Maria continua trabalhando.

Em seguida, Gelmy, a filha do meio de Maria, vem até a mesa. Ela tem 9 anos e estava brincando ao ar livre com uma amiga. Agora ela quer ajudar. Comparada com sua irmã mais nova, Gelmy é uma profissional na produção de tortilhas. Mas ela ainda precisa aprender muito. Fazer tortilhas como as que Maria faz é incrivelmente difícil. São necessários anos de prática.

Por isso, a maioria das tortilhas de Gelmy acaba ficando um pouco deformada. Ela tenta várias vezes até fazer uma perfeita. E então, *voilà!*, Gelmy consegue fazer! E é uma beleza: um disquinho perfeito, de espessura uniforme e redondo como a Lua.

Adivinha o que Maria faz? Ou mais diretamente ao ponto: adivinhe o que ela não faz?

———————————

Na década de 1970, um psicólogo norte-americano chamado Edward Deci estabeleceu uma meta ambiciosa: descobrir o que motiva uma pessoa a agir voluntariamente. Até aquele ponto, os psicólogos haviam se concentrado em um tipo diferente de motivação, moldada e controlada por forças externas, tais como recompensas (por exemplo, dinheiro), punições (como castigos) e reconhecimento. Mas Deci queria saber o que faz as pessoas agirem sem o estímulo de tais forças externas. O que motiva naturalmente uma pessoa a buscar um novo desafio ou a se dispor a ajudar os outros quando não há recompensa óbvia alguma no horizonte? O que leva uma pessoa a fazer algo quando ninguém está olhando? O que alimenta seu fogo interior?

Por exemplo, quando comecei a escrever este livro, todo o esforço empreendido parecia inútil. Basicamente, estava dobrando minha carga de trabalho a cada semana, e as viagens esvaziavam completamente minha conta bancária. Ao mesmo tempo, não sabia se alguém se importaria com essa história, ou se eu conseguiria recuperar alguma parte do dinheiro investido. Mesmo assim, no meu tempo livre, eu ainda me via escrevendo e pesquisando. Por quê? Porque eu realmente gostava disso. Adorava encontrar com as pessoas retratadas neste livro e aprender com elas. E sentia que estava crescendo como escritora e jornalista durante o processo.

Eu tinha o que Deci chama de motivação "intrínseca" — o impulso de escrever vinha de dentro de mim, e não de uma recompensa externa. Com a motivação intrínseca, a atividade é agradável por si só; ela é "internamente gratificante".

A motivação intrínseca faz uma pessoa dançar em sua sala de estar à noite, quando ninguém está olhando. Ela faz com que Rosy comece a colorir imediatamente, todas as manhãs, ao acordar, e com que Gelmy largue as brincadeiras com suas amigas para ajudar Maria com as tortilhas.

Sob muitos aspectos, a motivação intrínseca é mágica. Ela permite que as pessoas cresçam, aprendam e trabalhem sem (muita) dificuldade ou resistência. E, provavelmente, ela dura mais do que sua contrapartida, a motivação extrínseca.

Influências externas, como recompensas e punições, podem, na verdade, enfraquecer a motivação intrínseca. Painéis com adesivos autocolantes, promessas de sorvete, castigos, ameaças de punição ou outras consequências, muitas vezes, "minam esse tipo de motivação".

Em outras palavras, se começarmos a dar dez pesos a Gelmy — ou uma estrela dourada em um painel — para cada tortilha que ela fizer com perfeição, com o tempo talvez ela possa parar de fazer tortilhas voluntariamente. Mesmo assim, sem recompensa, a garotinha vem de boa vontade à mesa para ajudar a mãe, dia após dia. Por quê? O que alimenta a motivação intrínseca?

Até o momento, psicólogos já publicaram pelo menos 1.500 estudos sobre esse tipo de questão. E é possível traçar paralelos notáveis entre suas descobertas e a forma como os pais tratam os filhos nas comunidades maias, como Chan Kajaal. A psicologia ocidental descobriu que três ingredientes são necessários para despertar a motivação intrínseca. O primeiro deles, nós já comentamos: a conectividade.

Ingrediente 1: Senso de conectividade. A conectividade é a sensação de se relacionar com outras pessoas, de pertencer a uma equipe ou família. Estudos mostram que quando uma criança se sente conectada a um professor, ela vai querer se esforçar bastante naquela aula. O mesmo pode ser dito sobre os pais. Quanto mais uma criança se sente conectada com sua família, mais ela vai querer trabalhar nas metas e tarefas familiares. Uma ótima maneira de se conectar com nossos filhos é oferecer-lhes uma carteirinha de membros — acolhê-los em nosso mundo e reunir-se como uma família para atingir objetivos comuns, como preparar tortilhas para o almoço. Trabalhar em conjunto é mais agradável e, de modo geral, mais rápido.

Ingrediente 2: Senso de autonomia. Já mencionei a autonomia antes, e ela é tão importante que lhe dedicaremos um capítulo inteiro, mais adiante. Mas, na situação que descrevi anteriormente, podemos observar esse ingrediente em ação nas interações de Maria com as filhas. Ao não forçar Alexa nem Gelmy a virem ajudar na confecção das tortilhas — e ao não obrigá-las a permanecer depois de perderem o interesse —, Maria estava valorizando a autonomia de suas filhas.

Ingrediente 3: Senso de competência. Para se manter motivada, uma criança precisa ter a sensação de que ela é suficientemente competente para cumprir a tarefa. Ninguém quer continuar se dedicando a algo quando se sente constantemente frustrado, ou ao perceber que não está fazendo progresso algum; por outro lado, uma tarefa fácil também pode se tornar enfadonha. Portanto, há um ponto ideal: a tarefa deve ser suficientemente desafiadora para nos manter interessados, mas também fácil o bastante para que nos sintamos competentes ao cumpri-la. Provavelmente, é nesse ponto ideal que a motivação intrínseca ocorre.

Maria e outros pais maias têm vários truques na manga para ajudar os filhos a se sentirem competentes enquanto realizam afazeres domésticos e outras tarefas adultas. Falaremos sobre essas ferramentas em breve. Mas, primeiro, uma palavra sobre uma ferramenta que eles *não* usam: o elogio.

Durante a temporada que passei em Chan Kajaal, jamais ouvi um pai ou uma mãe elogiarem profusamente um filho — por exemplo, "Ah, Angela, que incrível você ter lavado a louça sem que pedíssemos. Você é uma filha maravilhosa!" —, embora as crianças, muitas vezes, se comportem de maneiras que me fariam gritar de alegria.

Os pais não dizem "Bom trabalho", nem outras frases desse tipo. "Às vezes, eles podem usar expressões faciais para demonstrar aprovação. E essa comunicação não verbal é importante. São sinais claros de aprovação", afirma a psicóloga Rebeca Mejía-Arauz. Enquanto Maria e eu conversamos, noto que ela está usando esses sinais comigo. Ela levanta as sobrancelhas para se certificar de que eu estou entendendo o que ela está me dizendo. Ou meneia a cabeça e diz: "Humm."

Quando se trata de não distribuir elogios, os pais maias não estão sozinhos. Em minhas viagens ao exterior, jamais ouvi pais nem mães louvando seus filhos. E eu, definitivamente, nunca escutei qualquer fluxo de elogios semelhante ao que sai da minha boca diariamente. (Nossa, às vezes eu elogio até mesmo quando Rosy comete um erro — "Ah, você fez um bom trabalho tentando". O que isso quer dizer?)

Costumo ouvir tão poucos elogios em minhas viagens ao redor do mundo que comecei a suspeitar deles. Estou tendendo a pensar que o elogio acarreta mais problemas do que vantagens para os pais.

Ele é uma fera traiçoeira. Pode fazer uma criança fracassar por muitos motivos, especialmente quando não soar genuíno, sem motivo ou, simplesmente, for onipresente. Quando todas as ações positivas de uma criança recebem um "Bom trabalho!" ou "Legal", o elogio pode minar sua motivação intrínseca, fazendo com que as crianças fiquem menos propensas a realizar uma tarefa no futuro.

O elogio traz consigo outra armadilha — uma grande arapuca. Ele pode causar rixas entre irmãos, ao gerar competição. Os psicólogos descobriram que, quando as crianças pequenas crescem ouvindo elogios com frequência, elas aprendem, desde a mais tenra idade, a competir com os irmãos pela aprovação e atenção dos pais. A falta de elogios pode ser uma das razões pelas quais os irmãos maias trabalham bem juntos (e brigam menos do que os irmãos norte-americanos). Eles não precisam competir por aplausos uns com os outros.

Mas se os pais maias não usam o elogio como uma ferramenta, a que, então, eles recorrem? O fato é que eles têm algumas alternativas. A primeira é tão linda que, assim que entendi verdadeiramente como usá-la, meu relacionamento com Rosy floresceu como uma magnólia na primavera.

Essa ferramenta é o "reconhecimento".

Etapa 3: Reconheça a contribuição de uma criança

Em vez de elogiar as crianças, os pais maias reconhecem ou aceitam a ideia ou a contribuição da criança para uma atividade — não importa quão inconsequente, ridícula ou disforme essa contribuição (ou tortilha) possa ser.

Os pais maias permitem que a criança contribua significativamente para as tarefas diárias, e não tendem a fazer um rebuliço em torno disso apenas para atender às suas expectativas de adultos. Eles valorizam o modo como a criança varre, a tortilha deformada que ela consegue fazer, ou as ideias que os filhos se esforçam para apresentar. Eles valorizam e respeitam — a visão de uma criança.

O reconhecimento dos pais alimenta o interesse da criança por determinada tarefa, afirma a psicóloga Lucia Alcalá. "Acho que isso dá motivação para que ela ajude mais. Uma criança vê que sua contribuição é importante e que ela está ajudando a família. Isso é mais poderoso do que qualquer elogio."

Por exemplo, quando Alexa prepara uma tortilha deformada, Maria pode corrigi-la um pouco antes de colocá-la na frigideira. Mas ela não tenta forçar Alexa a fazer uma tortilha mais bem acabada. Ela não dá uma aula expositiva para a filha sobre como as tortilhas devem ser feitas. E ela não segura as mãos da menina para ajudá-la.

Em vez disso, Maria reconhece e valoriza a contribuição de Alexa para o almoço, aceitando as tortilhas conforme vão sendo feitas. Ela tem confiança de que, no fim, Alexa vai dominar a confecção de tortilhas por meio da prática e da observação. Por que apressar o processo? (A pressa só causaria conflito e estresse.) Até que Alexa adquira mais experiência, Maria reforça, de maneira discreta, seu senso de competência, o que, por sua vez, provavelmente aumenta a motivação da garota para colocar novamente em prática, no dia seguinte, a confecção de tortilhas.

O contrário também é verdadeiro. Se um pai resiste à ideia ou à contribuição de um filho, isso pode corroer a competência que o filho acredita ter e desmotivá-lo. A resistência dos pais pode se manifestar em gradações, como ignorar uma ideia, rejeitá-la completamente (dizendo algo como "Não, não, não podemos fazer isso", ou "Não, não é assim que se faz. Nós fazemos desse jeito"), ou dando uma aula sobre a maneira "correta" de realizar uma tarefa. Os pais também podem desprezar o trabalho da criança, refazendo-o completamente ou tirando a ferramenta das mãos da criança e executando o trabalho sozinhos.

Os maias e outros pais nativos não costumam resistir dessa forma — eles não atrapalham a criança enquanto ela está ajudando. "As mães não impedem os filhos de fazerem algo, mesmo que esteja errado", diz Rebeca, referindo-se às mães da linhagem náuatle. Em vez disso — e este é o segredo! —, os pais prestam atenção no que o filho está fazendo e, em seguida, aprimoram sua ideia. Como resultado, os pais estabelecem um belo ciclo de colaboração, em que o filho contribui com uma ideia e os pais a expandem e aprimoram, e vice-versa. Lucia chama isso de "colaboração fluida". É quando duas pessoas trabalham perfeitamente juntas, como se fossem um único organismo com quatro braços. Nesses momentos, há um mínimo de conversa, de resistência e de conflito.

De certa forma, os pais maias tratam os filhos como sócios da atividade. Eles acreditam que o conhecimento não é unidirecional, fluindo apenas dos pais para os filhos. Esta é uma via de mão dupla, ou seja, informações e ideias também podem partir das crianças.

FLUXO DO CONHECIMENTO

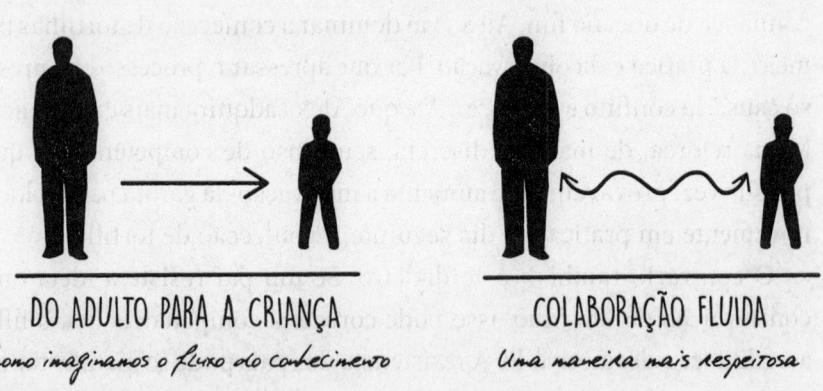

DO ADULTO PARA A CRIANÇA

Como imaginamos o fluxo do conhecimento

COLABORAÇÃO FLUIDA

Uma maneira mais respeitosa

Depois de nossa conversa, as palavras de Rebeca ecoaram em minha cabeça por semanas: *Elas não impedem a criança de fazer algo, mesmo que esteja errado.* Repito essa frase para mim mesma várias vezes, enquanto tento colaborar com Rosy. Rapidamente, percebo que venho fazendo exatamente o oposto. Interfiro em suas contribuições — não apenas de vez em quando, mas o tempo todo. Resisto às suas ideias, e chego, inclusive, a ignorá-las completamente. E, de maneira definitiva, jamais acreditei que pudesse aprender com Rosy, especialmente na cozinha. Em minha opinião, o conhecimento flui apenas de mim para ela, e não no sentido contrário.

Existem tantos exemplos disso que é difícil escolher apenas um. Mas um permaneceu gravado em minha mente, talvez porque tenha acontecido um pouco antes de eu começar a escrever este capítulo. Para ser honesta, fico constrangida de contar isso — faz com que eu pareça tola e infantil. Mas vou compartilhar mesmo assim, pois é um exemplo vívido da grande diferença que meu reconhecimento — e minha valorização das ideias de Rosy — poderia trazer ao nosso relacionamento.

Em uma tarde de domingo, Rosy está colorindo na sala de estar, enquanto eu preparo *kebabs* para o jantar. É uma tarefa perfeita para uma criança de 3 anos: basta pressionar pedaços de frango e legumes — abobrinhas, cogumelos e pimentões — e empurrá-los nos espetinhos. Então, convido Rosy para ajudar: "Venha, meu amor. Venha me ajudar a fazer os *kebabs* para o jantar."

Ela vem correndo e toma seu lugar em um banquinho ao meu lado. Continuo a fazer os *kebabs*. Imediatamente, ela desvia do rumo: insiste em fazer um espetinho "só de frango". Minha reação automática é impedi-la. Mudar sua trajetória. Forçar sua criatividade a atender minhas expectativas em relação aos *kebabs*. "Mas não é isso que estamos fazendo", digo eu. "Vamos ficar sem frango, e não teremos o suficiente para os outros *kebabs*."

Surge uma grande discussão. No fim, Rosy começa a chorar e sai correndo, bastante chateada, e volta a colorir na sala de estar.

Uau, que fracasso horroroso, penso. E eu mesma termino de fazer os *kebabs*. Decido seguir em frente e esquecer a discussão. Não é a primeira vez que minha tentativa de colaborar com ela terminou em lágrimas. Dessa vez, pelo menos, não estou chorando também.

Algumas semanas depois, ao me sentar para escrever este capítulo, volto a ouvir minhas entrevistas com Maria, Teresa, Rebeca e Lucia. E começo a perceber o erro que cometi. Achei que Rosy estava tendo dificuldade em colaborar comigo, mas, na realidade, *o problema sou eu*. Eu não estou colaborando com ela. Eu resisto às ideias dela e não as valorizo. Muitas vezes, não ouço o que ela está tentando me dizer.

Portanto, decido dar a mim mesma outra chance de colaborar com Rosy. Volto ao mercado, compro mais ingredientes de *kebab* e monto exatamente o mesmo cenário: domingo à tarde, eu preparando *kebabs*, Rosy colorindo na sala de estar. Novamente eu a chamo: "Rosy, meu amor, venha me ajudar com os *kebabs*." Desta vez, no entanto, ela não se levanta. Na verdade, ela nem sequer tira os olhos de seu livro de colorir.

Humm, não está muito motivada, penso. E então reconheço meu erro da última vez: "Você pode fazer qualquer combinação que achar melhor — até mesmo um espetinho só de frango."

Ela vem correndo. "Posso mesmo?"

"Pode."

Ela pula no banquinho e começa a trabalhar. Ela faz um espetinho gigante de frango e pimentão, com cerca de oito pedaços de frango, todos espremidos juntos. Eu não a impeço; ao contrário, reconheço sua contribuição — não com palavras, mas por meio de minhas ações. Pego seu *kebab* finalizado e o coloco na bandeja, ao lado dos outros. E o reconhecimento funciona. Rosy sorri para mim e começa a preparar outro *kebab*. *Ah, não,* penso, *vamos ficar sem frango.* Mas isso não acontece. Para minha máxima surpresa, ela muda de rumo — e começa a colaborar. Presta atenção no que estou fazendo e se junta a mim, preparando *kebabs* que se parecem mais com os meus, usando abobrinhas e cogumelos também. Começamos a trabalhar de forma fluida e orgânica, como se fôssemos aquele organismo com muitos membros. Eu a ajudo a colocar alguns cogumelos no espeto, e ela me passa um pedaço de frango quando, nitidamente, estou precisando de um. Trabalhar em conjunto é tranquilo, fácil e divertido, até que ela se canse, saia correndo e comece a colorir novamente. Mas desta vez ninguém está chorando. Na verdade, nós duas nos sentimos muito bem.

Chego até a perceber um pequeno sorriso em meu rosto. Valorizar a contribuição de Rosy e reconhecer suas ideias realmente fez a diferença, mudando a sensação de toda a experiência.

E adivinhe só? Aquele *kebab* de frango e pimentão, justamente o que ela fez, estava com um gosto muito bom. Da próxima vez, faremos um monte deles, além de alguns de legumes mistos.

Tente isso 3: Aprenda a motivar seus filhos

Como pai, há muitas maneiras de reconhecer as ideias de um filho sem, na verdade, fazer o que ele está pedindo. Às vezes, um comentário simples como "Essa é uma boa ideia" é tudo de que uma criança precisa para se sentir incluída e motivada a permanecer envolvida, mesmo que você não use a ideia dela. Um pai maia poderia dizer "*uts xan*", cuja tradução literal é "Isso também é bom". Um adulto interpretaria essa afirmação como significando "Eu não concordo". Mas, para uma criança, parece aceitação.

Como já mencionei, o intérprete Rodolfo Puch usou essa estratégia comigo durante as entrevistas realizadas em Chan Kajaal. Eu tinha ideias malucas — "Rosy e eu podemos ficar morando com Teresa pelo resto do verão?" —, e Rodolfo nunca as rejeitou abertamente. Ele jamais revirou os olhos nem me disse com todas as letras: "De jeito nenhum, sua gringa maluca! Não podemos fazer essas coisas invasivas." (E ele teria todo o direito de dizer isso.) Ao contrário; ele reconhecia minhas ideias. Acenava com a cabeça e dizia: "Sim, podemos. Podemos, sim." Então, desistia da ideia por algum tempo, até que eu a trouxesse de volta. Àquela altura, normalmente ele já havia descoberto como satisfazer meu pedido de uma maneira viável e respeitosa.

Por vezes, os pais da linhagem náuatle reconhecem o esforço dos filhos com pequenos presentes casuais (segundo as conclusões de Lucia e seus colegas, eles não costumam oferecer recompensas por tarefas específicas). Os presentes, porém, não estão vinculados a uma tarefa em particular, como "Se você me ajudar a lavar a louça, comprarei sorvete para você". Em vez de fazer isso, o pai recompensa a criança pelo conjunto de seus esforços, "por ser um membro que prestou uma contribuição para a família", conforme escrevem Lucia e seus colegas. E essas surpresas, geralmente, são modestas, como "preparar uma refeição especial ou comprar algo que a criança esteja precisando, como cuecas novas".

Em diversas culturas, os pais reconhecem as contribuições asso-ciando-as à maturidade, ao crescimento e ao início do processo de aprendizagem. Por exemplo, uma mãe contou a Lucia e seus colegas como ela agradece a ajuda do filho dentro de casa: "Quando ele faz algo bom, e faz o que deve ser feito, eu apenas lhe digo 'Ah, meu filho, você já aprendeu [a trabalhar]', e ele fica muito feliz." Outras mães revelam que "parabenizam" um filho por "estar crescendo", à medida que a criança contribui cada vez mais para o trabalho doméstico. Uma mãe contou que dá um abraço na criança e reconhece seu "papel amadurecido na família". (Tentei fazer isso ontem à noite com Rosy, depois que ela começou a varrer voluntariamente a sala de estar, e ela adorou!)

Reconhecer de modo genérico os esforços de uma criança fornece mais informações a ela do que elogiar uma tarefa específica. Em vez de se concentrar em uma realização única, você está ajudando a criança a assimilar um valor abrangente.

A antropóloga Jean Briggs documentou um tipo semelhante de reconhecimento, usado por alguns pais inuítes. Em um dos casos, ela descreve como os pais reconhecem uma menina de 5 anos que está aprendendo a ser generosa compartilhando seus doces com uma irmã: "Uma criança de 5 anos já é experiente, e sabe que deve dar a maior parte [de seus doces], talvez todos, para a irmã de 3 anos, e então ela faz isso e [os adultos] falam: 'Olha só, ela deu os doces. Como ela é generosa.'"

Muitos pais ao redor do mundo levam essa ideia um passo adiante, associando o comportamento cooperativo ao fato de a criança ser uma "garota grande" ou um "garoto crescido". No Ártico, uma mãe inuíte associa bater em um irmão mais novo ao fato de ser "um bebê", enquanto ser amável e generoso com o caçula está associado a "não ser um bebê". Essa ferramenta é tão poderosa em nossa casa que a discutiremos na próxima seção.

Veja como começar a experimentar essas abordagens em casa com crianças de todas as idades, de bebês a adolescentes.

Comece a se envolver

• **Destaque a prestatividade (e a falta dela).** Em vez de elogiar as crianças por ajudarem quando solicitadas, mude e reconheça genericamente os esforços delas. Não exagere nem faça isso com muita frequência. Uma declaração simples como "Isso foi muito útil" é tudo de que você precisa quando uma criança demonstrar ser *acomedida* ou ajudar voluntariamente. Talvez você possa esperar até o fim da semana para reconhecer o esforço geral da criança.

Concentre-se no aspecto da aprendizagem ou na contribuição para a família: "Você está realmente aprendendo a ser prestativa", ou "Você está virando uma garota crescida que contribui para o trabalho da família".

Para ajudar seu filho a entender melhor o que significa "prestatividade", ressalte essa característica em outras pessoas. Isso também ajuda a comunicar a ele que você valoriza tal característica, e que ela é importante para você. Quando reconhecer a ajuda dele, saliente como o trabalho em equipe facilita a vida de todos. Por exemplo, uma manhã, a caminho da escola com Rosy, eu disse: "Papai estava bastante *acomedido* esta manhã, prestando atenção e ajudando quando necessário."

"Sim, e eu também", respondeu ela, sem perder tempo.

• **Reconheça, também, o comportamento pouco prestativo.** Não tenha medo de sinalizar quando a criança não estiver sendo prestativa. "Os pais costumam dizer, sarcasticamente: 'Não seja tão *acomedido*', ou 'Não ajude tanto'", diz Lucia. "Isso é um lembrete para a criança ajudar."

Você também pode reconhecer quando outra pessoa deixar de se mostrar *acomedida*. Isso ajudará a criança a aprender o que *não* deve ser feito. E concentre-se nos motivos pelos quais tal comportamento não é valorizado. Novamente, use afirmações simples, para que fique bem explícito. Por exemplo, certa tarde, uma amiga de Rosy não nos ajudou a pegar os brinquedos em nossa sala de estar. Então eu disse: "Isso não foi muito *acomedido*. Se ela tivesse nos ajudado, poderíamos ter terminado mais rapidamente."

• **Suspenda punições e recompensas por tarefas específicas.** Essas ferramentas simplesmente não funcionam quando se trata de ensinar as crianças a executar tarefas (ou, na verdade, a fazer qualquer coisa) de maneira voluntária. Em muitos casos, elas minam consistentemente o próprio impulso das crianças para ajudar.

Em vez de punições e recompensas, experimente estas ferramentas motivacionais:

• **Explique o valor que a tarefa tem para toda a família.** Tente explicar à criança por que ajudar é tão importante — ou essencial — na casa.

Uma mãe náuatle contou a Lucia que ela nunca pune a filha: "Mas fico chateada e a repreendo." Quando sua filha não arruma os brinquedos, ela diz à menina: "Você precisa se esforçar mais." A mãe explicou a Lucia: "Eu falo isso para que ela perceba que também estamos nos esforçando com o pouco que podemos dar a ela, de modo que ela também deveria se esforçar."

Essa abordagem funciona bem com Rosy, especialmente quando ela consegue entender que estou cansada e sobrecarregada. Eu lhe digo: "Rosy, seu pai e eu temos trabalhado muito para deixar esta casa agradável para todos. Estamos tentando fazer o melhor possível. Como membro da família, você precisa se esforçar muito e fazer o melhor possível."

• **Associe a prestatividade à maturidade.** Se uma criança tomar a iniciativa e realizar uma tarefa voluntariamente, reconheça seu crescimento e progresso, diga algo como "Ah, você está começando a aprender como contribuir", ou "Você arrumou seus brinquedos porque é uma garota grande."

Também faço questão de frisar quando Rosy age como um bebê. Por exemplo, se ela não arrumar os brinquedos nem ajudar com a louça, eu digo: "Ah, você não fez isso porque você é um bebê?" E esse comentário, geralmente, leva a uma discussão inteira sobre o que as garotas grandes fazem e o que os bebês conseguem fazer. Por exemplo, "Os bebês andam de bicicleta?", "Os bebês tomam sorvete?". Em última análise, como Rosy quer ser uma garota grande, ela arruma tudo.

• **Deixe a criança se divertir com a tarefa.** Não sou uma grande fã de tornar as tarefas "divertidas", nem de transformá-las em um jogo. Não consigo sustentar essa energia por muito tempo, e também não gosto de agir como uma criança de 3 anos. Mas se Rosy propuser uma maneira própria de tornar a tarefa mais divertida, eu não a impedirei. Ao contrário: presto atenção na sua ideia ou contribuição e tento aprimorá-la. Por exemplo, uma tarde, enquanto pendurava as roupas no varal para secar, ela começou a espalhá-las pela varanda toda. Então, decidi incorporar sua "brincadeira" na tarefa. Eu lhe disse: "Fique perto do varal e vou jogar as roupas para você pendurar." Ela adorou fazer isso! Quis continuar jogando as roupas de um lado para outro. No fim, concluímos a missão. Demorou um pouco mais do que o habitual, mas sua motivação para lavar as roupas disparou. Agora, quando eu a chamo, ela vem correndo (às vezes), e já incorporamos a ideia de "jogar" em várias outras tarefas, como arrumar os Legos e guardar os livros. Eu lhe digo: "Rosy, fique perto da estante e eu vou jogar os livros para você." Isso contribui imensamente para que ela ajude!

• **Ameace com consequências naturais.** Se for preciso usar uma ameaça, tente fazer com que a punição seja a mais próxima possível de uma consequência natural. Por exemplo, às vezes digo a Rosy: "Se não limparmos a cozinha, as formigas virão e tomarão conta dos balcões. Você quer formigas na nossa comida?" Ou então: "Se não lavarmos sua lancheira, você precisará retirar a comida de uma lancheira suja e fedorenta amanhã. Você quer isso?"

• **Avise quando você ajudar a criança.** Com Rosy, descobri que indicar a responsabilidade recíproca funciona muito bem para impulsionar sua motivação. Por exemplo, há noites em que ela não ajuda com a louça. Quando eu a chamo, ela diz "Estou cansada" e sai correndo. Dez minutos depois, ela volta e me pede que a ajude a encontrar seu bichinho. Então eu digo algo como "Espere, você me ajudou com a louça há alguns minutos?".

Envolva-se

• **Aprenda a valorizar a contribuição de uma criança.** Quando uma criança quiser ajudar em uma tarefa, escute a ideia dela. Reconheça isso de alguma forma, seja experimentando-a, incorporando-a a sua atividade, balançando a cabeça, seja dizendo: "Nós podemos fazer isso." Se a criança começar a participar, não a interrompa. Preste atenção e veja como ela está tentando contribuir. Em seguida, pense em uma maneira de aprimorar aquela contribuição ou de melhorar ligeiramente seu trabalho.

Seja lá o que você fizer, controle o desejo de resistir. Evite interferir na ação da criança ou mudar seu rumo. Se você recuar e deixar uma criança "assumir" uma tarefa, ela ficará muito mais motivada para ajudar novamente no futuro do que se você rejeitar, minimizar ou ignorar suas ideias e contribuições.

• **Meça quanto você elogia seus filhos (e quanto você resiste às ideias deles).** Seu smartphone é um ótimo dispositivo para analisar seus hábitos como pai ou mãe — e adquirir uma nova perspectiva sobre isso. Escolha alguma noite, acomode o telefone no balcão da cozinha ou na mesa da sala de jantar e coloque-o para gravar em segundo plano por até uma hora, enquanto você interage com seus filhos. Então, mais tarde, naquela mesma noite, ouça com atenção a gravação. Quantas vezes você elogia a criança por uma coisa inconsequente, ou por algo que ela deveria estar fazendo sem a necessidade de elogios? Quantas vezes você resiste às suas ideias? Ou simplesmente a ignora quando ela está tentando contribuir? Quantas vezes você interfere em suas ações e tenta mudar seu rumo?

Por casualidade, fiz esse experimento uma noite, ao deixar ligado por duas horas o microfone do meu rádio sobre o balcão da cozinha, enquanto Rosy e eu preparávamos o jantar. Ouvir a fita depois foi muito difícil. Na verdade, me fez chorar. Enquanto nossa conversa estava sendo reproduzida, percebi que eu não apenas estava resistindo às ideias e contribuições de Rosy, como também nem sequer a estava escutando. Muitas vezes, ela estava tentando me dizer X, enquanto eu tinha tanta certeza de que Y estava certo que não conseguia escutá-la. Eu realmente achava que sabia a resposta e que não precisava ouvi-la. Ela continuava se esforçando tanto para transmitir suas ideias que *ela mesma* começava a chorar. E a súplica e a dor em sua voz eram tão tristes que aquilo partiu meu coração. Percebi que precisava parar de falar tanto (inclusive de elogiá-la) e fazer um esforço real para prestar atenção em suas palavras e ações (a antropóloga psicológica Suzanne Gaskins havia me dado um conselho semelhante alguns meses antes. "Os pais norte-americanos precisam falar menos e ouvir mais seus filhos", disse ela).

• **Economize os elogios por alguns dias.** Depois de perceber quanto você elogia seu filho, tente reduzir esse hábito aos poucos. Comece devagar: defina o temporizador para quinze minutos e tente não elogiar verbalmente a criança até que a contagem zere. Vá aumentando gradativamente para duas horas e, por último, dias inteiros. Avalie como você se sente depois desses períodos sem elogios. A criação dos filhos se torna menos estressante, menos cansativa? Como seu filho age? Ele solicita menos sua atenção? Torna-se menos exigente? O tempo que vocês passam juntos fica um pouco mais descontraído? Seu filho briga menos com os irmãos?

———————

Agora, temos os três ingredientes, ou etapas, necessários para amparar a prestatividade das crianças. Como veremos nas próximas duas seções, os pais podem usar essas três etapas para transmitir quaisquer valores que desejarem a um filho. Em todo o mundo, as culturas usam essa "fórmula" para transmitir todos os tipos de valor, como generosidade, respeito e paciência.

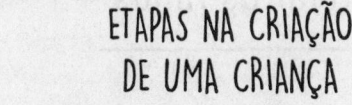

ETAPAS NA CRIAÇÃO
DE UMA CRIANÇA

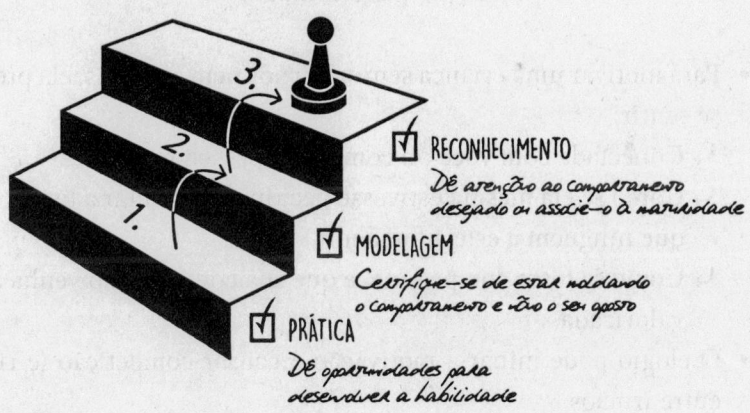

RECONHECIMENTO
Dê atenção ao comportamento
desejado ou associe-o à maturidade

MODELAGEM
Certifique-se de estar moldando
o comportamento e não o seu gosto

PRÁTICA
Dê oportunidades para
desenvolver a habilidade

As etapas são: Prática, Modelagem, Reconhecimento

1. Prática. Dê aos filhos muita prática, ajudando em casa e trabalhando juntos, especialmente no caso das crianças mais jovens. Atribua tarefas, convide-as para assistir e estimule o desejo delas de participar.

2. Modelagem. Ofereça às crianças as carteirinhas de membros. Integre-as em sua vida cotidiana, para que possam aprender gradualmente as tarefas por meio da observação e se sentir membros efetivos da família.

3. Reconhecimento. Quando uma criança tentar ajudar, aceite suas contribuições e valorize suas ideias. Respeite sua visão. Informe à criança quando ela estiver aprendendo um valor. Aponte a presença de um valor (ou sua ausência) nas ações dos outros. Associe seu aprendizado ao "crescimento" ou ao amadurecimento.

Resumo do Capítulo 6:
Como motivar os filhos

Ideias para lembrar

- Para motivar uma criança sem subornos nem ameaças, ela precisa se sentir:
  - ↳ Conectada com você ou com outra pessoa próxima.
  - ↳ Como se ela mesma estivesse decidindo executar a tarefa, sem que ninguém a esteja forçando.
  - ↳ Como se fosse competente, e que sua contribuição venha a ser valorizada.
- O elogio pode minar a motivação e causar competição (e rixas) entre irmãos.
- Os pais podem aprender muito com uma criança. O conhecimento pode fluir em ambas as direções. Não presuma que sua abordagem ou sua visão seja a melhor. Ao prestar atenção nas ideias ou nos pontos de vista de uma criança, provavelmente você descobrirá que ela costuma ter informações valiosas e úteis.
- Aceitar o conhecimento, a ideia ou a contribuição de uma criança é uma forma poderosa de motivá-la.

Faça hoje

Para crianças de todas as idades:

- Resista ao impulso de corrigir uma criança, especialmente quando ela estiver contribuindo ou ajudando a família. Recue e deixe-a realizar uma tarefa sem interferir, mesmo que ela não esteja fazendo do jeito que você gostaria nem adotando a abordagem ideal.
- Se uma criança estiver resistindo a uma solicitação (por exemplo, ajudar com a louça), provavelmente você está insistindo demais no assunto. A criança sabe o que você quer. Pare de pedir. Espere e deixe-a tomar a iniciativa.
- Preste muita atenção em como uma criança está tentando contribuir e, em seguida, aprimore as ideias dela em vez de oferecer resistência.
- Ajude uma criança a aprender uma tarefa deixando-a praticá-la, em vez de dar uma aula expositiva ou explicar-lhe como fazer. Proponha correções simples de rumo, com moderação, enquanto a criança a executa.
- Aceite a contribuição de uma criança para uma atividade, mesmo que não seja o que você espera ou deseja.
- Use elogios com bastante moderação. Associe o elogio ao aprendizado de um valor genérico (por exemplo, "Você está começando a aprender a ser prestativa") ou à maturidade (por exemplo, "Você está realmente se tornando uma garota grande").

A inteligência emocional dos inuítes

Encorajamento

Q
U
I
P
E

Se uma criança se comporta mal,
ela precisa de mais calma e mais contato físico.

CAPÍTULO 7

Nunca se enfurecer

À primeira vista, a minúscula aldeia ártica de Kugaaruk parece uma cidade que poderíamos encontrar ao longo da costa da Nova Inglaterra. Um punhado de casas de madeira pintadas de vermelho, verde e marrom-claro equilibra-se sobre toras de madeiras, a apenas alguns metros de uma praia de seixos. Uma ou duas lanchas descansam no jardim dianteiro de cada uma delas. Bicicletas de criança estão encostadas nos degraus da frente. As portas principais nunca são trancadas, e pode-se ver as crianças entrando e saindo das casas de vizinhos e parentes, levando sanduíches de manteiga de amendoim e copos de Tang para o almoço.

Mas quando cheiramos o ar, sentimos um aroma único — uma mistura de alga marinha com guisado de carne. Em um dos quintais, uma fileira inteira de costelas de caribu está pendurada na porta de um galpão, secando em meio à brisa salgada. Do outro lado da rua, três cabeças de urso-polar estão dispostas em um banco no jardim dianteiro de uma família; seus caninos, brancos e brilhantes, são mais compridos do que um polegar. E se entrarmos na cozinha de alguém e abrirmos o freezer, poderemos encontrar um enorme pedaço de foca para futuros jantares.

Esta não é a Nova Inglaterra — fica muito, muito mais longe. Tão longe que, no início dos anos 1960, quando uma jovem estudante de antropologia da Universidade Harvard se aventurou por aqui, muitos pensaram que a viagem a mataria.

"Eu realmente queria ir para o lugar mais remoto e isolado ao norte que eu pudesse achar para encontrar pessoas que fossem o mínimo possível influenciadas pela cultura ocidental", afirmou a antropóloga Jean Briggs.

Esse desejo a levou ao topo do mundo, para além do Círculo Ártico e a cerca de quatrocentos quilômetros ao norte da baía de Hudson. Aqui, a terra se divide em centenas de pedaços, tornando difícil precisar, diante de um mapa, o que é uma ilha e o que é o mar. Esta vasta faixa de terra é um país inuíte, e tem sido assim há um milênio.

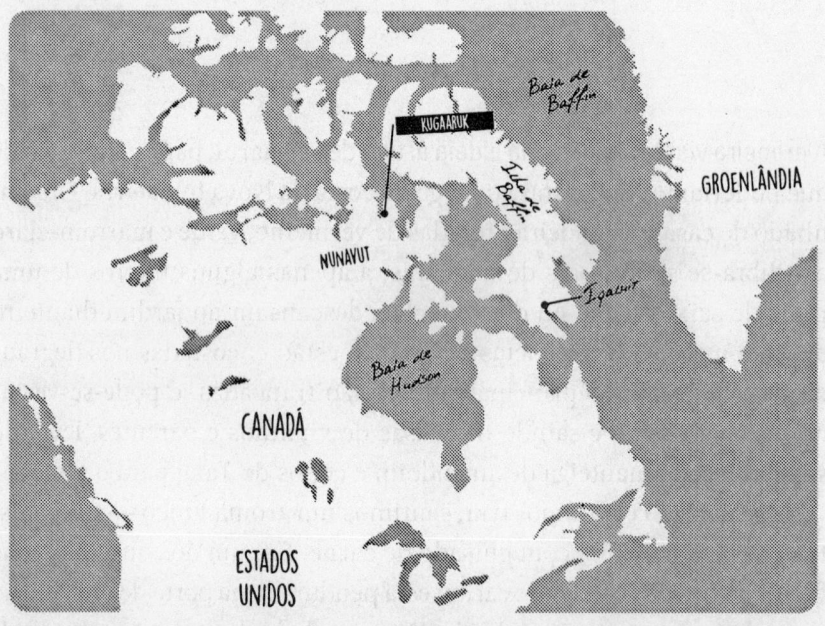

Para qualquer estudante ocidental de antropologia, a viagem já seria arriscada. Para uma mulher antropóloga na década de 1960, a aventura parecia insana e descabida para muitos de seus pares. No inverno, as temperaturas podem cair facilmente para -34ºC. Na época, não havia estradas, sistemas de aquecimento elétrico ou mercearias. Jean poderia, facilmente, ter morrido.

Mas o risco que ela correu valeu a pena. Durante sua temporada de dezessete meses na região, ela realizou um trabalho de campo inovador, que acabaria transformando o modo como a psicologia ocidental entende as emoções — especialmente a raiva.

Cerca de mil anos atrás, uma comunidade singular vivia ao longo da fronteira entre o Alasca e a Rússia. O grupo, chamado inuíte, havia desenvolvido tecnologias extraordinárias que lhe permitira prosperar em um dos ambientes mais hostis do planeta. Eles haviam criado cães especificamente para puxar trenós, costurado calças à prova d'água com peles de foca e construído compactos caiaques marítimos, a bordo dos quais conseguiam abater os maiores animais da Terra. Este povo era tão forte e tão habilidoso que as famílias conseguiam viajar centenas de quilômetros através do Círculo Polar Ártico. Ao longo dos séculos seguintes, os inuítes colonizaram um vasto território ao longo de 4.800 quilômetros, do estreito de Bering à Groenlândia.

Na década de 1960, muitas famílias inuítes ainda viviam da mesma maneira que seus ancestrais séculos atrás, como caçadores-coletores nômades. O mar era seu supermercado; a tundra, seu jardim. As famílias deslocavam-se de acampamento em acampamento em busca de animais. Elas usavam arpões para furar o gelo e caçar focas durante o inverno, lanceavam as trutas árticas que subiam rio acima durante a primavera e seguiam o rastro dos caribus migrantes durante o verão. A pele e o couro de animais lhes rendiam botas, parcas, roupas de cama e tendas. Lâmpadas alimentadas com gordura de baleia e foca eram usadas para cozinhar e aquecer suas casas.

Em agosto de 1963, um avião deixou Jean no topo de um penhasco granítico, com vista para as corredeiras de água cristalina de um rio ártico qualquer. Várias famílias haviam montado acampamento ao longo daquele rio durante o verão. No início, a vida de Jean no acampamento pareceu muito fácil. Mirtilos eram abundantes na tundra cor de ferrugem e trutas prateadas povoavam o rio logo abaixo do acampamento. "Muitas vezes, vinte e, ocasionalmente, até quarenta trutas, cada uma pesando entre quatro e dezoito quilos, podiam ser capturadas por um único pescador em um único dia", escreveu Jean. No início de outubro, porém, o rio começou a congelar. A neve caía todos os dias. O inverno se aproximava rapidamente. Jean percebeu que, para sobreviver, ela precisaria da ajuda de uma família inuíte. Foi assim que ela convenceu um dos casais do acampamento, Allaq e Inuttiaq, a "adotá-la" e a "tentar mantê-la viva".

Allaq e Inuttiaq foram extraordinariamente amáveis e generosos com Jean. Eles a ensinaram a falar um dialeto da língua inuíte, o inuktitut; mostraram como pescar; compartilharam com ela seus suprimentos para o inverno. Eles também permitiram que ela dormisse no iglu da família, aninhada sob cobertores quentes de caribu, lado a lado com suas duas filhas mais novas, Raigili, de 6 anos, e Saarak, de 3 (a filha adolescente estava longe da aldeia, em um colégio interno).

No início, Jean tinha intenção de estudar o xamanismo. Entretanto, depois de algumas semanas morando com Allaq e Inuttiaq, ela percebeu que algo ainda mais notável estava acontecendo com aquela família e toda a comunidade.

"Eles nunca agiam com raiva de mim, embora estivessem, sim, com muita raiva de mim", recordou ela, posteriormente.

Ela observou que Allaq e Inuttiaq tinham uma capacidade surpreendente de controlar as emoções. Eles nunca perdiam a paciência, se descontrolavam ou expressavam qualquer frustração, por mais moderada que fosse, apesar de viverem em um minúsculo iglu com temperatura de 34 graus negativos, duas crianças pequenas e, agora, além de tudo, uma estudante norte-americana (que, posteriormente, admitiria ser "difícil" às vezes).

"Na verdade, a manutenção da equanimidade sob circunstâncias desafiadoras é o sinal básico da maturidade, de ter chegado à idade adulta", escreveria Jean, em *Never in Anger*, seu livro sobre a temporada que passou com a família de Allaq e Inuttiaq.

Dentro da casa deles, pequenos erros eram ignorados. Não existiam queixas nem reclamações mesquinhas. Até mesmo os maiores contratempos geravam pouca reação. Uma vez, por exemplo, o irmão de Allaq tropeçou em um fogareiro e derrubou um bule de chá fervente no chão do iglu. Ninguém se mexeu. Ninguém nem mesmo se deu ao trabalho de tirar os olhos do que estava fazendo, apesar de a água quente estar, naquele momento, derretendo o chão do iglu. O rapaz apenas comentou, baixinho, "Que droga", e, em seguida, começou a limpar a bagunça e a arrumar o chão. "Eu não sentia nenhuma alteração de intensidade, nem mesmo no murmúrio geral das risadas", escreveu Jean.

Em outra ocasião, Allaq, esposa e mãe da família, havia passado dias trançando uma rede de pesca com tendões de caribus. Quando seu marido foi usar a rede pela primeira vez, os tendões se romperam instantaneamente. Ninguém demonstrou o menor sinal de frustração com a contrariedade. Em vez de agir guiados pela emoção, Allaq e Inuttiaq concentraram-se em ser produtivos. Na descrição feita por Jean, Allaq deu uma risada e o marido devolveu a rede "sem nenhum sinal de reprovação", dizendo apenas "Costure de novo".

Lendo isso, fiquei maravilhada. Como seria viver em uma casa tão calma e sem nenhum sinal de raiva?

Quando um adulto dava sinais de que não conseguia conter suas emoções, os outros zombavam levemente daquele comportamento. Considere, por exemplo, uma ocasião em que Inuttiaq "começou a atirar impulsivamente contra um pássaro" que voava nas proximidades. Assistindo a distância, Allaq comentou: "Parece uma criança." Significado: a falta de paciência é terreno das crianças, não dos adultos.

Apesar de tentar ao máximo controlar as próprias emoções, Jean parecia uma criança selvagem comparada a Allaq e Inuttiaq. Ela nunca conseguiria viver de acordo com os padrões de autorregulação inuítes. Entre os adultos, até mesmo pequenas expressões de irritação ou de mau humor — pequenas demais para que os ocidentais chegassem a percebê-las — eram consideradas sinais de imaturidade. "Meus modos eram muito mais rudes, menos ponderados e mais impulsivos", disse ela, posteriormente. "[Eu era] muitas vezes impulsiva, de uma forma antissocial. Ficava emburrada ou esbravejava, ou faria algo que eles nunca costumavam fazer."

No relato de Jean, Allaq aparece especialmente como o símbolo máximo da calma e da autoconfiança — inclusive na hora do parto. Por mais impossível que possa parecer, muitas mulheres inuítes não gritam, nem sequer fazem qualquer tipo de barulho ao trazer uma criança ao mundo. Allaq deu à luz seu quarto filho enquanto Jean morava com a família. E sua descrição é quase cômica ao classificar o nascimento, de certa forma, como desapontador:

Allaq passou a noite fritando bannock *[pão] para nós. (...) [Ela] participou da festa, brincou com suas irmãs quando elas vieram compartilhar o* bannock, *amamentou Saarak carinhosamente até ela dormir em seu peito, como de costume, apagou a lâmpada e, aparentemente, se acomodou para ir dormir. Isso foi às 23h30. Era 1h30 quando acordei com o choro trêmulo de um bebê recém-nascido.*

Durante o parto, Allaq ficou tão calada que Jean nem sequer registrou o momento.

Então, logo após o nascimento, surgiu um problema grave. A placenta estava colada ao útero — colocando Allaq sob o risco de uma hemorragia fatal. Inuttiaq, o único outro adulto presente, fez algumas breves "exortações" à placenta, mas sem gritar nem chorar em momento algum. Não houve nenhum drama típico das salas de emergência. Inuttiaq apenas acendeu um cachimbo, fez uma oração e, por fim, a placenta se desprendeu.

Bem, àquela altura, lendo o livro de Jean, comecei, honestamente, a achar suas observações difíceis de acreditar. Nenhum grito durante o parto? Nenhum berro durante meses, amontoados em um iglu com crianças pequenas? Em São Francisco, gritam comigo todos os dias — dentro e fora de nossa casa, no Twitter. E eu grito com Rosy — meu Deus, fico constrangida de confessar quanto eu grito com Rosy. Certamente, Jean havia exagerado em sua descrição do autocontrole daquela família.

Mas, se ela tivesse relatado com precisão, como Allaq conseguia fazer aquilo? Fico curiosa em saber não apenas como aquela mulher e as outras mães inuítes mantêm a compostura sob condições tão difíceis, mas também como elas transmitem essa calma para os filhos. Como aqueles pais conseguiam pegar um filho pirracento e de temperamento explosivo de 3 anos e, três anos depois, transformá-lo em uma criança tranquila e pacífica? Conseguiriam eles me ajudar a domar minha megerazinha?

E, assim, quase seis décadas após a viagem de Jean, Rosy arrumou adequadamente sua mala de *Frozen* e voamos para a cidade de Kugaaruk, no Canadá, do outro lado da península onde Jean ficara hospedada.

Chegar a Kugaaruk é como pousar em um cartão-postal. "Um cenário construído para um imperador", consigo ouvir um de meus colegas japoneses dizendo. A paisagem é absolutamente fabulosa.

Com cerca de duzentas casas, Kugaaruk está aninhada entre dois corpos d'água espetaculares: o *kuuk* (ou rio), correndo tão cristalino que é possível se ajoelhar e matar a sede sempre que necessário, e uma baía azul-acinzentada, com suas ondulações brilhantes ao sol baixo do verão. Várias ilhas se erguem da baía, como se fossem as costas de gigantes verdes recurvados na hora da pesca.

Por trás da cidade, a tundra se espalha para o leste, até onde a vista alcança. No fim de julho, mirtilos e amoras cobrem a vegetação cinza com frutas minúsculas, do tamanho de ervilhas. As moitas crescem tão pouco — apenas entre dois e cinco centímetros acima do nível do solo — que é preciso ajoelhar-se e, basicamente, encostar-se no musgo das renas para colher os frutos. Mas o esforço vale a pena. As frutas são azedinhas e saborosas.

Durante nossos primeiros dias em Kugaaruk, Rosy e eu nos encontramos em uma situação semelhante à da jovem Jean Briggs: não havia um lugar muito bom para ficar. O único hotel em Kugaaruk tem um telhado com goteiras e é caro. Então, comecei a pedir indicações de um quarto para alugar.

Minhas esperanças, porém, diminuem rapidamente conforme vou me dando conta de nossa notoriedade na cidade. Aonde quer que vamos, a prioridade de Rosy é exibir suas habilidades de criança pirracenta. Em uma ida à mercearia, ela atira uma caixa de barras de granola no meu rosto, e, na volta para o hotel, se deita de costas no meio de uma estrada de terra (enquanto uma família, ocupada em talhar uma baleia, observa) e grita várias vezes: "Mamãe, mamãe!", ao mesmo tempo em que tento perguntar a uma senhora se ela conhece outro lugar para nos hospedarmos.

Kugaaruk tem apenas cerca de três quadras de largura e algumas dezenas de quadras de comprimento. A cidade tem uma mercearia, um parque infantil e um café. Todos caminham ou andam de quadriciclo por todos os lugares. Todo mundo conhece todo mundo. Todo mundo vê tudo. Além disso, quase todos são inuítes. Com minha pele branca e pálida e o cabelo loiro de Rosy, chamamos muita atenção.

Enquanto caminhamos pela cidade, não consigo esconder minha incapacidade de lidar com as pirraças de Rosy — e minhas reações plenas de raiva. Tudo isso fica inteiramente à mostra. Até mesmo no quarto de hotel, as paredes são tão finas que tenho certeza de que as mulheres que cuidam do lugar conseguem me ouvir tentando convencer Rosy a dormir. Elas conseguem escutar quando perco a paciência e grito: "Pare! Simplesmente deite-se e vá dormir!"

Por outro lado, em todos os lugares que Rosy e eu vamos, as mães mostram-se completamente imperturbáveis. Elas parecem jamais se exaltar ou se abalar por nada. As crianças estão por toda parte — muitas delas. E, ainda assim, nunca há urgência nas reações dos pais. Eles nunca agem para reprimir a energia ou os movimentos de um filho, não fazem exigências em voz alta nem insistem para que uma criança interrompa o que está fazendo ou aja de determinada maneira. Não importa o que aconteça, os adultos apenas irradiam calma: uma paz onipresente e difusa. Posso senti-la em todos os lugares: na mercearia, no parquinho infantil, no meu cérebro, nos meus ossos, no meu coração. Para ser honesta, adoro isso.

E esse estado de calmaria parece contagioso. Porque até mesmo as crianças são notavelmente tranquilas — na maioria das vezes. Não vejo crianças discutindo nem negociando com os pais na mercearia, nem reclamando e choramingando na hora de voltar do parquinho para casa. No segundo dia na cidade, percebi que, apesar de todas as crianças à nossa volta, não testemunhei nenhuma pirraça (além das de Rosy) e não ouvi nenhum bebê chorar.

Naquela segunda noite, Rosy e eu ficamos um tempinho do lado de fora, perto de um pequeno riacho. Minhas preocupações estavam nas alturas e meus nervos, em frangalhos. Naquele momento, uma jovem mãe chamada Tracy se aproxima em um quadriciclo. Ela não tem mais do que 25 anos, e está circundada por três crianças. À sua frente, uma pequenina se aninha em seu peito; atrás dela, uma criança de cerca de 5 anos envolve sua cintura com os braços; e um bebê espreita pelo capuz de sua jaqueta, em um porta-bebê chamado *amauti*. Quando ela fala, seu cabelo preto, cortado em um estilo que lembra uma doce ninfa, balança ao redor de seu rosto em formato de coração. As palavras de Tracy são suaves e seu sorriso é amável. Consigo sentir minha frequência cardíaca reduzindo suas batidas erráticas enquanto ela compartilha suas experiências como mãe. *Vai dar tudo certo nesta viagem, Michaeleen*, penso, pela primeira vez.

A vida de Tracy não é fácil, sob nenhum aspecto. Além de criar os três filhos, ela trabalha como faxineira em tempo integral no hotel, além de ajudar o marido e o sogro na preparação para as caçadas. Eu lhe pergunto se ser uma mãe trabalhadora com filhos pequenos é estressante, e ela responde: "Não, eu adoro ser mãe. Eles me mantêm ocupada, mas eu adoro isso."

Ah, meu Deus, penso comigo mesma. *Devo parecer um desastre completo como mãe para essa jovem — e para todos os pais de Kugaaruk.* Tenho cabelos grisalhos, sou PhD em química, mas mal consigo lidar com uma criança. Sinto-me constrangida e envergonhada, mas não sinto que Tracy esteja me julgando. Na verdade, acho que encontrei uma amiga — alguém com quem Rosy e eu poderemos contar se precisarmos de ajuda.

Esse padrão ocorre repetidamente em Kugaaruk. As outras mães e os pais não julgam minhas precárias habilidades parentais — pelo menos, não na minha frente, nem com os olhares de soslaio e comentários que eu receberia em São Francisco —, mas, sim, eles querem me ajudar. E eles não têm vergonha de estender a mão.

Várias mulheres que observam Rosy e eu andando pela cidade não conseguem acreditar no que estão vendo: "Você está sozinha? Cuidando de sua filha sozinha? Sem nenhuma ajuda?", perguntam elas. Na mercearia, outra mulher me aborda, perto das maçãs. "As crianças não deveriam ficar só com uma única pessoa, todas as horas do dia", diz ela, com um leve tom piedoso.

Não deveriam?, penso eu. *Que interessante.*

Outra mulher, que esteve nos espionando da janela de sua sala de estar, sai correndo de casa. Vestida com uma jaqueta camuflada cor-de-rosa, ela se oferece para ficar com Rosy por algumas horas, para que eu possa fazer uma pausa. "Vejo você passar todos os dias com sua filhinha — sempre sozinha —, e quero muito ajudar vocês", diz ela.

Estou tão acostumada a encarar o cuidado das crianças como uma solitária tarefa feminina que, sentindo-me intimidada para aceitar aquela ajuda, digo algo ridículo como "Ah, obrigada, mas consigo fazer isso sozinha".

Então, no terceiro dia em Kugaaruk, Rosy e eu conhecemos Maria Kukkuvak e sua filha Sally — e acabo aprendendo uma maneira eficaz de interpretar os pequenos seres humanos.

"Sua filha deve estar cansada de você. É por isso que ela está se comportando mal", diz Sally, enquanto tomamos uma xícara de chá à mesa da cozinha da casa de sua mãe. "Rosy precisa conviver com outras crianças. Você precisa de uma pausa."

Bem, eu sei que preciso dar uma pausa em minha convivência com Rosy. Estou farta dela. Mas nunca me ocorreu que Rosy pudesse estar farta de mim também, e talvez seja por isso que discutimos tanto.

"Você viaja com seu marido por alguns dias e os dois ficam enjoados um do outro, certo?", pergunta Sally. "Isso não significa que vocês não se amem. Vocês só precisam de uma pausa."

Não é exagero dizer que Sally é uma das pessoas mais maravilhosas que já conheci. Ela trabalha como assistente comunitária em saúde mental na clínica local, e seu rosto irradia afeto e simpatia enquanto ela fala. "Eu sorrio com os olhos", diz ela, enquanto joga a franja para o lado. E é verdade: cada vez que Sally sorri, seus olhos formam linhas finas que se curvam para cima, como um autêntico sorriso.

Temos a mesma idade: 42 anos. Mas Sally já criou três filhos, ajudou seus irmãos a criar outros sete ou oito e agora cuida regularmente de quatro netos pequenos. Como mãe, Sally é uma especialista mundial. Ela já viu de tudo. Embora nunca se vanglorie de sua experiência, ela consegue perceber que estou tendo dificuldades com Rosy e generosamente oferece ajuda. "Em breve, minha mãe vai sair para acampar. Ela disse que você pode ficar no quarto dela enquanto ela estiver fora. E aí nossa família poderá ajudá-la com Rosy. Você precisa dessa ajuda." Palavras mais verdadeiras do que essas jamais foram ditas.

Na noite seguinte, Rosy e eu deixamos o hotel e nos mudamos para a casa de Maria. E, puxa vida!, tivemos sorte. A família dela é tão cheia de amor que, por vezes, inclusive agora, já de volta a São Francisco, me pego chorando à noite, desejando estar novamente em sua companhia. Quero voltar à sala de estar de Maria, para compartilhar pedaços de caribu cru ou jogar bingo. Quero voltar à paz reinante naquela casa.

Sinto isso no momento em que Rosy e eu entramos pela porta. Vestida com jeans cinza e uma camiseta preta, Sally está mexendo o interior de uma grande panela de espaguete com molho de carne. "Entrem e jantem", diz ela. Há pelo menos meia dúzia de crianças na sala de estar, jogando videogame e cartas. Enquanto Rosy e eu atravessamos a sala com nossas malas, Sally começa a servir o macarrão, enchendo tigelas e passando-as para as crianças.

"Muito obrigada por nos deixar ficar com você, Sally, e pelo jantar. Estamos famintas", digo a ela, depois de guardarmos nossas malas.

"Aqui há sempre muita comida. Comam quanto quiserem", avisa Sally, enquanto entrega a Rosy e a mim tigelas de macarrão. "Ter vocês duas aqui não é problema nenhum. Temos tantas crianças nesta casa o tempo todo que uma a mais não vai fazer diferença."

E é verdade — a sala de estar é o centro social da família Kukkuvak. Tecnicamente, apenas duas crianças moram na casa, mas isso não importa. A qualquer momento, podem-se encontrar tias, tios, primos, sobrinhas e sobrinhos visitando. Família e amigos entram e saem livremente, a qualquer hora do dia.

Esta noite não é nenhuma exceção. Enquanto comemos macarrão, conto dez pessoas na sala de estar, entre elas, um bebê de 5 meses, uma criança pequena de 18 meses, uma menina de 3 anos, um menino de 6, duas meninas de 13 anos e dois meninos de 15.

Aquelas crianças desviam e abrem espaço para Rosy, pegando-a (literalmente) e colocando-a sob suas asas. Uma das garotas de 13 anos, Susan, imediatamente começa a escovar e trançar o cabelo de Rosy (que não era penteado havia três ou quatro dias, pois ela não me deixava tocá-lo). Então, Rebecca, de 9 anos, entra na sala, pega gentilmente a mão de Rosy e diz: "Vamos brincar lá fora." Duas outras crianças pequenas as seguem, e pronto: Rosy passou a ser, oficialmente, um membro da turma. Consigo sentir meu corpo relaxando, como se o peso de criar sozinha minha filha fosse algo que venho carregando nas costas há tempos — talvez anos.

———————

Frequentemente, os livros sobre criação de filhos mencionam um conceito da psicologia e da neurociência chamado função executiva. Basicamente, é um conjunto de processos mentais que nos ajudam a agir ponderadamente em vez de impulsivamente. É a voz em nossa cabeça que nos faz parar antes de reagir, perguntando: *Que repercussões essa ação causará? Existe uma abordagem melhor?* A função executiva nos ajuda a controlar nossas emoções e nosso comportamento, ou a mudar de direção quando necessário. Estudos sugerem que apresentar uma função executiva mais aprimorada quando criança prenuncia uma série de resultados mais positivos ao longo da vida — melhor desempenho na escola, melhor saúde mental, melhores relacionamentos, maiores chances de encontrar e manter um emprego etc.

Em Kugaaruk, as crianças vivenciam plenamente a função executiva: elas são capazes de enxergar o ponto de vista de outra criança, permanecer flexíveis quando as situações mudam e se adaptar às necessidades dos outros. Elas exibem muito mais maturidade emocional do que muitas crianças mais velhas do que elas nos Estados Unidos — sob muitos aspectos, elas são mais maduras emocionalmente do que eu. Até mesmo as crianças pequenas costumam agir com paciência, empatia e generosidade. E elas são excelentes em compartilhar — brinquedos, comida, roupas, seja o que for. Os objetos parecem surgir como uma oportunidade de cooperar e brincar juntos, em vez de discutir e competir.

Durante todo o restante do tempo que passamos no Ártico, Rosy brincou com aquelas crianças por horas e horas todos os dias, basicamente sem a necessidade de supervisão minha ou das outras mães. Os problemas raramente surgiam. As crianças mais velhas já conhecem bem as regras, e ajudam as menores a aprendê-las também. As adolescentes agiam como mães de Rosy, e as crianças mais novas queriam brincar com ela. Se Rosy se chateava, as crianças mais velhas identificavam o problema, resolviam-no ou, simplesmente, rendiam-se a Rosy. Elas escolhem o caminho certo.

Na primeira noite na sala de estar de Sally, observo as crianças brincarem juntas por cerca de duas horas. Não há discussão, nenhum momento tenso, gritos de "Isso é meu!" (exceto os de Rosy). E os adultos não arbitram nem ditam ordens constantemente. Em vez disso, eles se mostram descontraídos, enviando mensagens de texto em seus celulares e conversando sobre a próxima caçada.

Naquela noite, vendo tal cena se desenrolar, percebo que aquela família inuíte vai me ensinar muito mais do que eu esperava. Cheguei a Kugaaruk com um objetivo: descobrir como Rosy poderia controlar sua raiva e agir com amabilidade com sua família e amigos. Mas aqueles pais inuítes estavam me mostrando muito mais, eles me apresentaram uma maneira de controlar meu estilo parental reativo e irascível.

CAPÍTULO 8

Como ensinar os filhos a controlar a raiva

Dez dias depois de nossa chegada ao Ártico, testemunhei uma cena incrível.

É uma tarde típica na casa de Maria. Tio Gordon está lendo no sofá. O filho de Sally, Tusi, sentado ao lado dele, mexe no celular, enquanto dois dos netos de Sally jogam Dance Dance Revolution em frente à grande TV de tela plana. Todos, dos 3 aos 45 anos, estão simplesmente "cuidando das suas coisas", convivendo de maneira amistosa.

Em seguida, Rosy e sua nova melhor amiga, Samantha, entram em cena, e eu antevejo as portas do inferno se abrindo. Ambas usam vestidos de princesa com saias de tule; o de Rosy é amarelo-claro e o de Samantha, vermelho brilhante.

A dupla me apavora; sua energia é muito intensa. Assim como Rosy, Samantha é inteligente, falante e atirada. Sob seu cabelo preto rebelde e crespo, a expressão em seu rosto é de pura alegria. "Vamos dar um banho na Missy", diz ela, sorrindo. Missy é a pequenina Yorkshire terrier da família. Dificilmente ela pesaria mais de três quilos. E tanto Samantha quanto Rosy querem forçá-la a pular em um balde de água com sabão. Neste exato momento, a pobre Missy está escondida debaixo de uma mesa lateral, na sala de estar.

"Peguei ela!", grita Rosy, enquanto se lança sobre a cadela.

BAM! Seu braço atinge uma caneca de café fumegante na beirada da mesa, arremessando-a em direção ao outro lado da sala. O líquido marrom forma um arco no ar e cai, salpicando todo o tapete branco de Sally e se espalhando sobre a antiga mesa. Sinto meu coração apertar. *Deus do céu, Rosy!*, tenho vontade de gritar. *Somos hóspedes nesta casa. Por que você não pode ser um pouco mais cuidadosa?*

Entretanto, quando olho em volta, vejo que ninguém mais está reagindo. Ninguém. Zero. Nada. Gordon e Tusi não tiraram os olhos de sua leitura. As crianças continuam dançando sem parar. Ninguém parece ter notado que o café quente simplesmente voou pela sala devido à tremenda lambança de minha filha.

Saindo da cozinha com uma toalha nas mãos, Sally a coloca sobre o tapete, lenta e cuidadosamente, como se estivesse estendendo um tapetezinho de ioga e se preparando para meditar. Essencialmente, Rosy tinha acabado de reproduzir a cena do livro de Jean Briggs em que o rapaz derrubava um bule de chá fervente no iglu e ninguém reagia.

O mais surpreendente, porém, foi a observação de Sally. Ela não gritou nem repreendeu Rosy. Em vez disso, ela se vira para Tusi e diz, calmamente: "Seu café estava no lugar errado."

———

Nos últimos anos, entrevistei mais de uma centena de pais e mães inuítes no Ártico, do Alasca ao leste do Canadá. Estive com anciãos de 90 anos, enquanto eles almoçavam sua "comida nativa" — carne cozida de foca, crua de caribu e congelada de baleia-branca. Conversei com mães que vendem jaquetas de pele de foca costuradas a mão em uma feira de artesanato no pátio de uma escola secundária. Assisti a uma aula sobre criação de filhos na qual os instrutores de creches aprendiam como seus ancestrais criavam os filhos há centenas, talvez milhares de anos.

De modo geral, todas as mães e os pais mencionaram uma regra de ouro da parentalidade inuíte, que vem a ser "Jamais grite com uma criança", diz Sidonie Nirlungayuk, de 74 anos, que nasceu em uma casa de turfa não muito longe de Kugaaruk. "Nossos pais nunca levantavam a voz conosco, nunca, nunca."

Mesmo quando a mãe de Sidonie deu à luz, ela não gritou, assim como o exemplo de Allaq, em *Never in Anger*, de Jean Briggs. "Levantei-me no meio da noite e ouvi o que parecia ser o som de um cachorrinho", explicou Sidonie. "'Será que alguém pode deixar o cachorrinho sair?', perguntei. Mas então olhei para minha mãe. Ela estava ajoelhada e tinha acabado de dar à luz. O 'cachorrinho' era um bebê. Minha mãe não fez um ruído sequer."

Quando Sidonie se tornou mãe, ela continuou seguindo a regra de não gritar. "Não tínhamos permissão para elevar a voz com nossos filhos", diz ela. "Tudo o que eu lhes dissesse deveria ser com uma voz calma, muito calma."

Sério? Tudo deveria ser dito com uma voz calma? Mesmo que a criança lhe desse um tapa no rosto? Batesse a porta da frente e a deixasse do lado de fora da casa? Ou insistisse em "provocá-la" intencionalmente?

"Sim", diz Lisa Ipeelie, com uma risadinha que parece enfatizar quanto ela considera tola minha pergunta. "Quando as crianças são pequenas, não adianta levantar a voz ou ficar com raiva delas. Isso só vai fazer sua frequência cardíaca subir."

Lisa, produtora de rádio e mãe, mora na cidade ártica de Iqaluit, no Canadá. Ela foi criada em meio a doze irmãos. "Com crianças pequenas, muitas vezes pensamos que elas estão nos provocando, mas não é isso que acontece. Elas estão chateadas com alguma coisa, e é preciso descobrir o que é."

Os inuítes consideram humilhante gritar com uma criança pequena, contam-me os mais velhos. Ao fazer isso, o adulto está, basicamente, se rebaixando ao nível dela — ou reproduzindo uma versão adulta da pirraça. O mesmo se aplica a repreender ou falar com as crianças em um tom de voz irritado.

"Ficar com raiva de uma criança não tem sentido algum", diz Martha Tikivik, 83 anos. Nascida em um iglu na ilha de Baffin, ela criou seis filhos. "Não vai resolver seu problema. Serve apenas para interromper a comunicação entre a criança e a mãe."

O ancião Levi Illuitok, de Kugaaruk, concorda. Ele nasceu em uma ilha perto de Kugaaruk e aprendeu a caçar focas e caribus por volta dos 7 anos. "Jamais, em tempo algum, me lembro de meu pai ter sido rude ou falado em voz alta comigo", diz o ancião de 79 anos. Mas isso não significa que seus pais fossem permissivos. "Minha mãe era rígida. Ela não nos deixava ficar acordados até tarde, e nos fazia levantar juntos pela manhã. Mas ela jamais levantava a voz", diz ele.

A educação tradicional inuíte é incrivelmente acolhedora e carinhosa. Se pegássemos todos os estilos de criação de filhos ao redor do mundo e os classificássemos de acordo com sua amabilidade, provavelmente a abordagem inuíte ocuparia uma posição perto do topo. Em uma família que visitamos, as mães e as tias sentiam tanto amor pelos bebês e crianças presentes que exclamavam do outro lado da sala: "Eu a amo! Eu a amo!" Os inuítes têm até um beijo especial para crianças, chamado *kunik*, que consiste em encostar o nariz na bochecha e cheirar repetidas vezes a pele.

Até mesmo as punições mais brandas, como botar de castigo, são vistas como inadequadas, diz Goota Jaw, que dá aula de parentalidade inuíte na Faculdade Ártica de Nunavut, em Iqaluit. Elas se mostram improdutivas e contribuem apenas para isolar a criança. "Discordo de gritos como 'Pense no que você acabou de fazer. Vá para o seu quarto!'. Não é assim que ensinamos nossos filhos. Ao fazer isso, estamos apenas ensinando as crianças a se afastar."

E não é só isso, "quando você grita com as crianças, elas param de ouvir", observa Sidonie. Na verdade, ela acredita que as crianças norte-americanas não ouvem porque seus pais não param de gritar. "Dá para perceber que quando os pais berram com uma criança é porque ela já não está mais escutando."

Os pais inuítes repetem incessantemente essa ideia, de que gritar e berrar dificulta a criação dos filhos, pois as crianças param de escutá-

-los. Elas os bloqueiam. Nas palavras de Theresa Sikkuark, de 71 anos: "Acho que é por isso que as crianças brancas não escutam. Os pais já gritaram demais com elas."

Mas o fato é que muitos cientistas ocidentais concordam com esses anciãos inuítes. Ao voltar para São Francisco, ligo para Laura Markham, uma psicóloga clínica que escreveu o livro *Pais e mães serenos, filhos felizes: Crie uma conexão de empatia*. Pergunto-lhe se gritar com as crianças tem um impacto negativo, e sua resposta é um assombroso eco das palavras de Sidonie.

"Quando gritamos com as crianças, estamos treinando-as para não escutar", explica. "Os pais dirão que 'elas só escutam quando eu levanto a voz'. Minha resposta é: 'Levante a voz para fazer com que elas escutem e, a partir daí, você sempre terá de levantar a voz'."

Ela sustenta que os pais ocidentais simplesmente dão um tiro no próprio pé quando gritam. Porque, no fim das contas, gritar não ensina as crianças a se comportar, e sim a sentir raiva. "Estamos treinando-as para gritar quando ficarem chateadas e a acreditar que gritos resolvem problemas", diz ela.

Lembre-se da fórmula — para treinar uma criança a se comportar de determinada maneira, precisamos de dois ingredientes principais e de uma pitada de um terceiro: prática, modelagem e, se necessário, reconhecimento. Quando gritamos com uma criança e expressamos a raiva que sentimos dela, *modelamos* a expressão da raiva. Considerando-se que a resposta dos pequenos costuma ser berrar de volta, estamos lhes dando muitas oportunidades de colocar em *prática* os gritos e expressar sua raiva para conosco. E se gritarmos de volta mais uma vez depois de elas gritarem conosco, estaremos *reconhecendo* e aceitando sua raiva.

Por outro lado, os pais que controlam a própria raiva — tanto em relação ao seu entorno quanto em relação aos filhos — ajudam suas crianças a aprender a fazer o mesmo. "Elas aprendem conosco a regulação emocional", diz Laura. Cada vez que deixamos de agir com raiva, nossos filhos vislumbram uma maneira serena de lidar com as frustrações. Eles aprendem a manter a compostura quando a raiva eclode. Portanto, se os pais quiserem ensinar uma criança a regular as emoções, eles precisam aprender primeiro como controlar com suas próprias.

Talvez algumas dessas coisas lhe pareçam familiares. Talvez você tenha lido um dos muitos livros que existem no mercado dedicados à "parentalidade positiva". Há uma grande quantidade deles, e muitos são campeões de vendas. Porque, logicamente, se pudéssemos escolher, todos nós, pais e mães, preferiríamos gritar menos, repreender menos e, simplesmente, sentir menos raiva. Mas como você vai ser um pai ou uma mãe positivos, digamos, às 17h30 de um dia de semana, depois de ter trabalhado o dia inteiro, ainda com uma tarefa pendente a ser entregue nas três horas seguintes, se seu filho decidir se esparramar no chão do supermercado, aos berros, porque você vai comprar apenas uma caixa de sorvete em vez de duas?

Nesse aspecto, muitos dos livros disponíveis deixam a desejar. Sinto que eles não abordam dois pontos importantes: como reduzir a raiva em relação aos filhos e como disciplinar ou mudar o mau comportamento dos filhos sem usar a raiva. Afinal, depois de controlar a raiva, você ainda precisa ensinar seu filho a demonstrar gratidão por uma maldita caixa de sorvete ou, melhor ainda, a compartilhar o sorvete com a família toda.

Nos próximos capítulos, vou apresentar as ferramentas para lidar com tudo isso, desde os momentos críticos em que as crianças decidem fazer suas pirraças até o próprio mau comportamento habitual e cotidiano dos pais. No fim, aprenderemos estratégias para mudar o comportamento a longo prazo, ao mesmo tempo em que transmitimos valores como respeito e gratidão. Vamos começar explicando como você pode parar de sentir tanta raiva.

CAPÍTULO 9

Como parar de ter raiva do seu filho

Pessoalmente, a abordagem parental de minha preferência, um dia sim e outro também, gira em torno de gritar — ou, mais especificamente, reclamar e *depois* gritar. Às vezes, o episódio termina comigo berrando algo ridiculamente irônico, como "ROSY, PARE DE GRITAR! SIMPLESMENTE *PARE!*".

Portanto, quando cheguei ao Ártico, a parentalidade sem resquício algum de raiva me pareceu um pouco como uma miragem — ou, pensando bem, como a dieta *low carb*. Eu sei que não deveria comer tantos carboidratos e açúcares, mas, quando ninguém está olhando, engulo uma tigela inteira de macarrão. Não é assim que todo mundo faz? Grita com os filhos quando ninguém está olhando?

Não. Nem Sally, nem sua mãe, Maria, tampouco sua irmã, Nellie, nem nenhum dos pais daquela família. Todos eles fazem o método da parentalidade livre da raiva parecer fácil. Uma noite, por exemplo, Sally cuidava de três de seus netos, com idades entre 18 meses e 6 anos, enquanto eu tomava conta de Rosy. A casa estava um caos completo.

A entropia tomava conta de tudo. Um garotinho chamado Caleb é especialmente difícil de lidar. A certa altura, ele chegou até mesmo a tirar sangue do rosto de Sally. Mas ela nunca perde a paciência. Nem uma vez sequer.

Ao vê-la em ação, fico muito impressionada — não só porque ela permanece bastante calma, como também jamais deixa as crianças a desrespeitarem. Ela se vale de outras técnicas para disciplinar e mudar o comportamento delas; técnicas que prescindem do uso dos gritos — e, muitas vezes, dispensam, até mesmo, quaisquer palavras.

Observando as interações entre pais e filhos em Kugaaruk, pela primeira vez na vida vislumbro uma maneira de criar os filhos que não envolve a raiva — nem os gritos. É algo transformador. Em primeiro lugar, percebo como os adultos são descontraídos e calmos. Também constato o profundo impacto que essa calma tem sobre as crianças da casa, Rosy incluída. O resultado é quase imediato. Sob as serenas asas de Sally e Maria, a intrépida Rosy se tranquiliza. Sua angústia diminui. Uma noite, ela se irrita porque quer leite, mas não temos leite na casa. Ela começa a fazer suas pirraças, mas, quando percebe que esse comportamento não provoca nenhuma reação da parte dos adultos que estão na sala, ela se joga no chão qual a Bruxa Malvada do Oeste e grita: "Nãããããão!"

Observar essa mudança em Rosy me faz enxergar minha raiva. Faz com que eu perceba que, quando levanto a voz e a repreendo, eu, na verdade, estou provocando suas pirraças e seus ataques de fúria. Somos pegas em um ciclo de retroalimentação, tão terrível quanto previsível. Começo a gritar; Rosy berra de volta. Eu grito mais ainda e faço algumas ameaças pouco convincentes. Em seguida, ela se joga no chão, esperneando e gritando. Vou até ela para levantá-la e tentar acalmá-la. Mas é tarde demais. Ela está zangada. E, para demonstrar isso, ela pode até me agredir com um tapa ou puxar meu cabelo — o que aumenta ainda mais minha raiva.

O QUE A RAIVA
NOS ENSINA

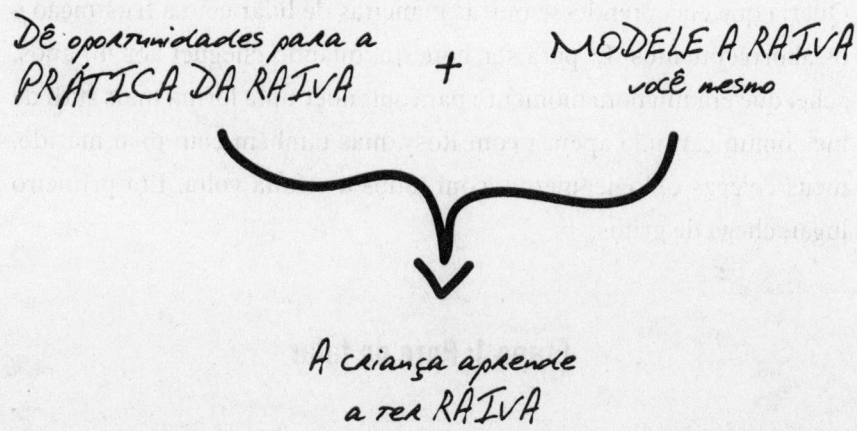

Dê oportunidades para a
PRÁTICA DA RAIVA   +   MODELE A RAIVA
                                  você mesmo

A criança aprende
a ter RAIVA

Contudo, de alguma forma, Sally e Maria jamais caem nessa armadilha emocional que costuma se estabelecer entre os pais e as crianças pequenas — essa contradança da raiva. Elas nunca se envolvem em disputas de poder com as crianças. E, ao longo de todo o tempo que passei com elas, esforcei-me para decifrar a retroengenharia de toda essa dinâmica.

Pelo que posso afirmar, é um processo de duas etapas:

1. Pare de falar. Apenas fique quieto. Não diga nada.

2. Aprenda a ter menos raiva das crianças — ou, até mesmo, nenhuma. (Observação: Não estou falando sobre *controlar* a raiva quando ela surgir, mas, antes de tudo, sobre *gerar menos raiva*).

Superficialmente, essas etapas podem parecer tão suspeitas quanto a armadilha da parentalidade positiva. Mas ouça o que estou dizendo. Claramente, não é um processo fácil. A segunda etapa é especialmente difícil. Mas Deus sabe que, se eu consigo mudar (ou, pelo menos, melhorar bastante), qualquer um consegue. Lembre-se: cresci em um lar terrivelmente irascível. Quando entrei na faculdade, lembro-me de ficar chocada com o silêncio em meu dormitório à noite. Onde estavam todos os gritos e berros? Por que estavam todos tão quietos?

Mas eu não queria que Rosy crescesse em um lar dominado pela raiva. Queria que ela aprendesse outras maneiras de lidar com a frustração e os aborrecimentos. E, para ser honesta, quando cheguei aos 40 anos, achei que era um bom momento para aprender uma forma mais sutil de me comunicar, não apenas com Rosy, mas também com meu marido, meus colegas e, logicamente, com todos à minha volta. Em primeiro lugar, chega de gritos.

Etapa 1: Pare de falar

Levei cerca de três meses para parar de gritar com Rosy e mais três meses para permanecer muda quando estava com raiva. De vez em quando, ainda escorrego e começo a dar ordens, fazer exigências e a repreendê-la. Mas, em geral, aprendi a arte de ficar em silêncio quando Rosy desperta uma onda de raiva e frustração em meu sangue. Eis aqui o que eu faço:

• **Fecho a boca.** Quando Rosy me irrita, sempre pareço entrar em erupção, tal qual um vulcão verborrágico: "Rosemary, por favor, pare com isso", "Por que você está chorando agora?", "O que há de errado?", "Do que você precisa?", "O que você quer?". Todas essas perguntas e afirmações contribuem para o oposto do que pretendo: elas transmitem urgência e estresse. E ainda pioram as pirraças de Rosy. Mesmo quando tento manter a calma, as palavras sempre revelam meu estado emocional.

Mas Sally e Maria parecem fazer sempre o oposto. Todas as vezes que as vejo em uma situação exasperante com uma criança, elas fazem uma pausa, não dizem nada e observam. Elas parecem, praticamente, um terapeuta impassível ouvindo seu quinto paciente excessivamente emotivo do dia. Se por acaso resolvem dizer alguma coisa, as palavras são calmas e ditas em voz baixa. E é uma voz *muito* baixa mesmo. Tão baixa que, se eu não estiver ao lado delas, não consigo ouvir o que estão dizendo. Como exploraremos na próxima seção, manter a serenidade e a calma ajuda a criança a fazer o mesmo. Ao mesmo tempo, de modo inverso, um vulcão verborrágico — mesmo que pareça amigável — simplesmente aumenta o nível de energia e o nível de raiva da criança.

Assim, seguindo o exemplo de Sally e de Maria, mudei minha estratégia. Agora, quando sinto raiva de Rosy, simplesmente fecho a boca. Pressiono os lábios um contra o outro e seguro a língua, ao mesmo tempo que penso: *Fique parada como uma rocha, Michaeleen. Seja uma rocha. Seja uma rocha.* E, então, apenas observo Rosy por um momento. Desse modo, consigo avaliar a situação.

• **Afasto-me.** Nem que seja por poucos segundos, eu simplesmente me afasto. Pode-se sair da sala ou do carro. Andar pela calçada. Atravessar o parque. Ou simplesmente dar as costas para a criança. Maria me revelou essa estratégia, de cara, logo no primeiro dia em que nos encontramos, enquanto conversávamos à mesa de sua cozinha. "Quando sinto a raiva chegando, deixo os filhos ou netos em paz", disse ela. "Eu apenas os deixo em paz."*

A vontade de gritar e falar se dissipará com a ampliação do espaço, e aí então pode-se voltar para ajudar a criança. Como aprenderemos no próximo capítulo, esse distanciamento também pode ajudar a comunicar à criança, de forma serena, que o comportamento dela, naquele

---

* Repare na primeira parte da frase de Maria: *Quando sinto a raiva chegando.* Maria não espera até que a raiva já tenha se instalado para sair da sala. Em vez disso, ela se afasta da situação quando detecta, logo de início, os sinais de raiva. Acredito que um dos meus problemas era que eu costumava ignorar esses primeiros sinais. No momento em que eu agia, a emoção já estava tão intensa que eu não conseguia controlá-la. No entanto, nos últimos tempos, venho prestando mais atenção nos pequenos sinais de frustração ou aborrecimento que precedem a raiva. Lidar com essas emoções mais brandas (por exemplo, saindo da sala) é muito mais fácil do que discutir já sob o domínio da emoção

momento, é inaceitável. Ignorar as crianças é uma poderosa ferramenta para discipliná-las.

Fazer essas duas únicas coisas — ficar quieta e afastar-me — provocou um enorme e imediato impacto em meu relacionamento com Rosy. Logo em seguida, o canal de comunicação entre nós começou a se abrir.

Mas Rosy ainda é capaz de sentir quando estou com raiva. Ela é como um radar emocional; consegue detectar minha emoção antes mesmo que as palavras saiam da minha boca. E, quando finalmente volto a falar com ela (no fim das contas, preciso dizer alguma coisa), muitas vezes recorro a uma ameaça, com os dentes cerrados e os olhos arregalados: "Se você não me escutar, eu vou... jogar fora todos os seus vestidos!" (Sim, eu já fiz essa ameaça ridícula antes. E ameaças ainda mais ridículas do que essa.)

Estava determinada a alcançar o que parecia ser um objetivo impossível: parar ou, ao menos, sentir menos raiva de Rosy.

Se eu não tivesse testemunhado quanto a maneira de Sally e Maria de criar os filhos acalmou profundamente minha filha, talvez eu não estivesse tão motivada a tentar essa estratégia. A verdade é que, antes de passar um tempo com as duas, eu sinceramente acreditava que, para que Rosy aprendesse a ter respeito e gratidão, eu precisava ser firme e forte. E isso implicava repreender e dar broncas. Meus pais haviam me criado assim, e eu pensava que isso era o que todos os bons pais faziam. Não acreditava que uma abordagem delicada e gentil pudesse realmente funcionar. Mas Maria e Sally me convenceram de que não apenas funciona, como também é mais eficaz, especialmente com uma criança como Rosy.

E assim, com uma boa dose de ceticismo, tento fazer o impossível: parar de ficar com tanta raiva de minha filha.

Etapa 2: Aprenda a ter menos raiva — ou, até mesmo, nenhuma

Antes de começarmos, preciso ser direta: não estou falando sobre *reprimir* a raiva, ou deixá-la se desvanecer ou atenuar-se com o tempo. Na verdade, se você se afastar e esperar tempo suficiente, sua raiva acabará indo embora: posso lhe garantir. O problema é que, se tratando de uma criança pequena e vivendo em um pequeno apartamento, tempo e espaço para me afastar são privilégios que muitas vezes não desfruto. Quando Rosy fica irritada, ela me segue pela casa, me encurrala em um canto ou, até mesmo, se agarra à minha perna.

O que pais e mães inuítes me mostraram, em primeiro lugar, é como ter menos raiva, não apenas em relação a Rosy, mas também com relação a todos os pequenos seres humanos — como levar um soco no estômago às sete da manhã de uma criança de 3 anos e não sentir um pingo de raiva.

Como se faz isso? Depois de conversar com mães, pais, avós e avôs, começo a perceber o segredo: eles enxergam as ações dos filhos pequenos de uma maneira diferente da cultura ocidental. Os pais inuítes interpretam as motivações dos filhos de modo completamente diverso. Por exemplo: na cultura ocidental, tendemos a pensar que as crianças estão "nos provocando" ou "testando limites" ou, até mesmo, sendo manipuladoras. Quando Rosy era apenas um bebê, minha irmã mais velha me disse ao telefone: "É incrível como as crianças aprendem a nos manipular tão cedo. Você vai ver só."

Mas e se essa ideia estiver completamente errada? Será que podemos afirmar, realmente, que os bebês e as crianças pequenas nos "manipulam", nos provocam da mesma maneira que os adultos? Não há nenhuma evidência científica que confirme qualquer uma dessas afirmações. Não existem exames cerebrais nos quais o circuito de "manipulação" ganhe destaque quando as crianças pequenas se comportam mal. Não existem estudos psicológicos nos quais crianças de 2 anos "confessem tudo" e admitam, sim, que tudo o que elas desejam é enfurecer a mamãe e o papai.

A verdade é que essas ideias são construções culturais. De certa forma, são lendas que nós, pais ocidentais, contamos a nós mesmos para nos ajudar a transitar por comportamentos que não compreendemos. E, em outras culturas, incluída a dos inuítes, os pais contam outras histórias para si mesmos — aquelas que tornam mais fácil manter a cabeça fria diante de crianças pequenas e ter menos raiva delas. Histórias que fortalecem o relacionamento entre pais e filhos, em vez de desgastá-lo. Histórias que facilitam a criação dos filhos.

Assim, o que aconteceria se nos desfizéssemos do modo de pensar ocidental e adotássemos narrativas melhores para compreender o comportamento das crianças pequenas? Em vez de caracterizá-las como manipuladoras e provocadoras que insistem em nos deixar com raiva, que tal se pensássemos nelas como cidadãs em formação, pouco coerentes, que ainda estão tentando descobrir qual é o comportamento adequado? E se assumíssemos que suas motivações são amáveis e boas, e é apenas sua execução que precisa ser melhor?

Em outras palavras, se pretendo sentir menos raiva de Rosy, preciso mudar a maneira como interpreto suas ações e seu comportamento inadequado.

Repetidamente, os anciãos inuítes sugerem três regras para ajudar os pais a manter a cabeça fria quando a dos filhos começarem a esquentar:

• **Espere que as crianças se comportem mal.** Espere que elas sejam rudes, violentas e autoritárias. Elas farão bagunça e tarefas malfeitas; às vezes, se tornarão insuportáveis. Não leve para o lado pessoal (tampouco pense que você é um pai ou uma mãe ruins). É assim que as crianças são. E é sua função, como pai ou mãe, ensiná-las a se comportar de maneira aceitável e a controlar suas emoções.

Se a criança não consegue atender às expectativas naquele momento, tente mudar o ambiente, não a criança.

Estou sentada em um nicho reservado no único restaurante de Kugaaruk, tomando um café da tarde com Dolorosa Nartok. Ela está me explicando como sua família, quando ela era pequena, mantinha seu iglu aquecido com uma lamparina a óleo de foca, enquanto Rosy se esforça ao máximo para impedir a entrevista, agarrando o microfone e balançando o fio como se fosse uma corda de pular.

Dolorosa consegue perceber quanto vou ficando contrariada. Imploro a Rosy para ela parar: "Rosy, por favor, pare de pegar o microfone. Quantas vezes preciso pedir? Por que você não escuta?"

Dolorosa olha para mim com uma leve expressão de pena e simplesmente diz: "Se uma criança pequena não escuta, é porque ela é pequena demais para entender. Ela não está pronta para a lição."

Foi uma lição da qual nunca mais me esquecerei. Dolorosa prossegue, explicando como os pais inuítes encaram o mau comportamento das crianças pequenas: "As crianças ainda não têm esse grau de compreensão. Elas não entendem o que é certo e o que é errado, o que é o respeito, como ouvir. Os pais devem ensiná-las."

Essa perspectiva é análoga ao modo como os pais ocidentais pensam a leitura ou a aritmética. Rosy, por exemplo, aos 3 anos, é muito jovem para entender que 2 + 2 = 4. Se ela responder 5 ou 6, eu nunca ficaria brava com ela, porque não espero que ela compreenda aritmética. Espero ter de ensiná-la, em algum momento. E se ela for muito jovem para entender um conceito, eu não perderia a paciência nem ficaria frustrada, mas esperaria e tentaria novamente mais tarde. Os pais inuítes adotam uma abordagem semelhante para ensinar habilidades emocionais a crianças pequenas.

Nos Estados Unidos, as habilidades emocionais das crianças são superestimadas. É esperado que elas, desde muito novas — até mesmo quando têm entre 18 meses e 2 anos —, apresentem funções executivas bem desenvolvidas e entendam conceitos emocionais sofisticados, como respeito, generosidade e autocontrole. E quando as crianças não demonstram essas qualidades, os adultos ficam frustrados e perdem a paciência com elas.

Muitos pais inuítes veem os filhos a partir de uma perspectiva oposta. Eles *esperam* que as crianças apresentem funções executivas insuficientes e controle emocional deficitário, e consideram que é função deles ensinar tais habilidades às crianças. Basicamente, quando uma criança não escuta ou não se comporta, a razão é simples: ela ainda não aprendeu aquela habilidade específica. E, talvez, ainda não esteja preparada para aprendê-la. Portanto, não há motivo para os pais ficarem chateados ou com raiva.

Antropólogos documentaram essa mesma filosofia parental em comunidades ao redor do Círculo Polar Ártico. Portanto, é bem provável que a ideia seja antiga, remontando há, pelo menos, mil anos, antes mesmo de os inuítes migrarem para o que hoje é o norte do Canadá. Em *Never in Anger*, Jean Briggs escreve:

> *Os utkus [inuítes] esperam que as crianças pequenas se irritem (urulu, qiquq, ningaq) (...) e chorem facilmente quando contrariadas (huqu), porque elas não têm ihuma: nenhuma consciência, reflexão, razão ou compreensão. Os adultos dizem que não ficam preocupados (huqu, naklik) com os medos irracionais e as fúrias de um menor, porque sabem que não há nada de realmente errado (...) Pelo fato de as crianças serem seres irracionais, incapazes de compreender que suas angústias são ilusórias, as pessoas se esforçam para tranquilizá-las. (...)*
>
> *Na visão dos utkus, crescer é, em grande parte, um processo de aquisição de ihuma, uma vez que é principalmente o seu uso que distingue o comportamento adulto e maduro daquele de uma criança, de um idiota, de uma pessoa muito doente ou louca.*

A cerca de 2.400 quilômetros a leste dos utkus, o antropólogo Richard Condon fez uma observação semelhante, enquanto estava entre os inuítes, na pequena ilha de Ulukhaktok, nos Territórios do Noroeste, Canadá. Ele escreveu:

> *As crianças são consideradas extremamente autoritárias. Como ainda não incorporaram as normas culturalmente valorizadas de paciência, generosidade e autocontenção, elas, muitas vezes, fazem exigências excessivas aos outros e ficam muito chateadas se não forem prontamente atendidas. As crianças também são vistas como excessivamente agressivas, mesquinhas e exibicionistas — comportamentos considerados antitéticos perante as normas comportamentais ideais.*

E, por isso, não há razão para ficar com raiva quando uma criança pequena é rude, grita no seu rosto ou tenta esmurrar você. Não se trata de um reflexo das habilidades dos pais, e sim da própria natureza das crianças.

• **Pare de discutir com crianças pequenas.** Sidonie Nirlungayuk, aos 74 anos, coloca isso de forma bastante eloquente: "Mesmo quando uma criança o maltrata, você não deve revidar", diz ela. "Apenas deixe esse assunto para lá. Não importando o que houver de errado, (...) no fim, o comportamento vai melhorar."

Vários anciãos me dão conselhos semelhantes durante as entrevistas. Mas é Elizabeth Tegumiar quem me ajuda a entender quanto os pais levam essa ideia a sério. Rosy e eu conhecemos Elizabeth em nossa primeira noite em Kugaaruk, no restaurante do hotel em que ela trabalha como cozinheira. Depois de jantarmos, ela veio até nossa mesa com um avental amarelo amarrado na cintura e nas mãos um grande prato de batatas fritas extras para Rosy. Elizabeth tem uma compleição frágil e um rosto liso e sem rugas, o que torna difícil adivinhar sua idade, mas acredito que ela esteja na casa dos 40 anos. Seus cabelos castanho-avermelhados são curtos, os olhos, acinzentados, e normalmente ela veste uma calça preta e um agasalho cinza, ambos de moletom.

Imediatamente, Elizabeth se interessou pelo meu trabalho, e começamos uma conversa sobre parentalidade. Quando lhe contei sobre as práticas comuns nos Estados Unidos, ela franziu os lábios e arregalou os olhos em descrença.

Elizabeth nasceu e foi criada "em plena terra", como ela mesma diz, com um profundo conhecimento da cultura, da história e da forma como os inuítes criam os filhos. E ela, generosamente, divide essa sabedoria. Então, pergunto se ela gostaria de trabalhar comigo no projeto. Eu a contrato para marcar entrevistas com anciãos e traduzi-las do inuktitut para o inglês. Seus conselhos foram incrivelmente valiosos, não apenas para meu relato, como também do ponto de vista pessoal, me ajudando a sentir menos raiva de Rosy e a encarar as motivações e ações de minha filha com mais ternura e amor.

Segundo Elizabeth, os inuítes consideram tolice e perda de tempo discutir com crianças, porque elas são seres praticamente incoerentes. Quando um adulto discute com uma criança, o adulto se rebaixa ao nível dela.

"Lembro-me de uma vez que estava discutindo com meu tio. Retruquei seus argumentos, e ele ficou com raiva", lembra ela. A discussão era um acontecimento tão raro que ficou gravada em sua memória por quarenta anos. "Meu pai e minhas tias simplesmente riram dele, porque ele estava discutindo com uma criança."

Durante minhas três visitas ao Ártico, jamais testemunhei um pai ou uma mãe discutindo com um filho. Nunca assisti a uma disputa de poder, reclamações ou negociações. Nunca. O mesmo é válido para o Yucatán e a Tanzânia. Os pais, simplesmente, não discutem com os filhos. Eles apenas fazem um pedido e esperam, em silêncio, que a criança obedeça. E se ela se recusar, os pais podem fazer algum comentário, afastar-se ou voltar a atenção para outro lugar.*

Você também pode fazer o mesmo. Da próxima vez que se vir reclamando, negociando ou trocando acusações com seu filho, pare. Feche a boca. Feche os olhos, se precisar. Espere um pouco. Coloque delicadamente as mãos sobre os ombros da criança e se afaste. Ou use uma das ferramentas discutidas no próximo capítulo. Mas não discuta. Jamais. *Isso nunca vai acabar bem.***

Certo, agora temos duas regras para reduzir nossa raiva em relação aos filhos: espere que eles se comportem mal e nunca discuta. E quanto à terceira? Bem, ela é um elemento primordial da abordagem universal da criação de filhos.

---

* Lembra-se de Teresa preparando seus quatro filhos para a escola? Enquanto Ernesto não encontrava seus sapatos, em nenhum momento ela transformou o pedido em uma discussão. Ela esperava cerca de cinco minutos e pedia novamente, com calma.

** Pense bem: toda vez que você negocia com uma criança, você está treinando-a, na verdade, para negociar com você. Lembre-se do primeiro ingrediente necessário para transmitir um valor ou uma característica: a prática.

EQUIPE 2

Encoraje; jamais force

Forçar as crianças nunca vai adiantar. Converse com elas sobre os erros que tiverem cometido, honestamente. No fim, elas aprenderão.
— Theresa Sikkuark, 71 anos, de Kugaaruk

Ao entrevistar os pais para preparar este livro, escutei várias vezes o mesmo conselho. Não apenas de mães, pais, avós e avôs, como também, repetidamente, de psicólogos e antropólogos que estudam comunidades de caçadores-coletores em todo o mundo.

Esse conselho, em teoria, parece muito simples e fácil. Mas, meus amigos, considero-o muito difícil de ser verdadeiramente implementado. Ele vai contra todos os princípios da criação de filhos incorporados em mim.

E qual seria a grande ideia? Jamais forçar uma criança a fazer algo.

Em vez de forçar, você *encoraja*. E o E da expressão parentalidade em EQUIPE significa "encorajamento".

Em muitas culturas de caçadores-coletores, os pais dificilmente repreendem ou punem uma criança. É raro insistirem que uma criança obedeça a um pedido ou se comporte de determinada maneira. Eles acreditam que tentar controlar uma criança impede seu desenvolvimento e, simplesmente, gera estresse no relacionamento entre pais e filhos.

Essa ideia é tão prevalente entre as culturas de caçadores-coletores ao redor do mundo que há poucas dúvidas de que seja uma maneira antiga de tratar as crianças. Se pudéssemos voltar no tempo e entrevistar pais e mães há cinquenta mil anos, (muito) provavelmente ouviríamos o mesmo conselho.

Forçar as crianças a fazer alguma coisa acarreta três problemas: primeiro, mina sua motivação intrínseca — ou seja, corrói o impulso natural das crianças de realizar voluntariamente uma tarefa (ver Capítulo 6). Em segundo lugar, pode prejudicar o relacionamento com seu filho. Quando você força uma criança a fazer algo, corre o risco de começar a brigar e provocar raiva em ambos os lados e, pior, erguer muros entre eles. Terceiro, você elimina a oportunidade de a criança aprender e tomar decisões por conta própria.

A mãe de Sally, Maria, resume essa ideia com eloquência durante um chá da tarde em sua cozinha. "A parentalidade é uma via de mão dupla", diz ela. Os adultos não gostam de ser forçados a fazer algo ou a agir de determinada maneira; as crianças compartilham a mesma sensação. "Quando você força as crianças a fazer as coisas, elas crescem irritadiças e furiosas. Elas não terão respeito pelos pais e pelos mais velhos", afirma Maria.

Mas se você tratar seu filho como um pequeno adulto e conversar com ele calmamente e com respeito, ele fará o mesmo com você — no devido tempo.

"Você também fala com as crianças pequenas e os bebês desse jeito?", pergunto.

"Sim, inclusive com os pequenininhos", responde ela.

Os pais maias possuem uma filosofia semelhante, diz a psicóloga Lucia Alcalá. "Segundo eles, 'não se pode forçar os filhos a fazer algo. Podemos orientá-los e ajudá-los a perceber por que é importante eles fazerem e aprenderem algo. Mas não podemos impor o aprendizado'", afirma Lucia. Forçar as crianças não apenas cria conflitos, como também quebra a coesão geral da família. "Ninguém quer se tornar inimigo dos próprios filhos", acrescenta ela.

Aha, penso, enquanto Lucia fala. *Então isso explica por que Rosy e eu nos tornamos inimigas. Eu forço Rosy a fazer coisas o tempo todo.* Eu a forço a levar seu prato para a cozinha; eu a forço a parar de gritar na hora de dormir; eu a forço a comer feijão-verde. A escovar os dentes. A segurar minha mão quando atravessamos a rua. A parar de bater no cachorro. Eu forço até as palavras que saem de sua boca ("Diga 'obrigada'!").

E, com o tempo, essa necessidade de controlá-la gerou ressentimento e conflitos entre nós.

Logicamente, não forçar as crianças não significa lavar as mãos e desistir de moldar seu comportamento. De modo algum! (ainda preciso que Rosy faça muitas coisas, como escovar os dentes, ajudar a arrumar as coisas após o jantar e respeitar a mim e ao pai dela). Mas significa que não se deve usar o controle e a punição para que as tarefas sejam cumpridas. Somos mais habilidosos e cheios de nuances do que isso.

Em todo o mundo, os pais usam uma série de ferramentas para encorajar os filhos a ouvir, aprender e se comportar de maneira adequada. As ferramentas também mostram às crianças como serem bons membros familiares, respeitosos uns com os outros. Já fomos apresentados a várias dessas ferramentas (motivação de grupo, oportunidades de praticar, reconhecimento das contribuições), e vamos conhecer muitas outras nos próximos capítulos, entre elas, dramatizações, contação de histórias, perguntas, jogo das consequências e toque.

Observe apenas o seguinte: às vezes, o encorajamento e o treinamento levam tempo. Não são soluções rápidas, mas etapas em direção a mudanças profundas que persistirão à medida que a criança for crescendo. Ao longo do caminho, você dará a seu filho um presente que o ajudará por toda a vida — uma sólida função executiva.

Tente isso 4: Aprenda a ter menos raiva de seus filhos

Da próxima vez que uma criança fizer algo capaz de deixá-lo enfurecido ou provocar uma crescente onda de irritação, faça o seguinte:

1. Feche sua boca. Simplesmente não diga nada. Se precisar, feche os olhos.

2. Afaste-se até que a raiva passe.

3. Pense a respeito do mau comportamento de uma perspectiva diferente, ou coloque-o em um contexto diferente. Pense: "Ela não está me provocando. Ela não está me manipulando. Ela é um ser incoerente e irracional que ainda não sabe a maneira correta de se comportar. É minha função ensinar-lhe racionalidade e lógica." (Se esses pensamentos não encontrarem eco, você também pode tentar um caminho diferente e pensar no forte impulso da criança para ajudar. Pense consigo mesmo: "Ela quer ajudar, quer contribuir e trabalhar em conjunto. Mas ela não sabe como fazer isso. Tenho de lhe mostrar o melhor caminho.")

4. Então, com a voz mais calma possível, diga à criança o erro que ela está cometendo ou as consequências de suas ações. Por exemplo, se ela bater no cachorro, tente dizer algo desse gênero: "Ai, isso machuca o cachorro." Ou, se ela bater em você, tente: "Ai, isso me machuca. Ai. Você não quer me machucar."

5. Em seguida, deixe que as coisas se resolvam sozinhas. Apenas deixe rolar. Deixe o mau comportamento passar.

6. Se necessário, use uma das ferramentas parentais descritas no próximo capítulo para encorajar o comportamento adequado.

Resumo dos capítulos 8 e 9:
Como ensinar uma criança a controlar a raiva

Ideias para serem lembradas

Raiva

- A raiva contra uma criança é improdutiva. Ela gera conflito, cria tensão e interrompe a comunicação.

- Quando um pai grita e berra frequentemente com um filho, o filho acabará não escutando mais o pai.
- Pais e filhos podem cair facilmente em um círculo vicioso de raiva, no qual a raiva dos pais gera raiva na criança, o que, por sua vez, desencadeia mais raiva nos pais.
- É possível interromper esse ciclo respondendo à criança com amabilidade e calma.

Controle da raiva

- Muitas vezes, superestimamos a inteligência emocional das crianças.
- O controle da raiva é uma habilidade que as crianças aprendem ao longo do tempo, com a prática e a modelagem.
- Para ajudar uma criança a aprender a controlar a raiva, a melhor coisa que você pode fazer é controlar a sua diante delas.
- Cada vez que gritamos com uma criança, nós a ensinamos a gritar e a agir com raiva quando ela ficar irritada ou tiver um problema. Ela aprende a ficar com raiva e a gritar.
- Cada vez que respondemos com calma e tranquilidade a uma criança irritada, damos a ela a oportunidade de encontrar essa reação em si mesma e de praticar o reequilíbrio.
- Com o tempo, essa prática ensina a criança a controlar suas emoções e a responder aos problemas de maneira serena e produtiva.

Dicas e ferramentas

- Quando sentir raiva de uma criança, fique quieto e espere a raiva passar. Se você falar, ela vai detectar sua raiva. Então, é melhor ficar em silêncio.
- Se você não conseguir controlar sua raiva, afaste-se da criança. Volte quando estiver calmo.

- Aprenda a ter menos raiva das crianças (ou, até mesmo, nenhuma).
  - ↳ **Mude sua forma de interpretar o comportamento das crianças.** Espere que as crianças se comportem mal e causem problemas. Elas não estão querendo provocá-lo nem tentando manipulá-lo: são, simplesmente, seres irracionais que ainda não aprenderam o comportamento adequado. Você precisa ensiná-los (o mau comportamento não significa que você seja um pai ou uma mãe ruins).
  - ↳ **Jamais discuta (nem mesmo negocie) com uma criança.** Discutir dá à criança a prática da discussão, enquanto você mesmo serve de modelo para tal comportamento. Se começar a discutir com uma criança, pare de falar e se afaste.
  - ↳ **Pare de forçar as crianças a fazer as coisas.** Forçar causa conflito, destrói a comunicação e aumenta a raiva (em ambos os lados). Use as ferramentas do próximo capítulo para encorajar o comportamento adequado, em vez de forçá-lo.

CAPÍTULO 10

Introdução às ferramentas para ajudar na criação dos filhos

Livros sobre a criação dos filhos costumam nos aconselhar a não gritar nem repreender, mas não nos dão muitas ferramentas para serem usadas no lugar da raiva. Eles nos dizem para validar os sentimentos da criança (por exemplo, "Agora você ficou zangado de verdade", ou "Nossa, você está tão furioso! Você ficou muito irritado quando seu irmão pegou seu brinquedo"). Mas não nos dizem como *mudar* seu comportamento. Como ajudá-la a ir além da emoção e a resolver o problema que causou sua pirraça ou a discussão em si. Se validarmos constantemente as emoções de uma criança, como ela aprenderá a lidar com as frustrações ou os problemas?

É como se fôssemos carpinteiros, trabalhando incansavelmente para construir uma casa bem estruturada e bonita. E, então, algum "especialista" aparece, rouba a única ferramenta da qual dispomos — um martelo que faz um barulho irritante — e vai embora, sem deixar nada para usarmos. Sem furadeiras, serrotes, nível e parafusos. O que fazer agora?

Durante minhas temporadas em Kugaaruk e em Yucatán, testemunhei mães e pais usarem uma impressionante variedade de ferramentas parentais que não apenas modulam o comportamento das crianças ou as mantêm em segurança — são muito mais sofisticadas que isso. Elas também as ensinam a pensar antes de agir e a lidar com a decepção e a mudança. Em outras palavras, tais ferramentas permitem que as crianças desenvolvam fantásticas habilidades de função executiva.

No início, cometi o erro de interpretar essas ferramentas muito literalmente. Quando transportamos um conceito de uma cultura para outra, podemos alterar seu significado. O que descrevo nestes capítulos funcionará melhor se você adaptá-los para a sua vida — rotina, crianças, família. Uma das ferramentas usa perguntas para ajudar seu filho a pensar sobre o próprio comportamento. As questões específicas que os pais inuítes usavam no Ártico central na década de 1960 ou cinquenta anos depois talvez não sejam as melhores para um pré-adolescente norte-americano na cidade de Nova York nos anos 2020. Seja criativo. Use a imaginação. Observe como seu filho reage, ouça o que ele tem a dizer e adapte as ferramentas para o caso dele.

Por exemplo: para ajudar as crianças pequenas a aprender a ser solidárias com um novo irmãozinho, alguns pais maias explorarão o desejo da criança de ser uma "irmã mais velha" ou o "irmão mais velho" e de cuidar das crianças mais novas. "É o seu irmão mais novo, coitadinho. Ofereça um pouco para ele", dirá o pai ou a mãe, dando a entender que a criança precisa ajudar o irmãozinho.

Mas quando tentei fazer isso com Rosy, vi pouco progresso. Ela me olhava como se eu estivesse falando outra língua. *Bem, isso não funciona*, pensei. Então, um dia eu a vi brincar de "mamãe" com seu ursinho de pelúcia, Einstein. "Einstein, shhh, shhh. Você não precisa chorar, Einstein, pois a mamãe está aqui", disse ela, balançando o urso nos braços como se fosse um bebê.

Naquele instante, percebi que Rosy estava me dizendo como ajudá-la a aprender a compartilhar. Ela não quer ser a irmã grande (na verdade, ela nem conta com um bom modelo para isso). Ela quer ser a mamãe! Então, quando uma criancinha que vestia fraldas saiu cambaleando no parquinho, avançando na direção de Rosy e do seu biscoito, eu disse:

"Coitadinha, ela quer que a *mamãe* dela lhe dê comida. Você é a mamãe, Rosy?" Instantaneamente, vi uma luz se acendendo em sua mente. Seus olhos se arregalaram, sua boca se curvou em um pequeno sorriso e, alguns segundos depois, ela estava compartilhando sua comida.

Apresentarei essas ferramentas em três conjuntos. O primeiro o ajudará com as pirraças nos momentos em que a criança perde o controle de suas emoções, enquanto o segundo é um ótimo recurso para comportamentos inadequados do dia a dia, como choramingar, reclamar e exigir atenção. O terceiro conjunto muda o comportamento no longo prazo, além de transmitir valores fundamentais, e será abordado nos Capítulos 9 e 10.

I: Ferramentas para lidar com as pirraças

Estávamos há alguns dias em Kugaaruk quando, finalmente, comecei a entender como ajudar Rosy durante suas pirraças — e o que fazer para diminuir a intensidade e a frequência desses acessos. Preciso agradecer a uma pessoa por essa sabedoria: a intérprete Elizabeth Tegumiar.

Uma tarde, Elizabeth, Rosy e eu fomos ao supermercado para comprar batatas fritas, carne de peru e biscoitos para o almoço. Enquanto esperávamos na fila para pagar, Rosy avistou uma prateleira de tiaras em tons pastel — cor-de-rosa, azul e amarelo —, enfeitadas com pequenos unicórnios. Imediatamente ela quis o enfeite. "Mas, mamãe, posso levar só uma?"

"Desculpe, Rosy, não precisamos de outra tiara", respondi.

Uma pirraça começa a se armar. "Mas eu quero uma! Eu quero uma!"

Dou início à minha rotina habitual: uma combinação de austeridade, lógica racional e pedidos para que ela pare de choramingar. Enfrento os gritos de Rosy com um arsenal de solicitações destemperadas. A tensão entre nós, como as nuvens de uma tempestade se formando, começa a cintilar raios. A raiva toma conta de minha voz e extravasa pelos olhos. Rosy a detecta e dispara seus relâmpagos, agitando os braços e chorando alto. Ela está perdendo o controle de suas emoções.

Graças a Deus, Elizabeth está por perto. Ela se aproxima de Rosy e faz exatamente o oposto do que estou fazendo: diminui ao mínimo a entropia. Ao invés de se mostrar firme e austera, ela se torna doce, terna e calma. Muito calma! Sua expressão facial é suave; seu corpo está relaxado. Seus movimentos são discretos e gentis. No começo, fica em silêncio. Ela espera alguns segundos. Então, se dirige a Rosy com a voz mais tranquila e amorosa que eu já a ouvi usar. Suas palavras são lentas e calculadas. E ela não fala muito. Simplesmente enfrenta a tormenta com ternura, como se estivesse transformando o céu revolto em uma noite aveludada. Rosy está enfeitiçada. A gritaria para — imediatamente. Então, ela se vira para Elizabeth e diz em sua doce voz: "*Iqutaq*" (a palavra para "zangão", em inuktitut).

Ferramenta #1: Exerça a parentalidade com a calma

Se você conseguir dominar apenas um conceito deste livro, espero que tente este aqui. É difícil, mas, eu prometo, vale a pena.

Em muitas culturas ao redor do mundo, os pais acreditam que uma de suas principais responsabilidades é ajudar os filhos a aprender como se acalmar — ensiná-los a reagir às frustrações do dia a dia com autoconfiança e compostura. E eles levam essa responsabilidade tão a sério quanto a de ensinar uma criança a ter outras habilidades, como ler, fazer contas ou comer alimentos saudáveis.

"Meu conselho para a nova geração é jamais deixar as crianças chorarem muito. Tentem acalmá-las", diz para mim Maria Kukkuvak, sentada à mesa de sua cozinha. "Pais e avós precisam acalmar as crianças."

E a melhor maneira de fazer isso — quer se trate de choros, gritos, quer de demandas intermináveis — é o adulto interagir com a criança com a maior calma possível. Na verdade, estamos falando de um nível de calma que raramente observamos na cultura ocidental. Pense na calma de quem está deitado de bruços em uma mesa de massagem. Ou na maneira como você se sente depois de tomar um banho longo e morno. Pense em seu primeiro dia de férias sem absolutamente nada para fazer.

Em Kugaaruk, o nível de energia que uma criança traz para uma situação é inversamente proporcional à usada pelos pais para resolvê-la. Se a criança começar a gritar, se debater, chorar ou, até mesmo, agredir, os pais não se apressarão em dar ordens nem dirão à criança para se acalmar. Eles não fazem ameaças ("Se você não parar de gritar...") nem propostas adocicadas ("O que há de errado? Você quer beber alguma coisa? O que você quer?").

COMO A CALMA
NOS ENSINA

Dê oportunidades para a PRÁTICA DA CALMA + MODELE A CALMA você mesmo + RECONHEÇA (bastante, se necessário)

A criança aprende a FICAR CALMA

Em vez de fazer isso, os pais *mostram* aos filhos como se acalmarem mantendo, eles mesmos, a calma.

Sempre que as crianças estão irritadas, chorando e gritando, os pais dizem pouquíssimas palavras (elas são estimulantes), mal se mexem (o movimento é estimulante) e mal revelam suas emoções (novamente, a emoção é estimulante). Não há medo ou incerteza em sua atitude; eles têm confiança em si mesmos. Na verdade, eles se aproximam da criança da mesma forma que estendemos a mão para uma borboleta sobre nossos ombros: com gentileza. Lenta e suavemente.

A antropóloga Jean Briggs documentou esse estilo de parentalidade durante a temporada que passou com a família de Allaq e Inuttiaq na década de 1960. "Havia consistência, também, na qualidade calmamente racional das reações dos adultos ao mau comportamento infantil. (...) Quando Saarak [uma menina de 3 anos] bateu no rosto [de sua mãe] com uma colher, ela virou a cabeça e disse calmamente: 'Ela não tem nenhuma razão (*ihuma*)'".

Mais tarde, ela teve de lidar com a chegada de um irmãozinho. E quando sua mãe não permitiu mais que a menina mamasse, abriram-se as portas do inferno, de onde saiu uma "tempestade de choros e bofetadas". Sua mãe não a repreendeu; ao contrário: respondeu com uma "voz terna", quase inacreditável para Jean. "Nunca imaginei que a crise [de ser destronada por um irmão], quando viesse, pudesse ser tratada com a delicadeza com que foi tratada."

Por que essa estratégia é tão eficaz? É muito simples: as emoções das crianças — e o nível de energia — espelham as de seus pais, diz a psicoterapeuta infantil Tina Payne Bryson, coautora de dois *best-sellers*, segundo o *New York Times*, sobre criação de filhos.

"As emoções são contagiosas", afirma Tina. O cérebro humano contém neurônios e circuitos cujo único propósito é espelhar as emoções de outras pessoas. "Temos uma espécie de circuito de ressonância social em nosso cérebro que é ativado quando interagimos com outras pessoas."

Portanto, se você deseja que seu filho viva tempestuosamente, então se expresse, você mesmo, por meio de raios e trovões. Dispare uma série de perguntas para a criança. Dê-lhe instruções. Peça muitas coisas. Fale com ela de forma rápida, enfática e com urgência. Aumente o tom de voz. Repita a solicitação. Seja intenso.

Mas se você quiser que seu filho fique calmo, mantenha-se calmo. Fique tranquilo. Quieto. Aja com ternura. Com o tempo, a criança passará a vê-lo como um porto seguro para suas tempestades emocionais.

Não há dúvida quanto a isso: exercer a parentalidade com calma funciona. E aqui está a parte mais incrível: o simples fato de os pais se mostrarem calmos tem uma influência enorme sobre uma criança irritada, e não apenas naquele momento. Com o passar do tempo, a criança aprende a se acalmar sem a ajuda dos pais, diz Tina.

"O que é realmente interessante é que se o indivíduo adquire prática suficiente transitando de um estado de desestabilização e estresse para um de equilíbrio com a ajuda de seus pais, seu cérebro aprende a fazer isso por conta própria", diz ela. "Portanto, tem tudo a ver com o desenvolvimento de habilidades."

Pense naquela velha fórmula: prática + modelagem + reconhecimento = habilidade aprendida.

Por outro lado, quando nos dirigimos a uma criança já em um estado turbulento — falando alto, dando ordens e fazendo perguntas —, provavelmente faremos com que as pirraças se agravem. E poderemos, facilmente, nos deixar enredar no ciclo da raiva — a nossa exacerba a da criança, o que, por sua vez, nos exaspera ainda mais. Ao mesmo tempo, a criança perde a oportunidade de desenvolver a função executiva.

A ferramenta da calma é nossa rota de saída desse círculo vicioso. Ela nos dá uma maneira de não ceder às disputas de poder. Quando reagimos às explosões emocionais de uma criança com calma e tranquilidade, ela tem a oportunidade de encontrar a resposta em si mesma e de praticar a calma.

CICLO DA RAIVA

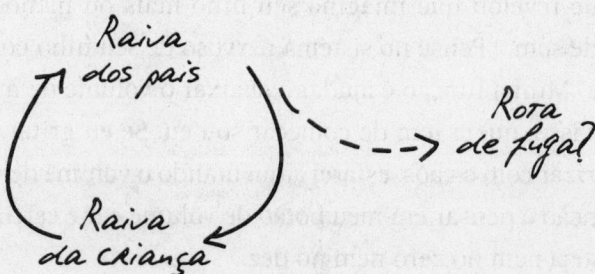

Raiva dos pais

Rota de fuga?

Raiva da criança

Nas palavras de Tina: "Precisamos *modelar* a calma. Temos de regular nossos estados internos antes de esperar que nossos filhos aprendam a regular os deles."

Criando Rosy

E então, mamãe Doucleff, como você encontra sua paz interior quando sua filha pequena age como uma maníaca furiosa? Como você se torna a pessoa mais calma que jamais conseguiu ser quando sua filha de 3 anos lhe dá um tapa no rosto? Certamente não tem sido fácil. E foram necessários meses de prática. No entanto, quanto mais eu me mantenho milagrosamente firme e permaneço calma enquanto Rosy perde a paciência, mais e mais fácil se torna. E cada vez mais apreciamos estar juntas.

Pessoalmente, uso imagens sensoriais para manter a calma. Imagino que estou em um daqueles spas de hotéis chiques, recebendo uma massagem. Fecho os olhos e consigo ver o espaço. Estou em uma sala mal iluminada, com as paredes pintadas de lilás. Sinos nepaleses tocam uma canção tranquila e o perfume de lavanda paira no ar. Aaaah.

Se a imaginação não funcionar, começo a cantarolar "Edelweiss" e sintonizar minha Julie Andrews interior. Descubra o que funciona para você, o estado em que você fica mais calmo e imperturbável. Aquele no qual você pode levar uma esguichada de água no rosto e, simplesmente, dar uma risadinha como resposta. Coloque esse *alter ego* para fora sempre que seu filho ficar irritado. Meu marido desenvolveu um truque: "Eu apenas finjo que estou levemente chapado."

Tina me revelou que imagina seu filho mais ou menos como um aparelho de som. "Pense no sistema nervoso de seu filho como o botão de volume. Minha função é ajudar a abaixar o volume de meu filho. E, para fazer isso, quem tem de começar sou eu. Se eu gritar com ele ou me solidarizar com o caos, estarei aumentando o volume dele. Portanto, minha função é pensar em meu botão de volume e me certificar de que ele não esteja nem no zero nem no dez."

Depois que aprendi a usar essa estratégia, as explosões e as pirraças de Rosy começaram a ser menos frequentes e intensas. As tempestades emocionais têm acontecido menos e, quando surgem, dissipam-se mais rápido. No fim, após alguns meses, elas praticamente desapareceram por completo. Estamos falando de um declínio surpreendente, de inúmeros acessos de raiva por dia para um ou dois ao mês.

A diferença é tão marcante que até minha mãe admitiu que talvez essa abordagem funcione melhor do que as anteriores.

Ferramenta #2: Exerça a parentalidade com o toque ou o arremesso (fisicalidade)

Durante nossa segunda noite na casa de Maria, um de seus bisnetos colocou à prova sua maneira de criar os filhos. Caleb, de 18 meses, é um demoniozinho: inteligente, curioso, forte e destemido. Ele adentra a sala e, imediatamente, começa a subir nas cadeiras e mesas. Puxa o Xbox da mesa. Logo depois, vai até Missy e agarra o rabo da cachorrinha.

Sally pega Caleb no colo, e o garotinho agarra as bochechas dela com tanta força que chega a tirar sangue. Pequenas gotas vermelhas surgem no rosto de Sally. Vejo que ela está sentindo dor. Ela cerra os dentes. Seus olhos se apertam. Espero o grito, mas ela permanece calma e, lentamente, afasta os dedinhos curtos e rechonchudos de sua pele. Ela diz, com uma amabilidade incrível: "Você não percebe que isso dói, não é?"

E, então, ela usa a ferramenta da fisicalidade.

Lentamente, ela vira Caleb de bruços e, de forma gentil, dá uma palmadinha em suas nádegas algumas vezes, como se estivesse dando um tapinha em um corte de alcatra antes de assá-lo. "Ai, isso me machuca", diz ela, com a mesma voz doce e calma. "Nós não machucamos as pessoas." Em seguida, ela o faz planar em círculos pelo ar, como se fosse um avião. Caleb dá uma risadinha. Sua vontade de arranhá-la desapareceu. Sua raiva se evaporou. E Sally, por meio da fisicalidade, o acalmou — ao mesmo tempo em que lhe mostrou quem é mais forte e mais carinhoso (também conhecido como "quem é que manda").

Poucos dias depois, acontece um incidente semelhante entre mim e Rosy. Estou tentando entrevistar um ancião, enquanto Elizabeth serve de intérprete em nosso encontro. Rosy quer que voltemos para a casa de Maria. Mas preciso terminar a entrevista. Rosy e eu começamos a discutir. Ela me bate, e Elizabeth percebe que uma cena de pirraça está prestes a acontecer. Elizabeth se vira para mim e diz, com uma urgência incomum: "Embrulhe-a, Michaeleen! Basta embrulhá-la." Ou seja, ela sugere que eu a coloque nas minhas costas, dentro do cestinho de bebê

— ou do "embrulho". *Sério?*, penso eu. *Isso vai interromper a pirraça? Ela tem 3 anos e meio, ela não é um bebê.*

"Rosy não está muito velha para o cestinho de bebê?", pergunto.

"Algumas mães embrulham seus filhos até os 4 ou 5 anos, se a criança precisar — e se não houver outro bebê", diz Elizabeth, acrescentando que eu não deveria ter vergonha de usar esse recurso. Se carregar a criança nas costas a ajuda a se acalmar, então está bem. "Cada criança é diferente. Algumas demoram mais para aprender a se acalmar."

E, assim, prendo o cestinho de bebê nas costas e chamo Rosy. Como era inevitável, o diabinho pula dentro do "embrulho" sem hesitação. Imediatamente, ela para de gritar e de chorar. Depois de alguns minutos, olho por cima do ombro: adormecida, Rosy parece um anjo.

Em ambos os casos, a fisicalidade — tocar, segurar, rodopiar no ar — ajudou Caleb e Rosy a superar a raiva e a se acalmar. No caso de Caleb, Sally usou um tipo de fisicalidade de alta intensidade, o que reduziu a tensão crescente entre os dois, ao mesmo tempo que distraía o menino de seu comportamento destrutivo. No caso de Rosy, usei um tipo de fisicalidade de baixa intensidade, que acalmou seu sistema nervoso e reduziu seu nível de energia.

A fisicalidade é um pouco como um canivete do Exército suíço. Ela oferece várias ferramentas em uma. Pode-se tocar suavemente o braço de uma criança ou esfregar suas costas para impedir uma pirraça iminente, ou pode-se colocá-la sobre os joelhos e brincar de cavalinho sempre que uma tempestade começar a se formar. A fisicalidade também pode estar em algum ponto entre as duas extremidades do espectro. Podem-se dar vários beijos inuítes ou *kuniks* (isto é, cheiradas da pele) na bochecha de uma criança, fazer cócegas embaixo do braço, assoprar a barriga. De qualquer forma, a ferramenta física é uma maneira de mostrar a uma criança que ela está segura e é amada, e que há uma pessoa mais calma — e mais forte — cuidando dela.

"O toque quebra a tensão entre a criança e os pais", diz o psicólogo Larry Cohen, autor de livros sobre criação de filhos, entre eles, *Playful Parenting*. "As crianças têm uma necessidade natural de cooperar. Elas adoram agradar aos pais. E quando isso não acontece é porque elas estão sobrecarregadas de tensão."

Testemunhei uma técnica semelhante sendo aplicada em Rosy quando estivemos na aldeia maia. Sempre que ela começava a perder o controle, as adolescentes a pegavam no colo e começavam a lhe fazer cócegas — debaixo dos braços e na barriga. Às vezes, ela acabava no chão, rindo, e todas se reuniam à sua volta para cobri-la de abraços e beijos. Depois, Rosy saía correndo aos gritos, e eu não tinha certeza se ela gostava daquilo ou não. Mas quando lhe fiz essa pergunta, sua opinião foi cristalina: "Eu adoro, mamãe. Eu adoro."

De uma perspectiva científica, existem inúmeras razões para exercer a parentalidade através da fisicalidade. O toque ilumina o cérebro de uma criança tal como fogos de artifício. Fazer algazarra libera o fator neurotrófico derivado do cérebro (BDNF, na sigla em inglês), uma substância química que ajuda o cérebro a amadurecer e crescer. Afagos suaves e carinhosos liberam ocitocina, o chamado "hormônio do amor", que sinaliza segurança e carinho para uma criança.

Assim como comer bem e dormir o suficiente, "o contato físico faz bem à sua saúde", escreve a neurocientista Lisa Feldman Barrett, em seu livro *How Emotions Are Made: The Secret Life of the Brain*.

E, para crianças de todas as idades, a fisicalidade é mais eficaz do que dar sermões, repreender ou dar longas explicações. Quando as crianças se irritam, não acessam o lado esquerdo ou lógico do cérebro, diz a psicoterapeuta infantil Tina Payne Bryson. Durante as explosões emocionais, quem domina é o lado direito do cérebro — e ele está relacionado à comunicação não verbal, escreveram Tina e seu colega Dan Siegel, em *The Whole-Brain Child*. "O hemisfério direito se preocupa com o panorama geral — o significado e a sensação de uma experiência — e é especializado em imagens, emoções e memórias pessoais." E, assim, quando abraçamos calmamente uma criança de 2 anos que está gritando, ou tocamos delicadamente o ombro de uma criança mais velha que chora, falamos diretamente à parte mais acessível do cérebro dela e nos comunicamos de forma mais eficaz com essa criança.

Sob vários aspectos, as crianças são programadas para aprender a regulação emocional por meio da fisicalidade e não por meio da instrução verbal. "Em nossa sociedade, somos treinados a resolver as coisas usando palavras e lógica. Mas quando seu filho de 4 anos estiver absolutamente furioso por não conseguir andar no teto como o Homem-Aranha (era esse o caso do filho de Tina), provavelmente não será o melhor momento para lhe dar uma aula introdutória sobre as leis da física", escreve a dupla.

Criando Rosy

Com Rosy, a fisicalidade é bastante útil, não apenas para interromper os episódios de pirraça, como também para preveni-los. Quando sinto a raiva crescendo e não pretendo levantar a voz, eu a pego no colo de uma maneira divertida: viro-a de cabeça para baixo ou a balanço em meus braços como se fosse um bebê. "Você é meu bebezinho?", pergunto. Ou começo a fazer cócegas em sua barriga. Minha raiva desaparece quase imediatamente. E sua pirraça derrete tal qual manteiga em uma panela quente. Ela vai do choro ao riso, ou do grito à gargalhada, em um piscar de olhos. "Mais cócegas, mamãe! Mais cócegas!", exclama ela.

Hoje de manhã, enquanto nos preparávamos para sair de casa para ir à escola, as coisas começaram a sair do controle. Não conseguimos encontrar seus sapatos. E seu capacete de bicicleta. Sua garrafa especial para água desaparecera ("Eu preciso muito dela, mãe!"). As tensões aumentam. E Rosy consegue perceber que estou ficando irritada. Como resposta, ela grita: "Agora estou ficando com raiva!" Estou prestes a gritar, mas sei que isso só vai piorar as coisas. Então, fecho os olhos e imagino a sala de massagem lilás. Sinto o odor de lavanda, ouço os sinos. Então, penso em Sally e no que ela faria com Caleb em um momento como esse. Eu me ajoelho perto de Rosy e digo, o mais gentilmente possível: "Eu não quero ver nós duas com raiva." E então finjo ser o Come-Come mordendo seu braço: "Nom, nom, nom!" Puf! A tensão se rompe e ela começa a dar risadas. Saímos, ambas rindo.

Ferramenta #3: Exerça a parentalidade com a admiração

Uma noite, Elizabeth, Rosy e eu estávamos voltando para a casa de Maria, por volta das dez da noite. Sobre nossa cabeça, o céu estava majestoso: o sol pairando baixo sobre a baía, iluminando faixas de nuvens que brilhavam em tons de rosa e roxo.

Havíamos trabalhado o dia todo, e Rosy estava mal-humorada por conta do cansaço. Ela se senta na estrada e começa a choramingar. Eu a ignoro. Então, ela começa a chorar e a gritar. Elizabeth caminha até ela, se ajoelha e diz, com o mais brilhante deslumbramento na voz: "Olhe só que lindo o pôr do sol. Você está vendo aquele cor-de-rosa? Aquele roxo?"

Rosy olha para Elizabeth com desconfiança. Ela franze a testa. Mas não consegue resistir à doçura de Elizabeth — nem ao entardecer. Rosy se vira para olhar o céu. E toda a sua expressão muda. Seus olhos recuperam a suavidade. O choro para. E ela se levanta e começa a andar.

Ocorreu-me que Elizabeth acabara de fazer o mesmo que outras mães inuítes em Kugaaruk. Elas recorrem a uma ferramenta psicológica incrivelmente sofisticada, aplicada em crianças de 1 a 16 anos: como substituir a raiva pela admiração.

Cerca de um ano antes de nossa viagem ao norte, fiz uma matéria sobre como os adultos poderiam controlar a própria raiva. Durante uma entrevista, a neurocientista Lisa Feldman Barrett me deu um dos melhores conselhos de todos os tempos: "Talvez eles pudessem tentar cultivar a admiração", disse ela.

Cultivar o quê?

"A admiração. Da próxima vez que você estiver caminhando ao ar livre, pare um momento e encontre uma rachadura na calçada onde haja uma plantinha nascendo e tente criar a sensação de admiração — admiração pelo poder da natureza. Pratique esse sentimento de vez em quando, ao avistar uma borboleta ou ao ver uma flor particularmente adorável. Ou as nuvens no céu", ensinou.

Lisa esclareceu como emprega essa técnica no dia a dia. "Quando estou em uma videochamada com alguém na China, posso me irritar com a precariedade da conexão. Mas também posso ficar maravilhada com o fato de, mesmo do outro lado do mundo, poder ver o rosto e ouvir a voz da outra pessoa e me sentir grata."

Na opinião de Lisa, as emoções se comportam um pouco como os músculos. Se não usarmos, se atrofiam. E quanto mais flexionamos alguns músculos específicos, mais fortes eles se tornam. Portanto, quanto mais sentirmos admiração (flexionarmos esse músculo neural em nosso cérebro), mais fácil se tornará acessar tal emoção no futuro. Quando começarmos a sentir uma emoção improdutiva, como a raiva, será muito mais fácil trocarmos esse sentimento negativo por um positivo, como a admiração. Quando sentirmos tédio, poderemos trocá-lo por gratidão.

Sob o entardecer púrpura, é exatamente isso que Elizabeth faz com Rosy. E vejo a mãe de Sally, Maria, fazer isso muitas vezes com seu bisneto Caleb. Durante a temporada que passamos com eles, sempre que o menino chorava ou choramingava, Maria o levava até uma janela para lhe mostrar a bela baía. Ao fazer isso, ela lembrava à criança algo maravilhoso em sua vida, algo pelo qual o menino deveria se sentir grato, algo maior do que ele. E esse redirecionamento do olhar sempre o acalmava.

"Pode parecer piegas, mas garanto que se você exercitar a admiração, a prática a ajudará a reprogramar o cérebro. Desse modo, conseguirá acessar essa emoção [a admiração ou a gratidão] muito mais facilmente no futuro", disse Lisa.

Tal prática é especialmente importante no caso das crianças, pois o cérebro delas é maleável e "está à espera de que o mundo lhes forneça as instruções de conexão", afirma ela.

Assim, a ferramenta de admiração não apenas ajuda a interromper os episódios de pirraça momentâneos, como também a reduzi-los no futuro.

Ferramenta #4: Leve a criança para fora

Hesitei em incluir esta ferramenta, porque parece um pouco inconsistente. Mas, desde nosso retorno a São Francisco, essa estratégia simples tem sido tão útil para ajudar Rosy a aprender a se acalmar que preciso mencioná-la. É uma ótima ideia tê-la na manga para quando você também estiver em público. É fácil, quase sempre funciona e mães de várias culturas já sugeriram seu uso.

A primeira pessoa que me falou sobre isso foi Suzanne Gaskins. "Quando o filho exige mais do que seu nível de compreensão poderia supor, os pais maias o mandam para fora de casa", contou-me ela. Essa ação informa à criança que seu comportamento — ou demanda — não é aceitável, nem adequado à idade ou ao nível de maturidade dela. "É um incentivo, significando que ela precisa melhorar seu jogo de responsabilidade social", acrescentou Suzanne.

Ouvi uma ideia semelhante de Dolorosa Nartok, em Kugaaruk. "Quando as crianças são pequenas e perdem o controle, é porque estão dentro de casa ou no iglu há muito tempo", diz ela. "É só deixá-las do lado de fora por alguns minutos."

Dolorosa aprendeu a técnica com a sogra. "As crianças tornam-se mal-humoradas quando ficam dentro de casa por muito tempo", afirma. "Por isso, embrulhe-as [isto é, coloque-as em um cestinho de bebê], saia de casa e caminhe um pouco."

A ferramenta é tão simples quanto parece: quando uma criança está fazendo pirraça, calmamente você a pega no colo e a leva para o quintal, observando-a depois de uma janela, como um pai ou uma mãe maia fariam. Pode, ainda, pôr a criança em um *sling*, como sugeriu Dolorosa, e dar uma volta. Se você mora em uma cidade grande sem muitos espaços ao ar livre, como nós, segure seu filho em seus braços em sua minúscula varanda e fique em silêncio. Se você *tiver* de dizer algo, tente algo como "Você está segura. Eu te amo". Quando a criança começar a se acalmar, diga algo como "Podemos voltar lá para dentro quando você se acalmar um pouco mais".

Com o tempo, não será mais possível erguer e levar seu filho para fora com tanta facilidade. Pela minha experiência, Rosy não quer mais que eu a pegue no colo quando ela fica irritada. Então, em vez de fazer isso, eu gentilmente seguro sua mãozinha e a levo para fora. Se precisar dizer-lhe algo, será "Vamos tomar um pouco de ar fresco. Você se sentirá melhor em alguns minutos". Mas, em geral, nenhuma palavra é necessária. Um gesto calmo e gentil já terá sido suficiente.

Ferramenta # 5: Ignore

Em muitas culturas ao redor do mundo, os pais ignoram as pirraças. Os estudos antropológicos estão repletos de exemplos de crianças pequenas que golpeiam os pais, e os adultos presentes reagem, simplesmente, fingindo que a criança não está lá.

Mas muitos pais e mães inuítes adotam uma abordagem mais matizada. Às vezes, eles esperam um pouco antes de reagir a uma pirraça, para ver se a emoção vai embora. Em geral, porém, os pais não permitem que bebês e crianças muito pequenas chorem por muito tempo. Um adulto ou um irmão irão confortá-los, de uma maneira ou de outra. No caso de crianças mais velhas, a questão é diferente. Uma vez que os pais acreditam que uma criança é capaz de se acalmar sozinha, eles podem ignorar suas explosões emocionais — e é o que eles fazem.

Por exemplo, em Kugaaruk, estávamos fora de casa com Elizabeth, e vimos uma menina, com cerca de uns 8 anos, chorando no banco da frente de uma caminhonete, perto de um acampamento de pesca. Elizabeth me contou que os avós haviam deixado a menina sozinha intencionalmente. "Nós ignoramos as pirraças", frisou Elizabeth. Logo depois, a avó da menina explicou o que aconteceu. "Ela [a garotinha] queria parar no aeroporto no caminho até o acampamento, e nós não paramos", revelou a avó, com uma voz pragmática. A avó sabe que a menina é capaz de se acalmar por conta própria, então ela, simplesmente, deixou a neta sozinha para que isso acontecesse.

Com que idade uma criança adquire essa cobiçada habilidade? Isso varia de criança para criança e de situação para situação, mas chegar lá, provavelmente, é mais demorado do que se imagina. Como já mencionei, os norte-americanos tendem a superestimar as habilidades emocionais infantis (e a subestimar as habilidades físicas). A pediatra de Rosy recomendou que eu ignorasse as pirraças de minha filha quando ela estava com apenas 18 meses. Essa estratégia saiu totalmente pela culatra, tornando seus ataques — e nossa vida — muito piores. Rosy ainda não tinha as habilidades para se acalmar por conta própria, e ser deixada sozinha chorando apenas alimentava sua agonia. Ela precisava receber um amor delicado e sereno. Ela precisava de conexão física.

Tenho de lembrar a mim mesma, constantemente, que a aquisição da maturidade emocional não é o prêmio ao fim da corrida (eu, na idade madura de 42 anos, ainda estou buscando-a). No caso das crianças, nunca é demais abraçá-las quando estiverem chateadas, ensiná-las a admiração ou a gratidão quando elas começarem a gritar, ou oferecer-lhes ar fresco e uma paisagem diferente quando a pirraça se aproxima. Você não está cedendo às exigências delas; está usando a pirraça como uma chance de ajudá-las a flexibilizar outros circuitos neurológicos. Interprete esses chiliques infantis como uma oportunidade de a criança *praticar* como acalmar-se, e de você servir de *modelo* para isso — não é o momento, como pai ou mãe, de provar nada.

É o que as mães inuítes sempre me dizem por meio de palavras e ações: poupe as crianças quando elas perderem o controle das emoções. Liberte-se de sua raiva e frustração (pense naquela sala de spa) e substitua-as por empatia e amor. Lembre-se de que elas não possuem as mesmas habilidades emocionais que nós, adultos. Precisamos sempre mostrar como a calma funciona antes de elas conseguirem dominar o conceito.

II: Ferramentas para lidar com o mau comportamento cotidiano

Um grande objetivo da educação entre os inuítes é estimular o pensamento. "As crianças precisam pensar sobre o que estão fazendo. Elas sempre precisam pensar", afirma Theresa Sikkuark, 71 anos. De fato, a palavra para "educação" em um dos dialetos do inuktitut é *isummaksaiyug*, "que significa, mais ou menos, buscar o pensamento, buscar a mente (...) e outras faculdades cognitivas", observou a antropóloga Jean Briggs. "Esse exercício dos processos de pensamento ocorre durante toda a vida de uma criança."

Ao examinarmos o próximo conjunto de ferramentas, começaremos a compreender a importância — e o poder — de estimular o pensamento. Com essas ferramentas, você não está dizendo às crianças o que fazer, mas, sim, dando-lhes as pistas de que precisam para descobrir por conta própria o comportamento adequado. Em outras palavras, você usa essas ferramentas para *encorajar* e orientar, em vez de exigir e forçar.

É possível aplicar esses conceitos para o mau comportamento cotidiano e habitual de crianças de todas as idades, desde as pequenas até adolescentes (também já vi muitas dessas ferramentas fazerem maravilhas com adultos). Talvez a criança não queira sair do parquinho nem ajudar a arrumar a bagunça em uma sala de estar. Talvez ela não queira fazer o dever de casa, parar de bater na irmã mais nova ou mesmo ir para a cama. Em todos esses casos, a criança se recusa a se comportar, mas — ao contrário do que acontece em uma pirraça — suas emoções ainda estão sob controle (ou, pelo menos, parcialmente). Seu "eu" racional e lógico está acordado e aberto a contribuições.

Essas ferramentas cumprem alguns objetivos principais:

1. Funcionam em tempo real, mudando o comportamento imediatamente, e, portanto, podem ajudar a manter as crianças seguras.

2. Elas se baseiam em metas de longo prazo, como ajudar as crianças a aprender valores fundamentais (por exemplo, respeito, gratidão e prestatividade).

3. Ensinam as crianças a pensar.

4. Evitam disputas de poder, discussões e negociações intermináveis — resumidamente, o ciclo da raiva.

Ferramenta diária #1: Aprenda a olhar

Esta ferramenta é tão poderosa que fico animada só de pensar nela.

Você sabia que as crianças podem ler muito bem o rosto dos pais? Isso mesmo: até bebezinhos e crianças pequenas conseguem fazer isso. Portanto, na maioria das vezes, os pais não precisam dizer uma única palavra para mudar o comportamento de uma criança. Nós, simplesmente, temos de lançar um "olhar".

Pegue tudo o que você quiser dizer, cada lampejo de emoção que sente em relação à criança, e transmita tudo pelos olhos, pelo nariz, pela testa franzida — ou por qualquer parte de seu rosto.

No mundo todo, os pais usam todos os tipos de expressão facial para direcionar o comportamento dos filhos. Um olhar bem elaborado pode ser mágico. Podemos fazer uma criança se afastar das barras de chocolate no supermercado, parar de bater no irmão ou encorajá-la a compartilhar seus biscoitos com um amigo no parquinho.

"Minha mãe nos dava uma única olhada, e nosso sangue gelava na hora", disse-me uma amiga.

Os inuítes são absurdamente bons em criar e interpretar expressões faciais. Uma rápida contrição do nariz quer dizer "Não", enquanto um breve levantar das sobrancelhas quer dizer "Sim". (Em Kugaaruk, algumas adolescentes fazem expressões tão sutis com as sobrancelhas e o nariz que, a princípio, eu nem sequer as percebia.)

Mães e pais podem fazer "o olhar" de várias maneiras — com os olhos bem abertos, ou parcialmente fechados, ou, até mesmo, piscando-os. "Quando minha mãe queria que eu interrompesse determinado comportamento, tudo o que ela precisava fazer era piscar, lenta mas firmemente, para mim, e isso era um severo 'Não'", disse a professora Kristi McEwen, cuja mãe pertence a outro grupo nativo do Ártico, chamado yupik.*

"O olhar" tem muitas vantagens sobre as palavras. Ele funciona a distância — no parquinho, na sala de estar, à mesa de jantar. E, pelo fato de ser silencioso, as crianças têm muita dificuldade em "discutir" com o "olhar". Elas não conseguem negociar com um nariz ou um par de olhos como fazem com uma ordem verbal.

---

* Kristi também compartilhou uma maneira interessante que sua mãe usava para apartar as brigas entre primos: "Ela nos colocava em frente a ela e nos dizia para erguer os braços acima da nossa cabeça, enquanto ordenava: 'Não riam.' Logicamente, antes mesmo de nos darmos conta, já estávamos às gargalhadas."

Em minha experiência, "o olhar" se mostra mais eficaz do que dizer "Não" a uma criança, ou, até mesmo, "Não faça isso". Um relance rápido e sereno diz tudo o que é preciso ser dito; ele mostra quem está tranquilo e quem está no comando.

O olhar me salvou de muitos sofrimentos, principalmente durante as compras. Uma tarde, no supermercado, Rosy pegou uma barra gigante de chocolate na prateleira da fila do caixa. Como os pais costumam fazer, meu marido deu uma ordem: "Rosy, você não pode ficar com isso. Coloque de volta." Rosy, determinada a fazer um jogo divertido da situação, sai correndo pelos corredores, com meu marido gritando em seu encalço. Então, decido pôr fim àquela disputa de poder.

Eu me viro para Rosy, cruzo meu olhar com o dela e disparo o "olhar". Torço o nariz como se tivesse acabado de sentir o cheiro de algo fétido no ar, fecho os olhos um pouco e penso comigo mesma, com firmeza: "De jeito nenhum, garota." Adivinhe o que Rosy faz? Ela olha para mim com um sorrisinho no rosto, vai até a prateleira e coloca a barra de chocolate de volta. Ela sabe qual é a coisa certa a fazer. O olhar apenas a fez se lembrar.

Ferramenta diária #2: Exerça a parentalidade com o jogo das consequências

"Conte a eles quais as consequências de seus comportamentos. Diga a verdade", afirma Theresa Sikkuark.

No terceiro dia de nossa estada em Kugaaruk, tive uma grande epifania sobre o exercício da parentalidade, no que diz respeito à maneira como me dirijo a Rosy. Percebi que minha abordagem não é a mais produtiva — e, provavelmente, causa conflitos.

Rosy e eu estávamos passando o dia com Elizabeth, que não apenas serve de intérprete nas entrevistas, como também nos ensina sobre a história e as tradições dos inuítes. Ela nos leva para visitar um acampamento de pesca, a cerca de uma hora de Kugaaruk. No caminho, nos deparamos com uma ponte alta que cruza o *kuuk*. A ponte me apavora:

ela se ergue a doze metros acima do rio, e não há nenhum gradil para evitar que as crianças caiam lá embaixo. Rosy sai correndo em direção à ponte, e começo a gritar: "Espere! Não chegue perto da borda!" Mas antes que eu consiga dizer essas palavras, Elizabeth já alcançou Rosy. Ela pega delicadamente sua mãozinha e diz, serena: "Você poderia cair e se machucar."

E foi aí que me ocorreu o seguinte: Elizabeth e eu temos uma maneira completamente diferente de conversar com Rosy. Minhas ordens, quase sempre, começam com "Não": "Não suba naquela cadeira", "Não derrame o leite", "Não pegue o brinquedo do bebê", "Não, não, não, não...".

Mas, ao que parece, Elizabeth quase nunca usa essa palavra. Ela e muitos pais e mães inuítes que conheci adotam uma abordagem mais produtiva em seus comandos, dizendo aos filhos o que vai acontecer se eles continuarem se comportando mal. Os pais revelam aos filhos as *consequências* de suas ações.

Tomemos, por exemplo, a prática do malabarismo com pedras. Certa tarde, no parquinho, Rosy decide jogar algumas pedras para o alto. Ela pega três pedras, do tamanho de limões, e começa a arremessá-las para cima. Antes que eu consiga lhe dizer "Pare de jogar essas pedras!", uma menina de 10 anos chamada Maria cuida disso para mim. Ela diz, calmamente: "Você vai acertar alguém com essas pedras, Rosy." Então, ela se afasta e sobe no trepa-trepa. E é isso. Maria simplesmente resume em uma frase, com toda a naturalidade, a consequência da ação de Rosy, permitindo que ela encontre a resposta adequada. Para minha surpresa, funciona. Rosy faz uma pausa por um segundo, olha para as pedras e as coloca no chão.

Enquanto vejo essa cena se desenrolar, as palavras de Jean Briggs ecoam em minha mente: "O objetivo da educação inuíte é fazer pensar." A pequena Maria fez exatamente isto: que Rosy pensasse.

E, analisando bem, dizer "não" a uma criança — não jogue, não agarre, não suba, não grite — traz muito poucas informações. Rosy já sabe que está jogando, agarrando, subindo ou gritando. Mas ela não sabe (ou não percebe) as consequências daquelas ações. E talvez ela não atente, naquele momento, para o motivo pelo qual não deveria agir daquele jeito. Quando dizemos a uma criança "Não" e "Pare", supomos que ela obedecerá ao comando tal qual um robô: sem discernimento.

Os pais inuítes acreditam que até mesmo crianças pequenas conseguem pensar por si mesmas — ou, pelo menos, têm capacidade de aprender a fazê-lo. Então, eles dão à criança informações úteis sobre seu comportamento, um motivo para pensar duas vezes antes de ela continuar agindo como está.

Depois daquele incidente no parquinho, comecei a identificar essa forma de orientação e de disciplina em todos os lugares em Kugaaruk, não apenas com relação a Rosy, mas também com relação a crianças de todas as idades. Quando uma menina de 7 anos escala o telhado de um galpão, a cerca de quinze metros do chão, outra menina mais velha diz, com naturalidade: "Você pode cair, Donna, e se machucar." Do alto do telhado, Donna faz uma pausa, espera um pouco e depois desce. Na casa de Maria, Samantha, de 6 anos, equilibra-se na beirada do sofá, aproximando-se de uma prateleira de frágeis bonecas de porcelana. A mãe de Samantha, Jean, dispara o aviso: "Você vai derrubar alguma coisa da prateleira." Mais tarde, naquele mesmo dia, a irmã de Samantha, Tessa, de 3 anos, aperta um cachorrinho de brinquedo que emite um som estridente, enquanto sua avó está dormindo ao lado. Jean diz, calmamente: "Está muito alto. Você vai acordar a vovó."

Depois de dar esse aviso, percebo que Jean não diz mais nada. Ela não pressiona Tessa para parar de fazer barulho com o brinquedo. Ela não resmunga nem grita. Como pessoa adulta, simplesmente pede que a filha pense sobre seu comportamento e o que resultará dele; então, a mãe permite que a criança deduza qual seria a resposta adequada àquela informação. Essa forma de se comunicar com as crianças respeita sua autonomia e sua capacidade de aprender.

Criando Rosy

Acredito que essa abordagem funcione especialmente bem para crianças "voluntariosas", que querem experimentar e descobrir por si mesmas como o mundo funciona (ou, como costumamos dizer na cultura ocidental, crianças que gostam de "testar os limites"). Sim, estou falando de Rosy. Agora, todas as manhãs, quando ela começa a berrar como um pterodáctilo, digo, com calma e delicadeza: "Está muito alto. Você vai me causar uma dor de cabeça." Quando ela não compartilha um brinquedo com um amigo, eu digo: "Kian não vai querer vir nos visitar se você não compartilhar." E assim por diante (sempre tento dizer isso da forma mais calma e indiferente possível. Severidade, ou um tom condenatório, vai servir apenas para deflagrar uma briga).

Frequentemente, isso funciona. Na maioria das vezes, Rosy faz o que eu gostaria que ela fizesse, e escuta com muito menos resistência.

Quando ela insiste em se comportar mal, eu deixo para lá (ou tento), e me sinto confiante de que ela está me ouvindo e está começando a aprender. Em várias ocasiões, sinto que Rosy está levando em consideração o que acabei de dizer. E é bom saber que passei informações que a ajudarão a fazer a escolha certa na próxima vez.*

Se ela colocar a si mesma ou outras pessoas em perigo real — se, digamos, houver o risco de ferimentos graves e derramamento de um volume considerável de sangue —, me aproximo e a ajudo fisicamente. Mas não grito com ela nem reajo com senso de urgência. Explico a consequência do comportamento e ajudo a retirá-la da situação, para que não haja consequências a se lamentar.

Ferramenta diária #3: Exerça a parentalidade com as perguntas

Eis aqui outro segredo de ouro da parentalidade, que aprendi em Kugaaruk (e ouvi novamente na Tanzânia, entre os hadzas): transforme ordens, críticas e opiniões em perguntas.

---

* Tenho mais dificuldade em "deixar para lá" perto de outros pais, pois fico um pouco envergonhada quando Rosy me ignora. Mas ergo o queixo e digo: "Acho que ela aprende melhor se eu não forçar tanto."

A primeira vez que vi Sally usar essa estratégia foi em uma tarde qualquer, ao chegar do trabalho. Além de criar o filho de 15 anos e ajudar com os três netos, ela trabalha em tempo integral no posto de saúde. Cansada depois de um longo expediente, ela chega em casa para se deparar com a sala de estar de pernas para o ar. Cartas de baralho espalhadas pelo chão, papéis de bala amontoados sobre a mesa. Mas Sally não parece aborrecida. Ela simplesmente olha para as culpadas — Rosy e sua amiga Samantha — e pergunta, com uma voz amável: "Quem fez essa bagunça?"

Hummm, penso. *Que interessante.*

Depois disso, observo a ferramenta aparecendo em todos os lugares. "Quem está me ignorando?", pergunta a cunhada de Sally, Marie, quando sua filha de 4 anos ignora um pedido para sair de casa. "O que você trouxe para mim?", pergunta Sally a um neto que regressa de uma ida ao supermercado. E quando uma criança entrega a Sally um monte de lixo para ser jogado fora, ela responde com uma pergunta brilhante: "O que é que eu sou, uma lata de lixo?"

Na Tanzânia, as perguntas também são muito frequentes. Quando uma criança de 2 anos bate em uma criança mais nova, a mãe pergunta: "O que você está fazendo com sua amiga?" Quando uma criança de 3 anos quer colo durante uma longa caminhada, o pai ou a mãe perguntam: "O que é que eu sou, seu burro de carga?"

Os pais costumam fazer essas perguntas em um tom meio sarcástico, meio sério. As perguntas não são acusatórias ou depreciativas, nem não são formuladas para deixar a criança na defensiva. Na verdade, são como um enigma para a criança resolver, um estímulo para que ela pese suas ações e as potenciais consequências.

A estratégia é genial. E é perfeita para aqueles momentos em que você sente que a criança está querendo "provocá-lo", e você não deseja se irritar, mas também não sabe o que fazer nem dizer. Ou quando a criança se comporta mal e você quer apenas ignorar o comportamento, mas *precisa* dizer alguma coisa. A pergunta permite que você transmita seu ponto de vista sem causar uma disputa de poder.

Criando Rosy

Começo a usar a ferramenta das perguntas assim que voltamos para São Francisco. Quero, particularmente, reduzir os gritos e o nível de reivindicações em nossa casa. Então eu pergunto: "Quem está gritando comigo?" Quando Rosy reclama sobre a comida no jantar, pergunto, em um tom casual: "Quem está sendo ingrata?" Depois disso, simplesmente sigo em frente com a vida. Não estou interessada nas respostas nem em debates ou mesmo fazê-la mudar imediatamente. Só preciso que Rosy pense.

Considero esse método especialmente útil quando tento ensinar a Rosy conceitos gerais sobre comportamento, como, por exemplo, agir com respeito. Sempre presumi que ela conhecesse o significado de "respeito", mas o fato é que, aos 3 anos e meio de idade, ela não tem ideia do que seja isso (mais um exemplo de como superestimei suas habilidades emocionais). Jamais alguém falou disso com ela, e, por isso, começo a usar o método das perguntas para ensiná-la.

Um dia, fui buscá-la na escola e pedi-lhe educadamente, usando a ferramenta do jogo das consequências, que passasse protetor solar. "O sol está muito forte. Você vai se queimar se não passar um pouco de filtro." Ela gritou "Não!" e jogou o protetor solar no chão. A antiga Michaeleen teria reagido de forma ríspida e, provavelmente, gritado com ela.

Mas a nova Michaeleen se vale da ferramenta das perguntas e permanece calma. De forma pragmática, eu pergunto: "Quem está sendo desrespeitosa?" Desvio o olhar de Rosy ao dizer isso, pois não estou tentando acusá-la, e sim fazê-la pensar. Sem parecer irritada, recolho o protetor solar e guardo-o na bolsa. Imagino que a interação vá terminar por aí. Entretanto, cerca de um minuto depois, Rosy diz: "Tudo bem. Me dá o protetor solar." E ela o aplica sem reclamar.

Àquela altura, já tinha usado a pergunta "Quem está sendo desrespeitosa?" há uma semana. Todas as vezes em que Rosy dizia algo malcriado, desagradável ou gritava que queria dois biscoitos em vez de um, eu usava o mesmo tom pragmático: "Quem está sendo desrespeitosa?"

Eu não tinha como saber quanto ela havia absorvido o conceito. Mas, dez dias depois de iniciado o experimento, finalmente obtive uma pista. Estávamos deitadas uma ao lado da outra na cama, conversando sobre o dia na escola, e de repente ela pergunta: "Mamãe, o que significa desrespeito?" Aha! Ela *está* escutando — e o melhor, pensando.

Uma amiga de São Francisco experimentou esse método com sua filha de 3 anos, e me ligou algumas horas depois para elogiá-lo. "Funcionou! Funcionou!", exclamou ela. A garotinha vinha batendo no irmãozinho com um bicho de pelúcia, e minha amiga reagiu perguntando: "Quem está sendo má com o Freddy?"

A menina parou de bater no irmãozinho e, cinco minutos depois, aproximou-se da mãe e disse: "Me desculpe por ser má, mamãe."

Ferramenta diária #4: Exerça a parentalidade com a responsabilidade

Aprendi esta ferramenta com a supermãe maia Maria de los Angeles Tun Burgos, em Yucatán. Antes da viagem, Rosy nos apresentou um novo desafio: ela começou a sair de casa absolutamente sozinha — sem mim ou o pai. Com apenas 2 anos, ela descobrira como destrancar duas portas, inclusive um ferrolho. Certa manhã, acordamos e não conseguimos encontrá-la. Olhei pela janela da cozinha e lá estava ela, correndo pela calçada, completamente nua. *Bem, pelo menos ela não desceu a rua,* pensei.

O problema piorou tanto que pensamos em instalar outra fechadura na porta. "Tranque-a em casa!", exclamou minha sogra uma noite, ao telefone.

Mas quando conto a Maria sobre as aventuras de Rosy, ela apresenta outra perspectiva. "Rosy consegue ir até a mercearia e fazer algumas tarefas para vocês?", pergunta ela. Seu ponto: ela precisa de mais liberdade e de mais responsabilidades.

Ora, Maria vive em uma pequena cidade de dois mil habitantes, talvez um pouco mais, com muito pouco trânsito ou crimes e onde todo mundo se conhece. Portanto, uma criança de 2 anos estaria perfeitamente segura andando meio quarteirão até a mercearia da esquina, ainda mais se o proprietário a conhecesse. Mas em São Francisco isso é impossível. Nossa casa fica em uma rua movimentada, na qual os carros passam zunindo, logo depois de uma curva acentuada. E, mesmo que o ambiente fosse mais seguro, não acredito que nossos vizinhos estariam preparados para ver uma criança pequena andando por aí para providenciar coisas para os pais. Se Rosy, com seus 2 anos de idade, entrasse sozinha na mercearia da esquina e colocasse meio galão de leite e dinheiro em cima do balcão, Matt e eu, certamente, receberíamos a visita da polícia.

Mas há um sentido mais amplo por trás da sugestão de Maria, que posso, sim, colocar em prática onde moro: o mau comportamento é a maneira de uma criança pedir mais responsabilidades, mais maneiras de contribuir para a família, mais liberdade. Quando uma criança quebra as regras, age de modo desafiador, ou parece "voluntariosa", os pais precisam começar a atribuir-lhe tarefas. A criança está dizendo: "Ei, mãe, estou sendo subutilizada, e isso não me faz bem."

Pense nisso. Se você se sente entediado com seu trabalho ou se seu gerente não aproveita todo o seu potencial, também fica mal-humorado e inquieto. Talvez você não saia correndo nu pelo escritório, mas e a vontade de gritar "Ei, gerente, olhe para mim aqui! Sou capaz de fazer todo o trabalho que os outros estão fazendo. Me dê uma chance!"?

Em nossa casa, essa ferramenta nos ajuda com duas grandes metas da criação dos filhos: ensinar Rosy a choramingar menos e incentivá-la a contribuir e ajudar a família. Agora, quando ela reclama do que eu preparei para o almoço, interpreto essas queixas e reclamações de uma nova forma: vejo-os como a maneira que ela encontrou para solicitar alguma atribuição. Em outras palavras, choramingar talvez seja a maneira de uma criança pequena demonstrar seu interesse em aprender uma nova habilidade. Podemos potencializar esse interesse e fazer com que ela ajude e contribua. Em vez de simplesmente dizer-lhe para parar de se lamuriar, ofereça-lhe uma tarefa; até mesmo os serviços mais básicos podem demover um bebê ou uma criança pequena de assumir uma atitude de diva.

Certa manhã, Rosy acorda mal-humorada e começa o dia reclamando da música que está tocando no dispositivo Google Home (problema das crianças pequenas do século XXI, eu sei). "Mas eu quero a outra música da *Moana*, não essa!", diz ela, chorando. Antes que ela se lance em uma espiral desenfreada de lágrimas e gritos, dou-lhe uma tarefa: "Parece que Mango está com fome. Como você sabe, as garotinhas não podem fazer pedidos se não forem prestativas. Vá dar comida para o cachorro, e depois damos um jeito quanto a essa música."

Meu marido me lança um olhar severo, pois acha que essa ordem vai acionar o botão da pirraça. Mas Rosy simplesmente acena com a cabeça e caminha até a tigela do cachorro. A tarefa faz com que ela deixe de se lamentar. Ela tem coisas mais importantes a fazer. E o resto da manhã transcorre com muito mais tranquilidade.

"Isso foi interessante", diz Matt. Sinto-me ótima por compartilhar algo que aprendi com mães como Maria. "Crianças precisam de tarefas", digo. "Elas não gostam de ficar desocupadas. Isso as deixa nervosas."

Ferramenta diária #5: Exerça a parentalidade por meio de ações, não de palavras

Quando observamos os pais interagindo com as crianças no Ártico ou no México, um dos aspectos mais impressionantes é como todos se mostram tranquilos. A sensação é a de assistir a um balé sem música. Os movimentos das pessoas parecem coreografados e bem ensaiados. Suas interações fluem com facilidade. E todo mundo fala pouquíssimo: tudo o que conseguimos ouvir são os pés dos bailarinos movendo-se pelo chão.

Na grande maioria das culturas, os pais não conversam constantemente com os filhos nem lhes dão possibilidades infinitas de escolha; eles então se encarregam de agir, e de três formas:

1. Eles fazem o que querem que a criança faça. No Ártico, a cunhada de Sally, Marie, está pronta para ir pescar; então, calça as botas e diz à filha: "Victoria, vamos pescar." Em seguida, sai pela porta e sobe no quadriciclo. Victoria finalmente vai atrás dela.

Na hora do almoço, em Yucatán, vejo uma mãe colocar os pratos de comida na mesa da cozinha e, depois, esperar que suas duas filhas, que estão ocupadas colorindo do lado de fora da casa, venham comer. "Elas virão assim que estiverem prontas", diz ela. E ela está certa. Poucos minutos depois, as duas meninas entram e começam a comer, sem necessidade de persuasão.

2. Eles ajudam delicadamente a criança a fazer o que é necessário. Em Yucatán, Rosy monta em uma bicicleta adulta que é alta demais para ela. Nitidamente, ela vai cair. Ninguém grita com ela nem lhe dá instruções. Em vez disso, Laura, de 16 anos, se aproxima e delicadamente pega a mão de Rosy e ajuda-a a descer da bicicleta. Tudo o que Rosy precisa é da mão firme de alguém para ampará-la — e, depois, de um grande abraço.

3. Eles mudam o ambiente para que a criança não precise mudar o comportamento. Uma noite, em Yucatán, estamos todos sentados ao redor da mesa de jantar, conversando e dividindo um abacaxi. De repente, Rosy pega uma enorme faca de açougueiro da mesa. Ninguém se inquieta nem tenta tirar a faca de suas mãos. Uma das mães, Juanita, se aproxima calmamente, espera que Rosy abaixe novamente a faca e a retira de seu alcance. Não há discussão. Não há choradeira. Não há quebra na harmonia do momento.

Na grande maioria das culturas e ao longo da história humana, os pais não discutem com os filhos qual será a atividade executada a seguir, nem deliberam se uma criança vai querer um sanduíche ou um bife para o almoço. Eles não fazem perguntas do tipo "Você quer?": "Você quer manteiga ou molho de tomate no seu macarrão?", "Você quer ir ao supermercado comigo?", "Você quer tomar banho?". Em vez de fazer isso, os pais simplesmente agem. A mãe cozinha feijão-preto para o almoço; o pai veste o casaco e sai porta afora para ir à mercearia; a avó vai ao banheiro e liga o chuveiro.

Em minha opinião, esse estilo parental com poucas palavras é um dos grandes motivos pelos quais as crianças em tais culturas parecem tão calmas. Menos palavras criam menos resistência e menos estresse.

Palavras e ordens são energizantes e estimulantes, e, muitas vezes, incitam discussões. Cada vez que pedimos a uma criança que faça algo, criamos uma oportunidade para brigas e negociações. Por outro lado, quando reduzimos a conversa ao mínimo, a energia se mantém baixa. O risco de haver discussões e brigas despenca. No fim das contas, até mesmo a besta furiosa que vive dentro de Rosy cede e se aquieta.

O mesmo pode ser dito sobre as escolhas. Elas são difíceis, inclusive para os adultos. Podem causar estresse e ansiedade, pois não desejamos perder a opção que não escolhemos. Por que os pequenininhos teriam uma sensação diferente?*

Depois de observar por diversas vezes, seja em Kugaaruk, seja Yucatán, quanto essa atitude parental com poucas palavras funciona excepcionalmente bem, começo a questionar meu estilo verborrágico. Por que converso constantemente com Rosy? Relato as coisas? Faço pedidos? Ofereço opções? Agir parece muito mais potente.

Tenho consciência de que a maneira como estou criando minha filha nunca será tão sossegada e calma quanto a dos pais e mães maias e inuítes. Sou uma norte-americana tempestuosa e enérgica. As palavras sempre serão minha ferramenta favorita de parentalidade. Mas posso diminuir consideravelmente o estresse em nossa família — e adicionar um pouco mais de fluidez — reduzindo a verborragia empregada nas tarefas cotidianas. Posso dizer, uma única vez, "Vamos sair em cinco minutos", e depois simplesmente sair, sem gritar a cada trinta segundos para lembrar que estou de saída. Posso dizer: "Venham almoçar, Rosy e Matt", e então esperar que eles se juntem a mim.

E posso fazer com que Rosy tome a iniciativa, sendo eu mesma a primeira a agir. Todas as manhãs, quando chegamos à pré-escola, Rosy precisa lavar as mãos e passar o protetor solar. Eu costumava pedir algumas vezes, depois eu resmungava e, em seguida, ameaçava. Mas as mães

---

* De fato, um dia desses Rosy me disse: "Mamãe, as escolhas são muito, muito difíceis." Portanto, até as crianças percebem que escolher causa estresse. Além disso, quando há menos opções, elas se sentem mais propensas a aceitar e a serem gratas pelo que têm.

inuítes me inspiram a testar uma abordagem diferente: eu mesma ir lavar as mãos. Ou pedir a Rosy que façamos isso juntas. "Vamos lavar as mãos, Rosy", direi, enquanto ando até a pia. Passo o protetor solar em mim e peço a ela que fique a meu lado, ou que passe o protetor solar em mim e, em seguida, eu nela.

Essas pequenas mudanças produziram resultados fenomenais. Não apenas nossa casa está menos frenética e mais acolhedora, como Rosy também está mais independente. Depois de meses lavando as mãos juntas, hoje ela faz isso sem que eu tenha de pedir. Ela aplica o protetor solar em si mesma. E sair de casa tornou-se muito fácil: ela sabe que não vou discutir nem negociar. Quando começo a descer as escadas às 8h15, ela entende que o trem sairá da estação em breve e eu não vou voltar para casa e chamá-la novamente. "Espere por mim!", exclama ela agora, enquanto eu tiro a bicicleta da garagem.

Finalmente, posso oferecer a Rosy menos opções, dispensando completamente a pergunta "Você quer...?". Por que diabos deveria perguntar constantemente a uma criança de 3 anos o que ela quer? Como ela poderá aprender sobre flexibilidade e cooperação se sempre lhe perguntarmos "Você quer...?". Rosy jamais se esquivou de me dizer o que quer; não precisamos encorajar nela o ato de escolher. O hábito de oferecer opções gera negociações, decisões desnecessárias e, por fim, lágrimas. E, na maioria das vezes, os "desejos" de Rosy são irrelevantes para a nossa vida. As prioridades da família vêm em primeiro lugar. Durante as refeições e os lanches, não ajo mais como uma garçonete listando os pratos especiais. Quando ela diz que está com fome, vamos preparar a comida juntas e comê-la. Fim. Da. História.

Ferramenta diária #6: Dominando a arte de ignorar

Quando testemunhei Elizabeth usando esta ferramenta pela primeira vez, fui pega desprevenida. É muito diferente do que venho chamando de "ignorar". É muito mais forte. Muito mais eficaz.

Um dia, Elizabeth e eu estávamos tomando café juntas à mesa da cozinha de sua irmã, e Rosy começou a exigir a atenção dela. "Senhorita Elizabeth, olhe para mim! Olhe o que estou fazendo. Senhorita Elizabeth, olhe!", dizia Rosy sem parar. "Olhe para mim!"

A senhorita Elizabeth, definitivamente, não está interessada em olhar para Rosy. Na verdade, a senhorita Elizabeth não muda em nada sua fisionomia. Ela mantém uma expressão perfeitamente impassível. Em vez de olhar para Rosy, ela trava o olhar e, em seguida, vira lentamente a cabeça e mira o horizonte por sobre a cabeça de Rosy, como se Rosy fosse invisível.

Meu primeiro pensamento é supernegativo. *Meu Deus, ela está sendo rude com minha filha*, penso. Mas, rapidamente, percebo que o comportamento de Rosy é impróprio, e Elizabeth a faz saber disso de uma forma incrivelmente suave, mas potente. Elizabeth continua nossa conversa, e Rosy para de reivindicar sua atenção.

Elizabeth é mestra em fingir que Rosy é invisível. Às vezes, tudo o que ela precisa fazer é ignorá-la por dez segundos e, puf!, o mau comportamento some. A calma se estabelece. Assim que minha filha percebe que seu mau comportamento não merece plateia — que, talvez, ela nem precise de nossa atenção —, ela recupera a harmonia e começa a cooperar. E Elizabeth acolhe novamente Rosy no círculo social, com um sorriso ou um aceno de cabeça.

Observando Elizabeth, percebo que, quando imaginei estar "ignorando" Rosy, na verdade eu estava fazendo exatamente o oposto. Eu estava, de fato, dando muita atenção ao mau comportamento dela. Eu estava olhando para ela. Fazendo caretas e comentários. E, o mais absurdo de tudo, enquanto dizia que a estava ignorando. Rosy até gostava do meu jogo de "ignorar". Era divertido!

Em muitas culturas, os pais ignoram completamente o mau comportamento de crianças de todas as idades, diz Batja Mesquita, psicóloga transcultural da Universidade de Leuven, na Bélgica. Os pais não olham para a criança, não falam com ela e, talvez o mais importante de tudo, não dão sinal algum de que se importam com o mau comportamento (lembre-se: muitas culturas esperam que as crianças ajam assim).* E, ao fazer isso, os pais transmitem uma infinidade de informações aos filhos sobre aquele comportamento, especialmente quão útil ele é e quanto a cultura o valoriza.

E se uma criança começar a agredir a mãe com um microfone, por exemplo? "Sim, há muitas mães no mundo que, simplesmente, ignorariam totalmente os golpes", afirma Batja. "Mas, ao fazer isso, a raiva da criança é amortecida. No fim das contas, ela desaparece ou pode ser substituída por outra emoção. As emoções das crianças tornam-se o que são pelo modo como as outras pessoas reagem."

Assim, os pais podem ensinar aos filhos quais emoções não são valorizadas em casa, deixando de reagir a elas. Em contrapartida, reagir, inclusive negativamente, ao comportamento emocional sinaliza para as crianças que aquelas emoções são importantes e úteis.

Na cultura ocidental, diz Batja, os pais costumam dar grande atenção à raiva e ao mau comportamento dos filhos. Interagimos com a criança que se comporta mal, lhe fazemos perguntas e exigências.

"Se você disser 'Pare', isso é dar atenção", afirma Batja.

Lembre-se da fórmula. Quanto mais fortemente reagirmos ao mau comportamento de uma criança — inclusive de forma negativa —, mais estaremos *reconhecendo-o* e, em essência, treinando a criança para se comportar daquela forma.

Portanto, mesmo quando digo "Pare" ou "Não" para Rosy, estou reforçando uma emoção ou um comportamento que a impede de aprender a controlar suas emoções e ações — quando, evidentemente, imagino estar fazendo o oposto.

---

* Os registros etnográficos estão repletos de exemplos dessa ferramenta parental. Jean Briggs documenta isso em seus livros, tanto nas proximidades de Kugaaruk quanto no leste do Canadá, na ilha de Baffin. "Muitas vezes, o mau comportamento infantil era recebido em silêncio — não do tipo pesado, sinal de uma tensão crescente, mas um silêncio aparentemente descontraído e racional, que parecia reconhecer que a criança não estava sendo razoável, e que, mais cedo ou mais tarde, ela voltaria a si e se comportaria novamente de forma mais madura", escreve ela em *Never in Anger*.

Nos momentos em que eu realmente ignoro Rosy — quando paro de olhar para ela e de me importar com seu mau comportamento —, algo mágico acontece. Rosy para de se comportar mal. "Está vendo?", disse-me Elizabeth certa tarde. "Quando você realmente a ignorou, ela se acalmou."

Tente isso 5: Discipline sem palavras

Comece a se envolver

• **Em caso de dúvida, afaste-se.** Da próxima vez que seu filho se comportar mal, vá embora. Não reaja nem mude sua expressão; simplesmente vire- -se e vá embora. O que acontece? Tente o mesmo experimento se sentir uma disputa de poder ou uma discussão se formando. Simplesmente dê meia-volta e vá embora.

• **Pratique ficar em silêncio.** Desafie-se a experimentar períodos de silêncio. Diga a seus filhos: "Vamos ficar em silêncio agora por cinco minutos." Se eles continuarem a falar, fique apenas você mesmo em silêncio. No dia seguinte, tente dez minutos; depois, vinte minutos. Esforce-se para chegar até uma hora ou mais, e você conseguirá deleitar-se com uma paz incrível ao seu redor.

Fazemos isso quando a energia em nossa casa sobe e o ambiente torna-se frenético — quando Rosy não consegue se acalmar nem parar de fazer perguntas ou exigir nossa atenção. Depois de cinco ou dez minutos de silêncio (pelo menos de minha parte), ela se acalma e o resto do tempo transcorre com mais tranquilidade.

• **Transforme o mau humor em contribuições.** Da próxima vez que seu filho pequeno agir de forma mal-humorada ou desafiadora, use a ferramenta da responsabilidade e tente atribuir-lhes uma tarefa. Peça- -lhe para que a ajude a preparar uma refeição. Ele pode mexer a comida numa panela, quebrar um ovo, picar ervas, lavar vegetais. Ou mostre- -lhes como alimentar um animal de estimação, varrer o chão, levar o lixo para fora. Peça-lhes que ajudem a dobrar as roupas, varrer as folhas, regar as plantas.

"Olhe ao redor da casa e veja o que precisa ser feito", disse-me uma mãe em Kugaaruk. "Sempre há uma maneira de as crianças ajudarem em casa." (Consulte o Capítulo 4 para mais ideias.)

Convide a criança para ajudar. Em Berkeley, uma mãe afirmou que essa técnica funcionou bem com sua filha de 5 anos. Em uma tarde de domingo, a menininha parecia mal-humorada, choramingando e se comportando mal. Então a mãe disse: "Venha me ajudar com o jantar. Você pode cortar as folhinhas de alecrim."

"Era uma tarefa muito simples", disse-me a mãe, posteriormente. "E, ainda assim, ela amou! Ficou muito orgulhosa do que ajudou a cortar, me mostrando as folhas picadas." O resto da noite também correu muito bem.

• **Use as responsabilidades como recompensas.** Lembre-se de que trabalhar ao lado de um adulto é um privilégio para uma criança. Se ela realmente se mostrar interessada em participar de uma tarefa ou atividade adultas, use esse desejo para ensinar um comportamento adulto. Por exemplo: Rosy adora fazer compras no mercado. Mas juntar-se a mim é um privilégio para as "garotas grandes" (ou, pelo menos, é assim que eu vendo o peixe). Por isso, uso seu gosto pelas compras para ajudá-la a praticar um comportamento maduro. Se eu escutar muitas queixas e reclamações no dia do mercado, posso perguntar: "Será que os bebês chorões entram no supermercado?" E, em segundos, eu escuto: "Já parei, mamãe. Já parei."

Envolva-se

• **Pare de dizer o que fazer e o que não fazer (ou use esses comandos com moderação).** Esse item é difícil, pois essas palavras estão arraigadas em nossos diálogos com as crianças. Mas se você conseguir cortar apenas a metade das ordens que dá sobre o que fazer e o que não fazer, isso já terá um grande impacto em seu relacionamento com seu filho. Garanto que vocês vão discutir menos e, no mínimo, seu filho terá mais oportunidades de pensar e aprender, em vez de simplesmente fazer (ou não fazer) o que você lhe pede.

Da próxima vez que você quiser mudar o comportamento de seu filho, pare por um momento. Espere antes de falar. Pense no motivo pelo qual você está dando aquela ordem. Qual é a consequência do comportamento de seu filho? Por que você está tentando mudar tal comportamento? Ou, ainda, o que você teme que aconteça se a criança continuar se comportando daquela forma?

Em seguida, revele à criança a resposta a qualquer uma das perguntas acima e deixe-a em paz. É isso mesmo! Você não precisa dizer mais nada. Por exemplo, Rosy começa a subir no dorso do cachorro. Em vez de dizer "Não suba no dorso do cachorro", faço uma pausa e penso: *O que acontecerá se Rosy subir nas costas do cachorro?* Então digo a ela "Se você subir no dorso do cachorro, vai machucá-lo", ou, até, "Ai, Rosy, você está machucando o cachorro."

Depois de alguns dias (ou semanas) praticando a ferramenta do jogo das consequências, experimente outras ferramentas para substituir as ordens sobre o que fazer e o que não fazer. Você pode transformar a afirmação sobre as consequências em uma pergunta ("Rosy, você está machucando o cachorro?", ou "Quem está sendo má com o cachorro?"). Pode ainda encarar a criança e lançar-lhe um olhar severo para expressar seu descontentamento com o comportamento dela. Ou pode, simplesmente, ir embora e ignorá-la.

• Se você realmente deseja mudar a forma como se comunica com seus filhos, faça esta experiência. Durante uma manhã ou noite quaisquer, pegue seu smartphone e use-o para registrar o tempo que você passa com as crianças. Coloque-o sobre o balcão da cozinha enquanto vocês preparam o jantar, ou sobre a mesa enquanto vocês comem. Em seguida, grave por tempo suficiente para que você e seus filhos se esqueçam que o telefone está ali. No dia seguinte, ouça a gravação.

Quais são as primeiras impressões que lhe vêm à mente? Você tende a falar o tempo todo? Existem momentos de silêncio e calma? Você emite muitas ordens? Quantas vezes você oferece opções ao seu filho ou pergunta o que ele quer? Quantas vezes você diz "Não faça isso" ou "Faça isso"? Essas ordens são realmente necessárias? As crianças escutam? *Você* escuta?

Como mencionei antes (consulte o Capítulo 6), certa vez realizei esse experimento sem nenhum propósito em mente. E, quando ouvi a gravação, comecei a chorar. Percebi que estava falando o tempo todo e que não estava ouvindo Rosy. Achei que estivesse. Mas, na realidade, eu não levava em consideração suas palavras e seus pensamentos. E ela ficava incrivelmente frustrada com isso (como eu também teria ficado).

• **Aprenda a arte de ignorar.** Existe algum comportamento impróprio ou alguns maus hábitos que você gostaria de eliminar? Talvez sejam as queixas, ou o excesso de exigências. Ou, talvez, seja maltratar o cachorro, ou arremessar os talheres na hora do jantar. Tente esta abordagem pelo prazo de uma a duas semanas, e estou confiante de que o comportamento diminuirá, podendo, inclusive, cessar totalmente. Todas as vezes que a criança exibir o comportamento indesejado, faça o seguinte:

• **Mantenha uma expressão neutra.** Não recue nem esboce nenhuma reação, por menor que seja. Finja que você não consegue nem mesmo ouvir ou ver. Com essa expressão impassível, olhe para o horizonte, por sobre a cabeça da criança ou para as laterais de seu rosto.

• **Em seguida, afaste-se.** Apenas dê meia-volta e afaste-se, até que a criança desapareça de seu campo de visão.

Mas você não precisa ser cruel com a criança nem ferir os sentimentos dela. Você continua atendendo às necessidades da criança e não agindo movido pela raiva. Você, simplesmente, está deixando de reagir *emocionalmente* àquele mau comportamento. Está se mantendo neutro e mostrando a ela que você não tem nenhum interesse naquele comportamento.

Em uma quarta-feira à tarde, quando chego para pegar Rosy na pré--escola, ela diz "Estou com fome, mamãe", com uma voz chorosa de bebê. Respondo, amavelmente: "Também estou com fome. Mas não tenho comida aqui comigo. Que tal pararmos em uma loja e comprarmos um lanche no caminho para casa?"

Que proposta legal, não é?

Sem se deixar impressionar, Rosy começa a reclamar ainda mais e a insistir nas exigências. "Mas eu estou com fome. Mamãe, estou com fome", repete ela, até irromper no choro.

Alguns meses antes, eu teria reagido com inúmeras explicações ("Estou ouvindo. Você está com fome. Mas não tenho comida agora"), que acabariam se transformando em tensão e raiva ("O que foi que acabei de dizer? Podemos parar em uma loja quando estivermos indo para casa. Não tenho nenhuma comida aqui!", e assim por diante). Mas agora eu me valho da ferramenta de ignorar. Naquele instante, eu não poderia fazer nada para matar a fome dela. Ela não tem escolha, a não ser ficar sentada e faminta e esperar. Assim sendo, mantenho uma expressão completamente neutra, lanço um olhar vago em sua direção (assim como Elizabeth fez) e prossigo como se Rosy não existisse. Monto na bicicleta e saio pedalando, afastando-me da escola, enquanto Rosy continua chorando. E adivinhe o que acontece? Em mais ou menos quinze segundos, ela para. Completamente. Ela aceitou seu desconforto, aprendeu a controlar suas emoções, e fez tudo isso sozinha.

Ao mesmo tempo, evitei um diálogo acalorado e negociações, que poderiam, facilmente, descambar para uma discussão e um show de pirraça. Transformei uma batalha em potencial em uma oportunidade para que Rosy se acalmasse. Ao invés de aumentar a energia da situação, eu a baixei. E, ao longo do caminho, Rosy desenvolveu sua função executiva.

Resumo do Capítulo 10: Ferramentas para mudar o comportamento

Ideias para serem lembradas

- Os pais norte-americanos tendem a confiar em instruções verbais e explicações para mudar o comportamento dos filhos. Mas as palavras costumam ser a maneira menos eficaz de se comunicar com as crianças, especialmente com as pequenas.

- As emoções das crianças espelham nossas emoções.
  - ↳ Se você quiser que seu filho fique calmo, mantenha-se sereno e gentil. Use poucas palavras ou mesmo cale-se (as palavras são estimulantes).
  - ↳ Se você quiser que seu filho fale alto e se comporte com muita energia, comporte-se você também assim. Use muitas palavras.
- Comandos e sermões costumam ocasionar disputas de poder, negociações e ciclos de raiva.
- Podemos romper o ciclo de raiva e as disputas de poder usando ferramentas não verbais, ou ajudando a criança a pensar, em vez de apenas dizer-lhe o que fazer.

Dicas e ferramentas

- **Controlando as pirraças.** Se reagirmos com calma a uma criança, as pirraças desaparecem. Da próxima vez que uma criança tiver uma explosão emocional, cale-se e experimente uma das ferramentas seguintes:
  - ↳ **Energia.** No estado mais calmo e de menor energia possível, simplesmente aproxime-se da criança, em silêncio, e mostre que você está por perto, apoiando-a.
  - ↳ **Fisicalidade.** Aproxime-se e toque delicadamente o ombro da criança ou estenda a mão. Às vezes, um toque suave e tranquilo é tudo que uma criança precisa para se acalmar.
  - ↳ **Admiração.** Ajude a criança a substituir a raiva pela emoção da admiração. Olhe em torno e encontre algo bonito. Diga à criança, na voz mais calma e gentil possível: "Nossa, a lua está tão linda esta noite. Está vendo?"
  - ↳ **Lado de fora.** Se a criança ainda não tiver conseguido se acalmar, leve-a para fora, para tomar ar fresco. Gentilmente, conduza-a ou carregue-a no colo.

- **Mudando o comportamento e transmitindo valores.** Em vez de dizer "Não" à criança, estimule-a a pensar e a descobrir por si mesma o comportamento adequado com:

  ↳ **O olhar.** Reúna tudo o que você quiser dizer a uma criança mal-comportada e transmita por meio de sua expressão facial. Abra bem os olhos, franza o nariz, balance a cabeça. Em seguida, lance o olhar na direção da criança.

  ↳ **Jogo das consequências.** Afirme calmamente as consequências das ações da criança e, em seguida, afaste-se (por exemplo, "Você vai cair e se machucar").

  ↳ **Perguntas.** Em vez de emitir uma ordem ou instrução, faça uma pergunta à criança (por exemplo, "Quem está sendo mau com Freddie?", quando uma criança agredir um irmão, ou "Quem está sendo desrespeitoso?", quando ela ignorar um pedido).

  ↳ **Responsabilidade.** Atribua uma tarefa a uma criança malcom-portada (por exemplo, de manhã, diga a uma criança chorosa: "Venha aqui me ajudar a fazer seu almoço").

  ↳ **Ação.** Em vez de pedir a uma criança que execute uma tarefa, execute-a você mesmo. A criança vai acompanhá-lo.

CAPÍTULO 11

Ferramentas para moldar o comportamento: histórias

Enquanto eu estava no Ártico, percebi que, entre os inuítes, boa parte do trabalho de criar os filhos acontece bem depois de um eventual mau comportamento de uma criança. Não no exato momento ou imediatamente depois, mas mais tarde, quando todos já se acalmaram. Nesses momentos de paz, as crianças estão mais abertas ao aprendizado, observa Eenoapik Sageatook, 89 anos, de Iqaluit, Canadá. Quando uma criança está chateada ou desafiando os pais, ela se encontra muito exasperada para ouvir. Portanto, não há razão para tentar ensinar à criança uma "grande lição" em tais momentos. "É preciso manter a calma e esperar que ela se acalme. Aí, sim, pode-se ensinar a criança", diz ela.

Veremos agora duas grandes e potentes ferramentas capazes de mudar o comportamento de uma criança em longo prazo, moldar seus valores e suas formas de pensar. O segredo é usá-las na hora certa.

Essa estratégia de esperar-para-consertar tem algumas vantagens significativas. Primeiro, ela evita disputas de poder. Em vez de repreender uma criança assim que um mau comportamento é detectado, você mantém o foco no horizonte mais amplo, sabendo que haverá uma oportunidade, mais tarde, de ensinar o comportamento adequado a seu filho. Portanto, nesses momentos críticos, você não precisa "demonstrar que tem razão". Você pode, facilmente, deixar algumas coisas para lá: ignorar um comentário desrespeitoso dentro do carro, uma recusa em ajudar a arrumar a mesa de jantar, ou, até mesmo, um festival de arremesso de comida na hora do jantar, porque mais tarde, naquela mesma noite, você colocará em ação uma das ferramentas seguintes. E você sabe que elas funcionarão de maneira mais eficaz do que gritar, repreender ou discutir o problema.

Em segundo lugar, essas ferramentas destravam a comunicação entre os filhos e os pais, em vez de interrompê-la (como fazem as punições e a raiva), criando conexões e aliviando as tensões. Elas fazem o que, para mim, parece quase sempre impossível: transformam o mau comportamento em brincadeira e substituem as disputas de poder por histórias.

Sob um aspecto importante, a vida no Ártico é notavelmente semelhante à vida em São Francisco: a prevalência do perigo.

Como já mencionei, vivemos em uma rua movimentada. Ônibus tão grandes quanto uma baleia descem voando ladeira abaixo e carros dobram rapidamente a esquina, sem parar na faixa de pedestres. No Ártico, o perigo vem sob a forma de ursos e da água congelada. Muitas vezes, os ursos-polares se escondem nas cercanias da cidade. A casa de uma família pode estar a poucos passos do gélido oceano Ártico. Na primavera, uma criança pequena pode escorregar e ser tragada pela camada de gelo fino; no verão, fortes correntes podem arrastá-la para dentro do mar.

Ou seja, quando uma criança de 3 anos corre em direção às águas geladas, os pais devem gritar para mantê-la em segurança, certo?

Não, diz Goota Jaw, professora universitária que ministra uma disciplina sobre parentalidade tradicional inuíte na Faculdade Ártica de

Nunavut. "Em vez de fazer isso, usamos a contação de histórias como forma de disciplinar."

Ela é um princípio humano universal: ao longo da história humana, e ainda hoje, todas as culturas transmitem narrativas. A contação de histórias, possivelmente, foi essencial para a evolução do *Homo sapiens*. Sem histórias, nossa espécie, provavelmente, não teria desenvolvido habilidades essenciais para nosso sucesso evolutivo, como criar ferramentas, caçar cooperativamente e tirar proveito do poder do fogo. Por quê? Porque essas habilidades exigem que a pessoa se lembre de uma série de etapas, fatos passados e ações, tal qual uma trama ou um enredo.

Contar histórias é uma das características únicas que nos torna humanos; nos conecta com nosso ambiente, nossas famílias, nossas casas e nos torna cooperativos e poderosos. Serve também como uma ferramenta fundamental para o treinamento das crianças.

Além de transmitir habilidades importantes às crianças, as histórias passam valores culturais. Há dezenas de milhares de anos, os pais vêm se valendo de histórias orais para ensinar uma criança a se comportar como um digno membro de sua comunidade. Hoje, grupos contemporâneos de caçadores-coletores usam histórias para ensinar a compartilhar, a respeitar os diferentes gêneros, a controlar a raiva e a manter-se seguro em torno de suas casas.

Mas a ferramenta de contação de histórias não pertence exclusivamente aos caçadores-coletores. De forma alguma. Na verdade, eu desafio o leitor a encontrar uma cultura na qual essa ferramenta *não* exista.

Não faz muito tempo, ela era um componente essencial da parentalidade ocidental, lembra a pesquisadora celtista Sharon P. MacLeod. "As culturas celtas estão impregnadas de seres sobrenaturais", diz ela. Fadas habitavam a floresta, fantasmas vagavam pelas estradas e monstros espreitavam em lagos e pântanos. Algumas das criaturas eram prestativas; outras, perigosas. E uma das principais funções daquelas criaturas míticas era ajudar a manter as crianças seguras. "Pântanos e brejos podem ser traiçoeiros", diz ela. "Às vezes, eles parecem terra, mas, na realidade, são água. Antes de as crianças adquirirem habilidades nesse domínio, as histórias as mantinham afastadas desses alagadiços."

Uma história celta, por exemplo, gira em torno de um cavalo que vive na água e gosta de raptar crianças. "Se elas chegassem muito perto da água, o cavalo as colocaria nas costas e as levaria para debaixo d'água", explica Sharon. "Independentemente de quantas crianças montassem, o dorso do cavalo ficaria cada vez mais comprido." E, assim, os pais não precisavam supervisionar incessantemente seus filhos — nem gritar com eles — quando fossem brincar na praia ou no rio, pois uma abordagem preventiva já havia sido adotada. Eles já haviam contado histórias sobre o cavalo aquático. Imersas em tais narrativas, até mesmo as crianças pequenas entendem que, para se manter seguras, devem ficar longe da água.

Surpreendentemente, os pais inuítes têm uma história semelhante, com um propósito idêntico, nos conta Goota Jaw. "É o Qalupalik, o monstro marinho", diz ela. "Se uma criança andar muito perto da água, o Qalupalik a colocará em seu *amauti* [parca], a arrastará para o oceano e a levará para ser adotada por outra família."

Histórias como essas são abundantes na parentalidade inuíte. Para garantir que as crianças mantenham os gorros na cabeça durante o inverno (o que evita queimaduras causadas pelo frio), os pais recorrem à aurora boreal, diz Myna Ishulutak, produtora de cinema e professora de línguas em Iqaluit. "Nossos pais nos falavam que, se saíssemos sem gorro, a aurora boreal arrancaria nossa cabeça e a usaria como bola de futebol. Costumávamos sentir muito medo!", conta, às gargalhadas.

Os pais e as mães inuítes também usam histórias para transmitir aos filhos valores importantes, como o respeito. Os pais de Myna lhe contaram, por exemplo, uma história sobre cera de ouvido, que a ensinou a ouvir seus pais. "Eles verificavam o interior de nossos ouvidos e, se houvesse muita cera, significava que não estávamos ouvindo", relembra ela. Outro exemplo: para ensinar as crianças a pedir permissão antes de se servir, a mãe e o pai de Myna lhe diziam que longos dedos poderiam emergir da travessa de comida e agarrá-la.

Uma parte significativa da infância, tanto na cultura celta quanto na cultura inuíte, envolve aprender como lidar com essas criaturas misteriosas — como evitá-las, respeitá-las ou mantê-las felizes. Pais e avós transmitem conhecimentos por meio dessas histórias cativantes e, por vezes, assustadoras. Nesse processo, as crianças aprendem a respeitar os pais e a permanecer seguras. "As histórias ajudam as crianças a compreender o grau de seriedade dos pais quanto à necessidade de se comportar e ouvir", afirma Myna.

À primeira vista, tais histórias me parecem assustadoras demais para crianças pequenas, especialmente aquelas na idade de Rosy. E minha reação automática é dispensá-las. *Não acho que essa abordagem vá me ajudar*, penso.

Mas quando volto para São Francisco, experimento contar uma história para Rosy. E a reação dela me pega de surpresa.

———————————

Cerca de um mês após nossa viagem ao Ártico, Rosy e eu estamos na cozinha, preparando o jantar. Ela quer um item da geladeira. Então, pega seu banquinho, vai até a geladeira, abre a porta e sobe no banquinho. Em seguida, ela permanece ali, com a porta da geladeira bem aberta, por cinco minutos. Eu lhe digo para fechar a porta, e ela me ignora. Eu explico várias vezes como ela está desperdiçando energia. É como se eu estivesse falando com uma parede. Então, tento implorar, usando uma voz doce e agradável. Mas ela continua me ignorando. Sinto a raiva criando vida na minha barriga. Estamos à beira de uma disputa de poder.

Mas eu não quero discutir — de novo. Estou cansada de discutir. Estou prestes a fazer algum tipo de ameaça, quando Goota Jaw e o monstro marinho aparecem na minha mente. *Um monstro dentro de casa não seria nada mau*, penso. *Por que não, hein, Michaeleen?*

Então, com um tom meio sério, meio brincalhão, eu digo: "Sabe de uma coisa? Há um monstro dentro da geladeira e, se ela esquentar demais, ele vai ficar cada vez maior e sair para pegar você."

Em seguida, aponto para a geladeira, arregalo os olhos e exclamo: "Nossa! Ali está ele!"

Santo Deus! A expressão no rosto de Rosy é inesquecível. Ela fecha a porta da geladeira com a rapidez de um coelho. Depois, se vira com um grande sorriso no rosto e diz: "Mamãe, me fale mais sobre o monstro que está ali dentro."

Desde aquele dia, trouxemos todos os tipos de monstro para dentro de nossa casa. Rosy não se cansa deles. Contar histórias se tornou a ferramenta parental favorita em nossa família. Ela chama essas histórias de "levar embora", porque a protagonista (uma garotinha de 3 anos) muitas vezes é levada embora (assim como acontece com as crianças celtas e inuítes no dorso de cavalos aquáticos e nas mãos de monstros marinhos). "Mamãe, me conte uma história de levar embora", diz ela todas as noites, antes de adormecer. Por vezes, ela até me pede que as torne mais assustadoras!

A contação de histórias tornou-se tão arraigada em nossa vida que não consigo imaginar voltar ao mundo real sem essas criaturas sobrenaturais voando ao redor de nossa casa, atravessando as paredes e se pendurando na árvore do parque mais próximo. Essas criaturas são a única razão pela qual saímos de casa todas as manhãs para ir à escola e o motivo pelo qual a hora de dormir não é mais um caos completo, noite após noite.

Com a contação de histórias, sinto que, finalmente, estou conseguindo falar a língua de Rosy. Conseguimos, finalmente, nos comunicar com tranquilidade.

Considere, por exemplo, o desafio do vestido cor-de-rosa. No aniversário de Rosy, Matt e eu a presenteamos com um vestido com rosas de pano entrelaçadas por todo o corpete. Ele não tem mangas, e fica um pouco curto para ela (acaba logo acima dos joelhos). Então, de fato, não é apropriado para o inverno chuvoso e frio de São Francisco. Ainda assim, basta Rosy colocar aquele maldito vestido que ela não o tira por dias. Ela o usa dia e noite por uma semana. A certa altura, o vestido já não é mais rosa, e sim cinza e marrom. E cheira a mofo misturado com urina velha (sim, acho que houve um incidente qualquer no banheiro).

Por mais que eu me esforce, não consigo fazer com que Rosy tire o tal vestido. Experimento minhas táticas usuais, que incluem longas explicações e a lógica adulta. "Rosy, se o lavarmos esta noite, o vestido ficará limpo, sem mancha alguma, e você poderá ir à escola amanhã com ele." Ela me olha como se eu estivesse falando francês.

Finalmente, certa noite, ajoelho-me até a altura dela, aproximo-me de seu ouvido e sussurro, dramaticamente: "Se o vestido ficar muito sujo, aranhas vão crescer dentro dele."

Rosy não diz uma palavra. Seu rosto congela. Ela se afasta de mim, lentamente, e se despe. Pego o vestido de suas mãos e jogo-o na máquina de lavar. Vitória!

Mais tarde, naquela mesma noite, quando retiro o vestido da secadora, levanto-o e exclamo: "Está vendo, Rosy? Tão bonito e tão limpo!"

Ela não perde tempo. "E sem aranhas", diz ela.

Tente isso 6: Discipline com histórias

Alguns pais norte-americanos expressaram preocupação com a ideia de ter de "assustar" uma criança para que ela obedeça ou seja cooperativa. Eu tive a mesma preocupação, mas o objetivo não é aterrorizar a criança nem provocar-lhe pesadelos, e sim fazer a criança pensar, encorajar um determinado comportamento e abrir uma discussão sobre um valor cultural.

Se você se considera relutante com o "fator medo" dessa ferramenta, tal qual eu me considerei, talvez seja interessante ponderar que, na cultura ocidental, também "assustamos" as crianças para que elas se comportem. Elas podem sentir medo da raiva ou das punições dos pais. Era o que acontecia na minha infância; eu me comportava porque temia a raiva de meu pai. Honestamente, preferiria que Rosy temesse o "monstro da geladeira" ou as "aranhas em um vestido" do que ter medo de mim ou de seu pai.

Conforme destaca a historiadora Emily Katz Anhalt, só porque os pais não contam histórias para as crianças, isso não significa que elas não aprendam por meio de histórias. Muitas famílias, inclusive a nossa, terceirizam a contação por via oral para a Disney, a Netflix e o YouTube.

"As pessoas aprendem com todas as histórias que lhes são contadas. É assim que transmitimos nossa cultura", afirma Emily. "E me preocupa o fato de termos perdido de vista as criações de nossa cultura. A motivação de gerar lucro com as histórias significa que, muitas vezes, elas estão repletas de violência" — e, talvez, não estejam ensinando às crianças o conjunto de valores mais apropriado.

Por outro lado, quando *você* conta uma história para seu filho, pode personalizá-la especialmente para ele. Pode acompanhar sua reação em tempo real e adaptar convenientemente a história. Quando uma criança fica com medo, você tem a opção de recuar um pouco. Quando você encontrar uma narrativa que realmente atinja um ponto ideal e se conecte com seu filho, você pode se aprofundar. Todas as vezes em que permeio as histórias com as experiências pessoais de Rosy, sempre sei que sairemos ganhando.

No fim das contas, é na prática que as coisas se provam. Com as histórias guiando seu comportamento, Rosy é mais cooperativa, flexível e fácil de lidar. Comunicamo-nos melhor uma com a outra — com humor, em vez de sermões e repreensões. E consigo perceber quanto as histórias, de fato, levam Rosy a refletir e a considerar como seu comportamento afeta as outras pessoas.

Certo dia, perguntei a ela: "Rosy, do que você gosta mais: quando eu grito com você ou quando conto histórias para você?" Ela não hesita: "Histórias."

Comece a se envolver

Se você ainda se sente um pouco cético em relação à ideia de contar histórias, comece com as de não ficção. Não é preciso assustar a criança para abrir um canal de comunicação que vai ajudá-la a atender a um pedido. Você também pode contar histórias divertidas e verossímeis.

Eis aqui duas abordagens a serem experimentadas:

• **Conte história de família.** Fale sobre sua própria infância ou sobre a origem de sua família. "Os inuítes valorizam *muito* o conhecimento de suas árvores genealógicas e a conexão com a vida de seus parentes", diz Corina Kramer, de Kotzebue, Alasca. "Na verdade, tradicionalmente, quando nos apresentamos, começamos dizendo nosso nome, quem são nossos avós e pais e a que aldeia nossa família pertence." Crianças de todas as idades adoram ouvir o que seus pais e avós faziam quando eram mais jovens. Elas se sentem atraídas por essas histórias.

As narrativas sobre a origem familiar podem transmitir lições de uma geração para a outra e construir conexões intergeracionais capazes de trazer repercussões positivas para o comportamento das crianças, até mesmo quando elas já estão chegando à adolescência. Estudos descobriram que conhecer a história da família protege crianças e adolescentes de problemas de saúde mental. Nos estudos, as que se encontravam na faixa entre 9 e 16 anos apresentaram níveis mais baixos de ansiedade, depressão, raiva e problemas de comportamento quando estavam mais inteiradas sobre o passado de suas famílias, como, por exemplo, quando os pais se conheceram, onde eles e os avós foram criados e quais lições aprenderam com os erros que cometeram e os empregos que tiveram no início da idade adulta. Esse conhecimento também se correlaciona com o funcionamento geral de uma família, incluída a qualidade da comunicação mútua entre os familiares. Os cientistas destacam que o importante, aqui, é que os pais compartilhem sua história, não que as crianças aprendam fatos específicos.

Você pode começar com algo tão simples quanto "Deixe-me contar uma história sobre quando eu tinha a sua idade...". E então conte um incidente ou uma atividade marcante da sua infância. No caso de crianças pequenas, você pode contar histórias incrivelmente simples — onde você gostava de brincar ao ar livre, como ajudava sua mãe no jardim ou seu pai com as roupas sujas, ou o que gostava de fazer com seus irmãos. Atente especialmente para os detalhes, tais como cores, cheiros e objetos familiares, para que seu filho consiga visualizar a história.

Conte histórias a seus filhos sobre onde você nasceu e foi criado, ou onde você e seu cônjuge se conheceram. Relembre as lições que você aprendeu quando cometeu erros, ou dos empregos que teve. Elabore as histórias de sua família adicionando "personagens", como avós, tios, tias, primos, amigos da família e animais de estimação.

Sendo uma criança urbana, Rosy devora as histórias sobre minha infância na zona rural da Virgínia. Ela adora ouvir sobre o enorme jardim, o nosso quintal, onde plantávamos milho, pepinos e melancia, e como, a cada verão, colhíamos feijões-verdes e os descascávamos na varanda, preparando-os para o jantar.

Para ajudar a ensinar o comportamento adequado e os principais valores familiares a Rosy, muitas vezes lhe conto histórias sobre como minha irmã e eu teríamos problemas se não compartilhássemos a comida ou ajudássemos a arrumar a mesa de jantar. Ela também adora a história de como a pequena Michaeleen foi punida por desrespeitar sua mãe ao gritar com ela, e, assim, ter sido impedida de visitar sua amiga depois da escola.

Enquanto escrevia este livro, acabei percebendo uma tendência admirável em Rosy: ela se mostra mais propensa a atender a um pedido se, primeiramente, eu lhe contar que minha mãe me obrigava a fazer a mesma e assustadora tarefa durante minha infância. Por exemplo, quando Rosy se recusa a comer aspargos no jantar, digo algo como: "Quando eu tinha 4 anos, vovó me fazia comer aspargos também. Puxa, eu não gostava nem um pouco, mas comia porque ela mandava." E então, *voilà!*, Rosy começa a colocar os aspargos na boca.

• **Faça a ciência ganhar vida.** Muitas ideias da biologia, da química e da física parecem mais estranhas do que uma história de ficção — elas, porém, são igualmente interessantes para crianças pequenas. Então por que contar histórias cujo enredo é baseado na ciência? Apenas lembre-se de usar palavras simples e familiares, especialmente as que descrevam um panorama ou que possam atiçar a imaginação da criança.

Por exemplo, ajudamos Rosy a escovar os dentes contando histórias sobre as "criaturas" dentro de sua boca. Elas são tão pequenas que não se consegue vê-las (sim, são as bactérias), e moram nos dentes. Por isso, é preciso escová-los, ou essas criaturinhas farão buracos neles à noite e os deixarão pretos. Essencialmente, pegamos a ciência real e a aprimoramos com imagens, antropomorfismos e hipérboles.

Para ajudar Rosy a aprender hábitos alimentares saudáveis, lhe contamos histórias sobre as criaturas que habitam seu estômago. Milhões e milhões de simpáticas criaturas que não apenas trabalham para manter seu interior em ordem, como também ajudam seu cérebro a funcionar e seu corpo a combater as criaturas más. O microbioma! As criaturas boas adoecem quando Rosy come muito açúcar. Mas elas adoram frutas, vegetais, feijões e nozes. "As criaturas estão pedindo grão-de-bico, Rosy", digo na hora do almoço. "Elas estão gritando: 'Por favor, Rosy. Queremos mais grão-de-bico. Mais grão-de-bico!'"

Avance aos poucos

• **Abrace o antropomorfismo.** Da próxima vez que você estiver brigando com uma criança ou tendo dificuldades para "encorajar" determinado comportamento, tente este truque simples: olhe ao seu redor, encontre o objeto inanimado mais próximo (até um sapato serve) e dê vida a esse objeto. Finja que ele é capaz de falar. Faça com que o objeto diga o que você precisa que seu filho faça. Com crianças pequenas, aposto que esse truque funcionará nove em cada dez vezes.

Que tipos de objeto funcionam melhor? No caso de Rosy, tem tudo a ver com animais empalhados. Mas também já usei partes do meu corpo (por exemplo meu umbigo) e seus amigos invisíveis (por exemplo Maria, de *A noviça rebelde*).

Na NPR, fiquei sabendo de ouvintes que foram muito bem-sucedidos com essa abordagem.

A ouvinte Kathryn Burnham costuma usar o "Woofie":

"Se estamos atrasados e minha filha de 3 anos precisa calçar os sapatos, sei que gritar 'Calce os sapatos!' só vai piorar as coisas. Então, eu transformo minha mão em um cachorro, o Woofie, levando meus dedos até o polegar para formar a boca. E aí digo algo como 'Será que o Woofie pode tentar calçar seus sapatos?'. E emito sons simplórios de ganidos, arfadas e latidos enquanto o Woofie a ajuda a calçar os sapatos. Quanto mais animado eu faço o Woofie, mais ela ri e se solta. A situação tensa se transforma em um momento divertido de união."

Para a ouvinte Penny Kronz, um bicho de pelúcia indica o caminho:

"Quando meu filho não quer comer nem ir para a cama, eu apenas lhe digo que está na hora de seu bichinho de pelúcia favorito ir para a cama ou vir comer. Então, dou início à atividade com o brinquedo, e meu filho rapidamente se junta a nós."

Já Adele Karoly deixa as roupas do filho ganharem vida:

"Quando meu filho não quer colocar o pijama, começo a fazer com que o pijama converse comigo. O pijama diz algo como: 'Elliot quer me vestir?' E eu respondo: 'Acho que não, deixe-me perguntar a ele.' E se Elliot disser que não, conto isso ao pijama e continuo conversando com ele. No fim, Elliot acabará se sentindo atraído e aceitará o pijama, que ficará muito animado e lhe dará um grande abraço."

Envolva-se

• **Deixe os monstros entrarem.** Para aproveitar todo o poder da contação de histórias, traga os monstros para dentro de sua casa. Você pode torná-los divertidos com uma pitada de perigo ou bastante assustadores com uma pitada de diversão. "Assustador" é uma qualidade que se distribui em um amplo espectro. O nível adequado de "assustador" em sua casa dependerá de seu filho, da idade, da atitude e das experiências dele. Preste atenção na reação do seu filho e ajuste o nível. Como diz a pesquisadora céltica Sharon P. MacLeod: "As crianças adoram sentir medo!"

Em geral, histórias fictícias para mudar o comportamento tendem a funcionar melhor com crianças até 6 anos, aproximadamente, afirma a psicóloga Deena Weisberg, da Universidade Villanova, que estuda como as crianças pequenas interpretam a ficção. Bebês até 2 anos não conseguem apontar, verdadeiramente, a diferença entre ficção e não ficção. Um ou dois anos depois, essa capacidade começa a se desenvolver. "Hesito em definir uma idade, porque as crianças são todas muito diferentes. Contudo, por volta dos 3 ou 4 anos, uma criança não precisa acreditar 100% na história." Mas talvez ainda considere a história interessante, assustadora e instigante, diz ela. "Por exemplo, duvido que sua filha de

3 anos acredite 100% que aranhas vão crescer dentro do vestido dela."
No entanto, ela o despiu.

Por volta dos 7 anos, basicamente todas as crianças saberão a diferença entre ficção e não ficção, assegura Deena. Mas elas ainda gostam de brincar com a fantasia, pelo simples prazer da diversão. "Elas podem pensar: 'Eu sei que não há nenhum monstro lá. Mas entendo o que você está me dizendo'", afirma ela. E mesmo que elas não mordam a isca, a história pode inaugurar uma nova maneira de discutir comportamentos problemáticos. Descobri que muitas crianças mais velhas, por volta dos 7 ou 8 anos, não acreditam nas histórias de monstros, mas têm um forte desejo de falar sobre essas histórias, e querem que eu "confirme" que elas "não são mesmo reais".

Pessoalmente, Rosy adora ficar com medo — um pouquinho. Mas estou sempre disposta a lhe dar uma piscadela quando estou contando as histórias, e a acompanhar bem de perto para ter certeza de não assustá-la muito.

Eis aqui algumas histórias populares em nossa casa:

1. O Monstro do Compartilhamento. O Monstro do Compartilhamento vive em uma árvore perto da janela da cozinha. Quando as criancinhas não compartilham, ele começa a aumentar de tamanho e pode acabar descendo para agarrar a criança e levá-la para cima da árvore por sete noites inteiras. E sabe o que ele oferece para as criancinhas comerem? Nada além de couve-flor e couve-de-bruxelas.

2. O Monstro do Grito. Ele mora no teto e escuta através das luminárias. Se as criancinhas gritarem demais ou fizerem muitas exigências, ele desce pelas luminárias e leva a criança embora. E, só para ficar claro, o Monstro do Grito fica muito atento no comecinho das manhãs.

3. A Monstra do Sapato. Ela mora no duto de aquecimento e se certifica de que as crianças calcem os sapatos todas as manhãs — rapidamente —, ou então ela vai levá-las para dentro da saída de ar. Para fazer com que a Monstra do Sapato ganhe vida de fato, por vezes meu marido liga o aquecedor bem na hora de sair de casa. O som no duto faz com que Rosy calce os sapatos na velocidade da luz.

4. O Monstro do Jimmy-Jammy. Matt inventou este, e tem sido muito útil para reduzir os conflitos na hora de dormir.

Certa noite, por volta das 21h30, Rosy não estava nem um pouco disposta a ir dormir. Ela estava ocupada apenas em fazer jimmy-jammy — isto é, em pular na cama, agitar os braços e as pernas e fazer muito barulho. "Vamos lá, precisamos nos acalmar", repetia eu várias vezes. Mas ela apenas ria de mim!

Foi então que Matt apareceu subitamente e salvou o dia. Ele pulou da cadeira, apontou para a janela e disse, com os olhos arregalados: "Lá está o Monstro Jimmy-Jammy. Estou vendo ele ali na janela."

Rosy correu até Matt, agarrou suas pernas e disse: "Onde? Onde ele está?" Então eu sussurrei, muito calmamente: "Ele está do lado de fora da janela, e se nos movermos muito rapidamente ou falarmos muito alto, ele virá e nos levará embora. Eu não quero isso." Então, peguei sua mão e a levei para a cama. Deitamos lá juntas e ficamos conversando de forma muito tranquila sobre o Monstro Jimmy-Jammy — qual é a sua aparência, onde ele mora e para onde leva as crianças que fazem jimmy-jammy à noite.

Ela caiu no sono.

Agora, todas as noites, quando Rosy e eu vamos para a cama, faço com que ela se lembre da existência do Monstro Jimmy-Jammy. Falo bem baixinho, me movimento devagar e digo que não desejo, de forma alguma, que ele venha. E, surpreendentemente, meses depois de o Monstro Jimmy-Jammy ter aparecido pela primeira vez perto de nossa casa, ele ainda se mostra bastante eficaz em acalmá-la.

CAPÍTULO 12

Ferramentas para moldar o comportamento: dramatizações

Nossa última ferramenta nos ajudará a esclarecer o modo como abordamos a disciplina, ao mesmo tempo em que nos dará algumas percepções surpreendentes sobre por que as crianças costumam fazer exatamente o oposto do que esperamos ou pedimos que elas façam.

Para aprender sobre essa ferramenta, sairemos de Kugaaruk e seguiremos quase mil quilômetros para o leste, até uma ilha gigante chamada Baffin, bem em frente à Groenlândia. Mais ou menos do tamanho da Califórnia, a ilha de Baffin é repleta de belezas naturais. Vales e rios modelados por geleiras cortam montanhas de 1800 metros de altura, cobertas de neve. Enormes paredes de gelo, mais altas que o Empire State Building, se debruçam sobre o mar azul-safira, juntando-se a baleias-brancas, narvais, morsas e focas (ao lado de seus predadores, os ursos-polares).

A ilha de Baffin é a base para um movimento emergente no Ártico, o de preservação e fomento da prática da tradicional parentalidade inuíte. Ao longo do século passado, a intensa colonização prejudicou esses conhecimentos, segundo me contaram os anciãos. Nesse sentido, a comunidade trabalha arduamente para treinar novos pais e cuidadores naquelas antigas habilidades.

No início de dezembro, viajo para a maior cidade da ilha de Baffin, chamada Iqaluit, para conhecer Myna Ishulutak, uma das mulheres que estão na vanguarda desse movimento. Ela concorda em me encontrar para jantar. Chego cedo ao restaurante e espero por ela no bar. Do lado de fora, a temperatura é de gelar os ossos: –32°C. O sol já se pôs mais ou menos desde as duas da tarde. Pequenos flocos de neve rodopiam no ar, cobrindo a rua com um efeito brilhante rosa e azul. Lá dentro, o restaurante é aquecido e aconchegante, e o cheiro de peixe fresco sendo fritado na cozinha atravessa o salão e chega até minha mesa.

Myna está atrasada. Quinze minutos se passam sem nenhum sinal dela, seja no restaurante, seja em meu telefone; penso se ela mudou de ideia sobre conversar comigo. Posso entender sua hesitação. A cultura ocidental (a minha cultura) maltratou os inuítes (a cultura dela) ao longo dos últimos séculos, avançando até as décadas mais recentes. Nos anos 1960, o governo canadense forçou — ou coagiu — muitas famílias inuítes a abandonar seu estilo de vida nômade tradicional e a se estabelecer em cidades. Na ilha de Baffin, alguns oficiais canadenses chegaram a atirar em cães de trenó para impedir que as famílias caçassem ou rastreassem animais. Famílias passaram fome. Muitos morreram de doenças. Tudo isso para dizer que, se eu fosse Myna, provavelmente não gostaria de conversar comigo.

No entanto, Myna mantém sua palavra. Cerca de cinco minutos depois, ela cruza as portas do restaurante. Em um instante, toda a energia do salão muda, como se alguém tivesse acendido as luzes e aumentado a música. Usando uma parca azul brilhante e botas de pele branca — "São feitas de caribus", diz ela —, Myna parece majestosa; tem um rosto em formato de coração, com um sorriso largo e generoso. E, quando ela ri, soa como um acorde poderoso de algum hino de rock. Faz você pensar que tudo é possível.

Instaladas em um nicho reservado, começamos a conversar sobre o trabalho dela. Myna é incrivelmente ocupada como produtora de cinema, professora da língua inuktitut e mãe de dois filhos adultos. Cerca de uma década atrás, ela ajudou a desenvolver um curso sobre criação de filhos na Faculdade Ártica de Nunavut (ministrado até hoje), que treina instrutores de creche e pré-escola em tradicionais técnicas parentais inuítes — as mesmas que seus pais usaram com ela quando era uma garotinha crescendo "em plena terra", como ela mesma diz.

Myna nasceu e foi criada em um campo de caça, em uma comunidade de cerca de sessenta pessoas. Eles viviam ao longo da costa da ilha de Baffin. "Morávamos em uma casa de turfa. E, quando acordávamos de manhã, tudo continuava congelado até minha mãe acender a lamparina", afirma. Ela se lembra do avô contando suas histórias à noite para ajudá-la a dormir. "Não tínhamos livros. Por isso, os adultos nos contavam lendas à noite, especialmente meu avô. Ele era um líder em nosso campo. Eu não tinha vontade de dormir, pois gostava muito de suas histórias."

A família de Myna comia apenas o que os animais forneciam — "focas, caribus, peixes e, às vezes, carne de urso-polar", diz ela. "E, no outono, colhíamos frutas silvestres. Lembro-me da primeira vez que experimentei chocolate. Meu Deus, era tão doce!", conta, balançando a cabeça. "Entre nós, não havia alimentos com tanto açúcar assim."

"Sinto muita falta de viver na terra", confessa ela, deixando escapar, então, um grande "humm". As memórias enchem seu rosto de melancolia.

Quando Myna tinha 13 anos, sua família se mudou do campo de caça para uma cidade, para que seu avô pudesse ter acesso a cuidados médicos. "Foi muito chocante, para mim, morar em um centro urbano. Demorou para que eu me ajustasse", afirma ela, calmamente.

Hoje, Myna vive na agitada cidade de Iqaluit, com uma população de quase oito mil habitantes.

Levando em consideração sua infância e seu trabalho atual, fico curiosa para saber a opinião dela sobre a falecida antropóloga Jean Briggs e a forma de parentalidade descrita em seu livro *Never in Anger*.

Myna faz uma pausa e, em seguida, dá uma risadinha nervosa. Receio tê-la ofendido. Ela então tira da bolsa um livro. Imediatamente reconheço a capa: uma foto em preto e branco de uma avó aconchegando o nariz no rosto de uma menina. É o livro que Jean escreveu intitulado *Inuit Morality Play*. E ele descreve a segunda grande viagem da antropóloga ao Ártico, quando estudou a vida de uma menina de 3 anos, apelidada de Chubby ["gorducha"] Maata.

Myna bate de leve na capa e diz, para minha grande surpresa: "Este livro é sobre mim e minha família. Eu sou Chubby Maata."

————————————

No início dos anos 1970, quando Myna acabara de completar 3 anos, sua família acolheu Jean em sua casa por seis meses. Seus pais permitiram que ela estudasse os íntimos detalhes da vida cotidiana de Myna. O que acontece quando a menina agride a mãe? Ou quando uma nova irmãzinha chega? Quando Myna tem um ataque de pirraça, dá ordens à própria mãe, ou age de forma ingrata? Como a família de Myna conseguiu transformá-la de uma criancinha exigente e autoritária, capaz de bater em sua irmãzinha, em uma menina amável, graciosa — e calma — de 6 anos?

Repetidamente, a mãe, o pai e os avós de Myna usaram uma ferramenta parental fundamental, que visava aumentar a função executiva da criança. Jean apelidou a ferramenta de "dramatizações". Eis aqui como ela funciona: quando uma criança age com raiva — digamos, quando ela agride alguém ou bate em um irmão —, o pai ou a mãe podem dizer algo como "Ai! Isso dói", ou "Ai, você está machucando seu irmão!", com o intuito de mostrar as consequências da ação da criança. Mas não há gritos nem punições.

Em vez de fazer isso, os pais também podem aguardar. Então, em um momento calmo e pacífico, eles fazem uma reconstituição cênica do que aconteceu quando a criança se comportou mal. Geralmente a encenação começa com uma pergunta, instigando a criança a fazer algo que ela sabe que não deveria fazer. Por exemplo, se a criança costuma bater nos outros, a mãe pode começar uma dramatização perguntando: "Por que você não me bate?"

Assim, a criança é obrigada a pensar: "O que devo fazer?" Se a criança bater na mãe, esta não repreende nem grita, mas reconstitui, por meio de uma encenação, o que aconteceu, usando um tom ligeiramente brincalhão e divertido. Ela age sobre as consequências. "Ai! Isso machuca!", exclama ela.

A mãe continua a enfatizar as consequências, fazendo perguntas adicionais à criança. Por exemplo, "Você não gosta de mim?", ou "Você é um bebê?". Essas perguntas incentivam o pensamento e vinculam o comportamento desejado à maturidade e o comportamento indesejável à infância. As perguntas transmitem a ideia de que bater fere os sentimentos das pessoas e de que "crianças grandes" não fazem isso. Todas as perguntas são feitas em tom espirituoso.

O pai ou a mãe encenarão quaisquer comportamentos problemáticos ou transições pelas quais uma criança possa estar passando, escreve Jean Briggs. Por exemplo, se uma criança pequena achar difícil compartilhar com um irmão, o pai pode fazer uma "dramatização do compartilhamento", instigando a criança a ser gananciosa. "Não divida a comida com seu irmão", diz ele à criança certa tarde, enquanto os filhos estiverem se alimentando. Então, se a criança seguir em frente e não compartilhar, o pai alerta para as consequências. "Você não gosta do seu irmão? Coitadinho, ele está com fome."

Os pais repetem a dramatização, de tempos em tempos, até que o filho deixe de cair nas armadilhas. Quando a criança age corretamente, eles podem elogiar o comportamento com um simples "Veja como a Chubby Maata é generosa", descreve Jean.

Naquela noite nevosa na ilha de Baffin, sentada à mesa diante de Myna (também conhecida como Chubby Maata), sinto que tenho a oportunidade única de entender o trabalho de Jean — e essa incrível técnica parental — em um nível mais profundo. Por isso, pergunto a Myna sobre seu relacionamento com a falecida antropóloga.

"Para nós, ela parecia um membro da família", diz Myna. "Nós a amávamos."

Ao longo das décadas, Myna e Jean permaneceram próximas, até a morte de Jean, em 2016. Ela visitava Myna regularmente na ilha de Baffin e Myna a visitava em Newfoundland. "Ela sempre será especial para mim", diz Myna, em tom solene.

Em algumas ocasiões, Jean lia seu livro em voz alta, em inuktitut, para a família de Myna, recontando as dramatizações e o tempo que ela passara com eles "em plena terra". Myna diz que não se lembra muito das coisas que Jean registra no livro. "Eu era muito nova", conta.

Ela acredita, porém, que as dramatizações são uma potente ferramenta para ajudar as crianças a controlar suas emoções, pois ensinam a manter a calma e a não se deixar provocar com tanta facilidade, afirma ela. "Elas nos ensinam a ser emocionalmente fortes, a não levar tudo tão a sério e a não ter medo de provocações."

As dramatizações fazem isso de duas maneiras:

1. Pela prática do comportamento adequado

As dramatizações dão às crianças uma oportunidade que, muitas vezes, a cultura ocidental não dispõe: praticar a reparação de seus erros. Quando participam de uma dramatização, as crianças podem praticar o controle de sua raiva, a amabilidade com um irmão, o compartilhamento com um amigo ou mesmo não agredir a mamãe. Praticar. Praticar. (Lembra-se de qual é o primeiro ingrediente para ensinar uma habilidade ou um valor? A prática.)

Nessas dramatizações, as crianças testam diferentes respostas a situações emocionalmente sobrecarregadas. Considerando-se que os pais estão agindo de modo descontraído e ligeiramente lúdico, a criança não precisa ter medo de cometer um erro. Ela pode simular as consequências de um mau comportamento no momento em que estiver se sentindo calma, em que a irritação já tiver passado, ou seja, mais receptiva a aprender e a pensar.

A prática é especialmente importante quando as crianças estão aprendendo a controlar a raiva, lembra a neurocientista Lisa Feldman Barrett. Isso porque, uma vez que a raiva se instala, suprimi-la não é tarefa simples para ninguém, sejam crianças, sejam adultos.

"É um grande equívoco pensar que podemos nos conter com facilidade quando já estamos irritados", diz Lisa. "Entretanto, tentar controlar nossas emoções no calor do momento e querer mudar o que sentimos é uma coisa muito difícil de se fazer."

Contudo, se você praticar o sentimento de admiração ou gratidão quando não estiver com raiva, terá mais oportunidades de acessar tais emoções quando começar a se sentir irritado, administrando sua ira nesses momentos críticos. "Essencialmente, essa prática está ajudando a reprogramar seu cérebro para que ele seja capaz de criar uma emoção diferente [para além da raiva] com muito mais facilidade", afirma ela.

No caso das crianças, as dramatizações dão a chance de flexibilizar e fortalecer os circuitos de autocontrole do cérebro. Em vez de ficar com raiva, elas aprendem a pensar; em vez de reagir, aprendem a manter o equilíbrio.

2. Pela transformação da disciplina em brincadeira

Brincar é uma ferramenta parental poderosa para mudar o comportamento, mas desconsiderada por muitos pais, diz a psicóloga Laura Markham. "Brincar é o meio que as crianças têm de aprender sobre o mundo. Brincar é a missão delas."

As crianças brincam para se recuperar de experiências difíceis ao longo do dia e de "turbulências emocionais", sustenta o psicólogo Larry Cohen. Depois de uma discussão com o pai ou a mãe, as brincadeiras ajudam a liberar a tensão e a seguir em frente. O ar fica mais puro, a atmosfera, mais leve, e pais e filhos se libertam de seu imobilizante ciclo de raiva e mau comportamento.

"Uma grande fonte de problemas é essa tensão entre filho e pais", diz Cohen. E as respostas usuais ao mau comportamento, como sermões, argumentações lógicas, ou gritos — inclusive em suas formas mais brandas —, aumentam a tensão. "Brincar reduz a tensão. É por isso que adoro as brincadeiras."

Quando uma criança tem dificuldades em realizar uma tarefa específica, como sair da cama pela manhã, fazer o dever de casa ou compartilhar com um irmão, Cohen recomenda uma técnica incrivelmente semelhante à ferramenta das dramatizações: "Aconselho os pais a levarem o problema para a área de recreação, uma ótima ferramenta para crianças de todas as idades, desde as pequenas aos adolescentes" (veremos como ela funciona na seção "Tente isso"). Considerando-se que as brincadeiras liberam a tensão, muitas vezes o comportamento problemático desaparece espontaneamente, observa o psicólogo.

Criando Rosy

Depois de conhecer Myna, começo a encarar o mau comportamento de Rosy de uma perspectiva diferente. Percebo que, na verdade, quando imagino por diversas vezes que ela está "testando os limites" (ou me provocando), o que minha filha está tentando fazer é praticar o comportamento adequado. Ela repete o comportamento errado indefinidamente, até que, por fim, toma a decisão correta.

Certa noite, enquanto passeamos com o cachorro pelas redondezas, essa percepção se cristaliza nitidamente. Rosy está andando em seu triciclo vermelho na calçada, o que não é tarefa fácil nas colinas de São Francisco. Como mencionei, em nosso bairro existem alguns cruzamentos apavorantes, como o da Market Street, uma das principais vias da cidade, com quatro faixas de carros. Naquela noite, Rosy está pedalando intrepidamente e, a cerca de um quarteirão da Market Street, ela se afasta rapidamente, indo em direção à rua movimentada. Meu coração começa, literalmente, a bater mais forte! Quero gritar "Espere, Rosy! Espere por nós!" Entretanto, antes que eu consiga dizer qualquer coisa, ela avança o triciclo do meio-fio para a pista.

Graças a Deus ela para instantaneamente a alguns centímetros antes de chegar à pista. Os carros passam zunindo por ela, a apenas alguns metros de distância. *Ufa*, penso, *ela está segura*. Mas, ainda assim, que diabos ela estava fazendo?

Minha vontade mesmo é de repreendê-la. Puxá-la do triciclo e carregá-la de volta para casa. Esse é o meu dever de mãe, certo? Mas não ajo assim. Em vez de fazer isso, penso em Chubby Maata e no que sua mãe faria nessa situação. Penso em como as crianças desejam — e, até mesmo, *precisam* — treinar o comportamento adequado. *Talvez ela esteja praticando como frear o triciclo neste cruzamento perigoso*, penso. Então, me mantenho calma e lhe aponto as consequências, com um ar indiferente (Ferramenta diária # 2): "Você vai ser atropelada por um carro se pedalar no meio da rua." Desse modo, exerço a parentalidade por meio de ações, em vez de palavras (Ferramenta diária # 5). Eu me aproximo e me coloco entre Rosy e o tráfego, de modo que possa impedi-la, caso ela tente ir mais longe.

E, nesse momento, ela faz algo realmente interessante: repete a transgressão. Sobe um pouco a colina, monta no triciclo e o conduz propositadamente para além do meio-fio. Novamente, ela para depois de avançar somente alguns centímetros antes de chegar à pista, e repete essa manobra mais três vezes. Então, finalmente, na quarta tentativa, sucesso! Ela consegue frear o triciclo *antes* do meio-fio. Rosy aprendeu o comportamento adequado.

"Está bem, mamãe, vamos para casa", diz ela, enquanto volta a subir a colina em direção à nossa casa. *Humm*, penso. *Essas criancinhas são loucas.*

Tente isso 7: Discipline com dramatizações

Este capítulo, na verdade, é sobre como converter problemas em brincadeiras e disciplina em prática. Há uma infinidade de maneiras de se fazer isso. Independentemente do caminho que você escolha, mantenha duas regras em mente:

1. Certifique-se de que nem você nem a criança se sintam chateados, irritados ou emocionalmente sobrecarregados ao trabalhar com essas

ferramentas. As brincadeiras só acontecem quando todos estão descontraídos e em paz.

2. Mantenha o tom divertido e leve. Sorria: este não é o momento para aulas nem sermões, e sim para que as crianças se sintam seguras mesmo comportando-se mal e experimentem novas habilidades, sem preocupação alguma de incomodar os pais.

Comece a se envolver

• Monte um espetáculo de marionetes. Da próxima vez que seu filho tiver dificuldades em cumprir uma tarefa ou algum aspecto do controle emocional, tente reconstituir o problema com um espetáculo de marionetes. Pegue dois bichinhos de pelúcia — ou até mesmo um par de meias — e transforme-os em personagens que não estejam relacionados diretamente nem com você nem com seu filho. Por exemplo, com Rosy, costumo usar Mango (nosso cachorro) e Louis (o cachorro do vizinho) como personagens. Essa abordagem ajudará a garantir que a criança se sinta relaxada, e não como se estivesse sendo disciplinada ou repreendida. Em seguida, monte a cena, simule a atividade problemática e, por fim, encene as consequências daquele comportamento.

Algumas vezes, Rosy e eu chegamos a preparar cenas cujos personagens são pecinhas de Legos ou doces de Halloween. A ideia é ajudar a criança a revisitar um problema do passado de forma livre de estresse, ou, até mesmo, divertida. Assim, ela conseguirá refletir sobre a experiência de uma maneira nova e racional ao mesmo tempo que fortalece seu autocontrole.

Você pode envolver a criança no espetáculo fazendo perguntas ("Mango se comporta como um bebê quando bate em Louis?", "Isso feriu os sentimentos de Louis?"), fazendo com que ela interprete um dos personagens, ou encarregando-a do espetáculo inteiro. Perceba o que a criança é capaz de fazer naturalmente e aperfeiçoe isso. Se ela tiver irmãos mais velhos, você pode pedir que eles também interpretem um personagem.

• Leve o problema para a área de recreação. Anteriormente, mencionei o conceito de área de recreação, do psicólogo Larry Cohen, uma técnica que ele aconselha usar com menores de todas as idades, inclusive adolescentes. Para entender como funciona, consideremos um problema comum: fazer uma criança se acalmar na hora de ir dormir. Para quebrar o ciclo de tensão, afirma o psicólogo, espere por um momento calmo e pacífico durante o dia (*não* quando a criança for para a cama) e diga algo como: "Ei, Rosy, percebi que está havendo muita discussão na hora de dormir. Vamos fazer um jogo sobre isso."

Então você pode esperar um pouquinho para ver se a criança já tem algo em mente e deixar que ela explique. Se ela não tiver, você pode simplesmente perguntar: "Quem você quer ser no jogo? Quer ser a mãe e eu a Rosy?"

Em seguida, você e a criança simulam, de forma despreocupada, o que acontece quando ela não quer ir para a cama e você fica irritada ou chateada. "Não tenha medo de exorbitar demais o mau comportamento e suas repercussões", aconselha Cohen. "O objetivo é rir, se divertir e liberar a tensão acumulada em torno do problema. Portanto, quanto mais exagerado, melhor."

Alguns pais podem ficar preocupados em modelar o comportamento errado. Mas as crianças são capazes de identificar a diferença entre a brincadeira e a vida real, diz Cohen. "Durante esse tipo de jogo, a criança não vai se lembrar da 'modelagem', e sim da conexão humana, da criatividade e da liberação da tensão."

Envolva-se

• **Encene uma dramatização.** Para observar como as dramatizações podem funcionar, consideremos um problema crônico em nossa casa: as agressões físicas. Agora, quando Rosy me bate, independentemente da força do tapa, eu não fico mais com raiva. Tento, de todo o coração, ignorar. Apenas ignorar completamente. E, se eu não conseguir, digo apenas "Ai, isso me machuca" da maneira mais calma possível (assim como Sally fez quando Caleb arranhou seu rosto).

Então, mais tarde, quando estivermos ambas calmas e relaxadas, organizo algumas dramatizações em que os personagens se agridem.

Vou até Rosy e peço-lhe que bata em mim. Se ela aceitar, simulo as consequências mais uma vez. Digo, de forma dramática, "Ai, isso dói! Meu Deus, isso dói!", para lhe mostrar que a agressão causa dor, tanto física quanto emocional.

Consigo ver as pequenas engrenagens em seu cérebro se movimentando. "Espere! Estou ferindo os sentimentos da mamãe?", parece ela pensar (e consigo ver que Rosy não tem intenção de me provocar. Ela se preocupa com meus sentimentos. Ela, simplesmente, não percebeu quanto os tapas eram dolorosos!).

Então, eu lhe faço uma única pergunta, com uma sensação exagerada de dor e sofrimento: "Você não gosta de mim?" Em muitas ocasiões, ela responde com algo superdoce e maravilhoso, como "Não, eu te amo, mamãe".

Para ajudá-la a entender melhor as consequências da agressão física, associo o mau comportamento à imaturidade. Normalmente, a conversa evolui para algo mais ou menos assim:

Eu: "Você é um bebê?"
Rosy: "Não, mamãe, sou uma garota grande."
Eu: "Garotas grandes batem?"
Rosy: "Não, mamãe."*

Frequentemente, Rosy deseja inverter os papéis e interpretar o papel da mãe na vez seguinte. Ela diz qualquer coisa como "Bata em mim, mamãe!". Dou um tapinha de leve em suas nádegas ou uma leve cutucada em seu ombro. Em seguida, ela simula a consequência do tapa, de forma muito dramática. Ela grita e sai correndo, ou diz, com um tom piegas:

---

* Associar comportamentos indesejados ao fato de ser um bebê tem um efeito incrivelmente poderoso sobre crianças pequenas, que desejam desesperadamente ser mais velhas. Quando nosso dentista nos disse para jogar fora a chupeta de Rosy, a ideia me assustou; ela a usava havia três anos. Então, encorajei Rosy a parar de usar a chupeta, associando-a à infância. Cada vez que ela pedia a chupeta, eu apenas dizia: "Ah, sim, porque você é um bebê." Depois de três dias, ela me entregou a chupeta e disse: "Eu não preciso disso. Eu sou uma garota grande."

"Você não gosta de mim?" Ao fim da segunda dramatização, estamos ambas às gargalhadas.

Depois de mais ou menos um mês fazendo essas dramatizações, as agressões de Rosy diminuíram sensivelmente, tanto em intensidade quanto em frequência. Às vezes ela chegava até a interromper o gesto no meio do caminho, com o bracinho erguido, ou desviava intencionalmente para não me atingir.

Devo admitir, porém, que as agressões não cessaram completamente, até que eu mesma parasse de me importar tanto com isso. Depois que aprendi a ignorar uma beliscada no braço — ou até mesmo um tapa no rosto —, como se nada mais fosse do que um "bebezinho" perdendo o controle de suas emoções, Rosy não viu mais necessidade de "praticar" aquele mau comportamento. E sabe do que mais? Eu também não precisei praticar (tanto assim) o controle da minha raiva.

Resumo dos capítulos 11 e 12: Molde o comportamento com histórias e dramatizações

Ideias para serem lembradas

- Quando uma criança fica irritada, ela terá dificuldade em ouvir e aprender.
- Quando uma criança se descontrai e se sente protegida do castigo, ela se abre para aprender novas regras e reparar os erros.
- Se a criança não estiver cooperando com um assunto (por exemplo, fazendo o dever de casa), é provável que haja tensão entre os pais e a criança em torno daquele assunto. Quando essa situação se resolver, seja por meio de uma brincadeira, se por meio de uma história, a criança cooperará e se comportará melhor.

- As crianças adoram aprender por meio de histórias orais, especialmente quando elas incluem personagens, experiências e objetos extraídos de suas vidas reais. Elas têm uma inclinação natural para aprender dessa maneira. As crianças adoram, por exemplo:
  - ↳ Ouvir sobre a história da família e sobre a infância dos pais.
  - ↳ Imaginar objetos ganhando vida e cometendo erros.
  - ↳ Imaginar fantasmas, monstros, fadas e outras criaturas sobrenaturais vivendo ao seu redor e ajudando-as a aprender o comportamento adequado.
- As crianças adoram aprender brincando. É a maneira delas liberar a tensão e praticar o comportamento adequado. Elas adoram reconstituir cenicamente comportamentos problemáticos ou erros, e observar as consequências se manifestarem em um ambiente divertido e de baixo estresse (sem medo de punições).

Dicas e ferramentas

Em vez de usar sermões e a lógica adulta para mudar o comportamento de uma criança ou ensinar-lhe um valor, espere por um momento calmo e descontraído, e experimente uma das ferramentas seguintes:

- **Conte uma história de sua infância.** Explique como você e seus pais lidaram com um erro, problema ou comportamento inadequado. Você foi punido? Como você reagiu?
- **Monte um espetáculo de marionetes.** Pegue um bicho de pelúcia ou um par de meias para simular as consequências do comportamento da criança, e como você gostaria que ela se comportasse. Peça-lhe que interprete um dos personagens do espetáculo.
- **Leve o problema para a área de recreação.** Diga à criança: "Percebi que temos discutido muito sobre o dever de casa [ou qualquer outro problema que você tenha]. Vamos fazer um jogo sobre isso. Qual papel você quer representar? Eu ou você?" Em seguida, encene de forma divertida o que costuma acontecer durante a discussão.

Não tenha medo de exagerar. O objetivo é rir e liberar a tensão acumulada sobre o assunto.

- **Use uma história de monstro.** Crie um monstro que se esconde perto de sua casa. Diga à criança que o monstro está olhando, e que se a criança se comportar mal de uma maneira específica, o monstro virá e levará a criança embora (por apenas alguns dias).

- **Dê vida a um objeto inanimado.** Use um bicho de pelúcia, uma peça de roupa ou outro objeto inanimado para ajudá-lo a persuadir uma criança a concluir uma tarefa. Faça com que o próprio objeto execute a tarefa (por exemplo, escovar os dentes de um bicho de pelúcia) ou faça com que o objeto peça à criança que execute uma tarefa (por exemplo, a escova de dentes pede à criança que escove seus dentes).

A saúde dos hadzas

E
Q
U
Autonomia P
E

CAPÍTULO 13

Como nossos antepassados criavam os filhos?

A caça começa com um apito. Usando uma bermuda e uma pele de babuíno em torno do peito, Thaa se ergue ao lado da fogueira, agarra seu arco e flecha e começa a apitar. Apitos longos e agudos. *Fiuuuu. Fiuuuu.*

Uma dúzia de cães corre até nós, proveniente de todas as direções. Cachorros marrons, cachorros pretos, cachorros brancos. Inclusive um com um pelo que me lembra uma espinha de peixe. Com o porte de raposas, os cães são todos magros, com as costelas salientes nos flancos. E parecem ansiosos para ajudar.

Thaa apita mais uma vez. *Fiuuuu.* Mais alguns cachorros aparecem correndo pela trilha logo abaixo de nós. Dois amigos de Thaa se juntam a ele. Cada um dos homens tem um arco e algumas flechas nas mãos. Todos três são altos, esguios, e tão em boa forma quanto maratonistas. Antes mesmo que eu perceba o que está acontecendo, eles praticamente desaparecem em meio à vegetação. Os cães vão logo atrás, com os focinhos apontados para a terra e os rabos apontados para o céu.

"Vamos lá!", grito para Rosy. Ajoelho-me no chão e espero Rosy colocar os pés em torno da minha cintura. Andar de cavalinho é a única maneira de ela me acompanhar.

O amanhecer nos surpreendeu na encosta de uma montanha, a alguns milhares de metros de altura. O sol, escondido atrás de outra montanha a leste de onde estamos, ainda não apareceu, mas um brilho amarelo e quente começou a se espalhar pela savana a nossos pés.

Estamos logo ao sul da linha do equador, a cerca de 160 quilômetros das planícies do Serengeti, e é inverno na Tanzânia. A terra está seca e empoeirada. Rochas em tons de rosa e branco pontilham a encosta. Galhos de árvores, áridos e cinzentos, se retorcem em direção ao céu quais dedos longos e finos de uma bruxa. Apenas as acácias conseguiram manter algumas folhas, todas agrupadas nos galhos superiores. Lembram os franceses, com suas boinas verdes.

Rosy e eu alcançamos Thaa e seus amigos. Nosso intérprete, David Mark Makia, também veio junto com eles, e os quatro homens pararam para estudar alguma coisa no terreno. Pegadas na areia. Esta manhã, os homens estão esperançosos de seguir o rastro de babuínos. Contudo, eles irão atrás de qualquer coisa que avistarem — um porco-do-mato, um antílope africano, um gato selvagem, seja lá o que for. Para Thaa, a caça é o principal meio de sustento de sua família.

Na casa dos 40 anos, Thaa é pai de sete filhos. Sua idade se revela nos três profundos sulcos em sua testa, que se intensificam quando ele olha para a savana. Na cabeça, ele usa uma viseira em cuja frente há um tufo de pelos de babuíno. Thaa é um homem de poucas palavras. Quando ele fala, mal consigo ouvi-lo. Ele escolhe *mostrar* seus sentimentos por meio de ações. Quando Rosy e eu chegamos ao acampamento hadza, ele nos ajudou a encontrar um lugar para instalar uma tenda na encosta, a cerca de quinze metros da cabana de sua família. Enquanto eu lutava com a lona verde, Thaa se abaixava e removia cuidadosamente todas as pedras e os seixos do chão, assegurando que tivéssemos uma superfície lisa para dormir.

Ele e seus amigos são alguns dos melhores caçadores do mundo. Esses homens caçam quase exclusivamente com arcos e flechas, que eles próprios fabricam com galhos de uma árvore comum. Chamá-los de "atiradores de elite" seria um eufemismo. Todos três seriam capazes de depenar um pequeno pássaro empoleirado em uma árvore, a dez metros de altura. Eles têm um conhecimento hiperenciclopédico sobre os animais da savana: o que comem, como se movem, onde gostam de se esconder, que pegadas deixam na areia.

Os homens chegam à conclusão de que não vale a pena seguir os rastros; começam a se movimentar novamente, adentrando ainda mais a vegetação. Tecnicamente, eles estão "caminhando", não correndo. Mas a palavra que me vem à mente, enquanto os observo, é "deslizar"; seus movimentos são muito naturais e suaves. E o ritmo é rápido. Preciso apertar o passo — com Rosy nas costas —, apenas para não perdê-los de vista.

Não demora muito para que meu coração comece a bater mais forte. Meus pulmões se esforçam para puxar o ar. Passamos sobre raízes de baobás tão grossas quanto postes de telefone. Escalamos rochedos e nos abaixamos sob galhos de árvores cobertos de espinhos do comprimento de meu dedo indicador. De vez em quando, um deles se agarra ao meu suéter, e eu tenho de parar e lutar para me desvencilhar.

"Rosy, acho que não vamos conseguir acompanhá-los", digo, por cima do ombro. Os quatro homens estão tão longe de nós que não consigo mais vê-los.

Então, surgem no meu campo de visão, esperando a distância, e vamos correndo ao encontro deles. Todos estão em silêncio. Até os cães param de se mover.

Thaa tensiona o arco, firmando a flecha entre dois dedos e mirando o topo de uma árvore. O vento agita as folhas. Ele puxa a flecha e a solta. Ela se move tão rapidamente na direção da árvore que não consigo seguir seu curso. Prendemos a respiração. Será que ele acertou? Uma pomba salta da árvore e alça voo acima de nossa cabeça. Ele errou.

Imediatamente, os homens saem andando de novo.

Quando Thaa tinha cerca de 2 anos, seu pai lhe deu um pequeno arco, que ele carregava aonde quer que fosse. Quando tinha a idade de Rosy, ele já havia começado a atirar em ratos, pássaros e pequenos répteis perto de sua casa. Por mais de uma década, Thaa praticou diariamente tiro ao alvo com os amigos. Então, no início da adolescência, passou a acompanhar os homens mais velhos em pequenas caçadas. Aos 20 e poucos anos, ele já conseguia detectar os rastros de um antílope ou de uma girafa.

Olhando através da savana, acho difícil acreditar que Thaa e sua família vivam quase inteiramente desta terra. Para mim, tudo parece seco, quebradiço, estéril. Mas ele e sua esposa conseguem suprir todas as necessidades da família — comida, água, ferramentas, roupas e medicamentos — exclusivamente das plantas e dos animais encontrados aqui. E eles fazem isso com bastante facilidade. Seu modo de vida não requer grandes reservas de água para o gado nem fertilizantes caros para as plantações. Quando uma flecha se quebra ou se perde no mato, basta fazer outra com os galhos de uma árvore comum.

Thaa pertence ao povo hadza, um grupo de caçadores-coletores da Tanzânia. Ninguém sabe exatamente quão antiga a cultura hadza é, mas antigas ferramentas de pedra e pinturas rupestres sugerem que os ancestrais de Thaa caçaram nesta savana por dezenas de milhares de anos — pesquisadores acreditam que os hadzas podem ser uma das culturas mais antigas da Terra.

———

Todos os seres humanos descendem de caçadores-coletores da África. De Thaa, na Tanzânia, a Maria, em Yucatán, de meu avô, na Virgínia, aos ancestrais de meu marido, na Macedônia, todos os seres humanos compartilham essa mesma história. Todos nós evoluímos, ao longo de alguns milhões de anos, de um grupo de peculiares macacos humanoides africanos, que sobreviviam colhendo frutos, escavando a terra para encontrar tubérculos selvagens, recolhendo restos de carne de predadores maiores e — a partir de determinado momento — caçando e pescando.

Ninguém sabe, ao certo, como nossos ancestrais criavam os filhos. Não temos registros de como uma mãe paleolítica fazia para que os filhos arrumassem tudo depois de uma refeição, nem como um pai da Idade da Pedra persuadia seu filho pequeno a dormir à noite. Até hoje, não descobrimos pinturas rupestres que representem rotinas para a hora de dormir nem gravuras no interior das cavernas oferecendo dicas para lidar com as pirraças das crianças.

Mas podemos fazer suposições fundamentadas sobre alguns aspectos da parentalidade pré-histórica — sobre como nossos pequenos humanos se adaptaram até se tornarem disciplinados, motivados e amados — nos informando sobre as culturas extraordinariamente diversas que existem em todos os continentes habitáveis da Terra. Podemos identificar, ainda, quais práticas parentais subsistem na vasta maioria dessas sociedades — aquelas que resistiram ao teste do tempo ou que vêm aparecendo repetidamente ao longo da história humana. Também podemos prestar especial atenção nas culturas cujos membros que ainda caçam e procuram por comida como meio de subsistência, uma vez que elas ocupam uma posição única na história da humanidade.

Nossa espécie, *Homo sapiens*, está sobre a Terra há cerca de duzentos mil anos. E passamos a maior parte desse tempo (95% ou mais) vivendo como caçadores-coletores. Primeiro, buscamos alimentos na África (incluída a região onde Rosy e eu estamos nos esforçando para acompanhar Thaa enquanto ele caça); e, em algum momento, nos espalhamos por todos os continentes habitáveis do planeta. Cerca de doze mil anos atrás, começamos a cultivar e criar gado para o próprio sustento. Então, menos de dois séculos atrás, a agricultura e a pecuária cresceram a níveis tão extraordinários que, hoje, precisamos de tratores movidos a gás, serras elétricas e robôs para produzir as calorias diárias das quais necessitamos.

Portanto, se quisermos entender o passado de nossa espécie, temos, essencialmente, duas ferramentas à mão: os ossos deixados no solo pelos povos antigos e o estudo das comunidades contemporâneas de caçadores-coletores. Estas, como já mencionei, não são "fósseis vivos" nem "relíquias do passado". Elas não nos mostram como os seres humanos viviam há milhares de anos, e sim oferecem uma visão de como os seres humanos podem prosperar na condição de caçadores-coletores. Para além disso, elas existem de uma forma muito mais próxima ao passado de nossa espécie do que, digamos, a vida que eu levo em São Francisco, e elas mantiveram muitas antigas tradições e técnicas parentais que a cultura ocidental já perdeu. Simplificando, inúmeras comunidades de caçadores-coletores têm muito a ensinar às mães e aos pais ocidentais.

Quando os jornalistas escrevem sobre caçadores-coletores como os hadzas, costumam usar palavras como "raros" e "últimos". Mas esses adjetivos transmitem uma impressão errada. Em primeiro lugar, devem existir, atualmente, milhões de caçadores-coletores vivendo em todo o mundo. Em 2000, os antropólogos estimaram que tal população era de cerca de cinco milhões de pessoas. Essas comunidades vivem em grandes regiões da Terra, caçando lagartos-monitores na Austrália Ocidental, rastreando caribus pela tundra ártica e, na Índia, lar de quase um milhão de caçadores-coletores, colhendo plantas medicinais e mel silvestre altamente valorizados.

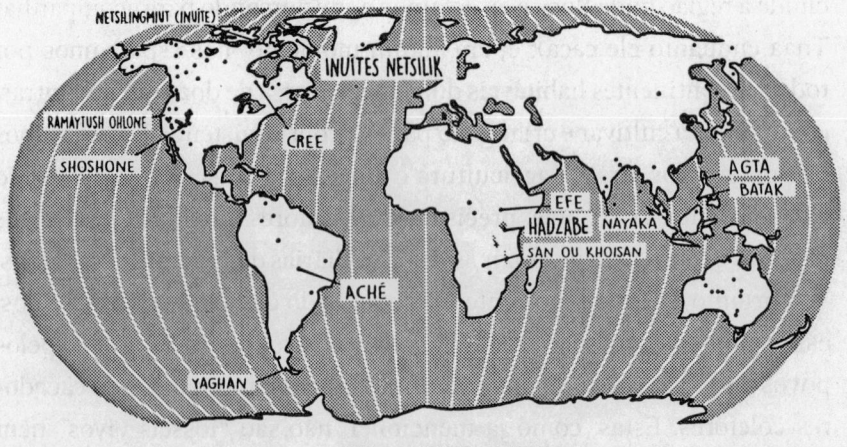

● — GRUPOS DE CAÇADORES-COLETORES

Em 1995, o arqueólogo Robert Kelly compilou um resumo do saber ocidental acerca das sociedades coletoras ao redor do mundo. O livro resultante, chamado *The Lifeways of Hunter-Gatherers*, descreve inúmeras culturas em todo o mundo, entre elas, mais de uma dúzia no território hoje denominado Estados Unidos. Não faz muito tempo, os caçadores-coletores administravam grandes áreas da América do Norte, desde os povos shoshone e kiowa nas montanhas Rochosas até o povo cree no Meio-oeste.

Na verdade, enquanto escrevo estas palavras, estou acomodada sobre uma península que, há cerca de duzentos anos, pertencia a um grupo de caçadores-coletores altamente qualificados, chamados ramaytush ohlone. Eles pescavam na baía, buscavam bolotas nas florestas de carvalhos e coletavam mexilhões ao longo da costa. Eram essas as pessoas originárias de São Francisco. Então, os missionários espanhóis chegaram no fim do século XVIII e quase todas as famílias morreram de doença ou de fome.

O livro de Kelly ilustra apropriadamente não apenas quanto as culturas caçadoras-coletoras são "comuns", como também quanto são notavelmente diversas hoje em dia da mesma forma que o foram no passado e serão no futuro. Alguns grupos de caçadores-coletores dependem amplamente da caça ou da pesca; alguns, da coleta de alimentos. Vivem em grupos grandes e estabelecidos ou em pequenos acampamentos nômades. Muitos têm sistemas morais baseados na igualdade entre todas as pessoas; outros, nem tanto. Algumas culturas tendem a ter muitos bebês, com famílias grandes; algumas tendem a ser mais como eu e Matt — um ou dois filhos e pronto. Essencialmente, todas as culturas de caçadores-coletores fazem *mais* do que caçar, coletar e pescar para viver. "O leitor deveria ser informado de que muitos desses 'caçadores-coletores' cultivam parte de seus alimentos, negociam produtos agrícolas com fazendeiros ou participam de economias de mercado", escreve o arqueólogo. "O verdadeiro caçador-coletor poderia, por favor, se apresentar?"

Além disso, nenhuma dessas culturas está "intacta", "intocada" ou "isolada" do resto do mundo. Cada uma delas se comunica e comercializa com outras culturas, sejam elas próximas ou até bem distantes. Cada uma ensina e aprende, interconectada a outras sociedades.

Os hadzas, no norte da Tanzânia, não são diferentes. Por milhares de anos, eles têm vivido em uma vasta floresta de savana, ao redor de um enorme lago de água salgada. Ao longo de sua história, eles vêm caçando animais silvestres, tanto os maiores (girafas, hipopótamos, antílopes) como os menores (coelhos, gatos selvagens, esquilos, ratos). Eles têm furtado dos leões a carne fresca de suas presas ("comida fácil"), coletado mel de árvores (o "ouro em vida"), escavado a terra em busca de tubérculos, como inhame, e ingerido a fruta crocante e azeda dos baobás. Moram em cabanas em formato de cúpula, feitas de galhos e grama, que podem ser facilmente construídas pelas mulheres em cerca de duas horas.

Em outras palavras, os hadzas têm vivido como seus ancestrais há milhares de anos, não porque permaneceram isolados ou não foram expostos a outras sociedades, e sim porque as pessoas acreditam que sua forma de viver é ideal para o ambiente hostil em que estão. E é verdade: os hadzas vêm vivendo satisfatoriamente há muito, muito tempo. Por que consertar algo que não está quebrado?

O resultado se deve, em grande parte, ao relacionamento de longa data com a terra. Os ocidentais chamariam isso de "sustentável". As famílias trabalham com as plantas e os animais ao seu redor para que todos possam coexistir e prosperar através dos milênios. É um relacionamento baseado na interferência mínima e no respeito, não no controle e na transformação — a forma de os ocidentais lidarem com a terra.* A ecologista vegetal Robin Wall Kimmerer chama essa abordagem da vida de "economia da doação". A terra dá antílopes, babuínos e tubérculos às famílias hadzas e, em troca dessas dádivas, eles têm uma responsabilidade para com a terra — cuidar dela e preservá-la. A relação é de reciprocidade. É bidirecional.

---

* A relação do Ocidente com a terra é de dominação. As pessoas a transformam e usam seus recursos até o fim, em uma velocidade quase vertiginosa, deixando pouco para as gerações futuras. As dádivas fluem em uma única direção: as pessoas tomam posse, controlam e alteram a terra e os animais.

Em seu brilhante livro *Braiding Sweetgrass*, Robin escreve:

Na economia da doação, as dádivas não são gratuitas. A essência da dádiva é que ela cria um conjunto de relacionamentos. A moeda de uma economia da doação é, essencialmente, a reciprocidade. (...) Em uma economia da doação, a propriedade traz consigo um "pacote de responsabilidades".

Dito de outra forma, as dádivas fluem em ambas as direções, da terra para as pessoas e das pessoas para a terra. E o mesmo acontece com as responsabilidades. Para cada dádiva que a terra oferece às pessoas, espera-se que as pessoas devolvam parte daquela dádiva de volta à terra.

Durante o curto período que passei com as famílias hadzas, pude observar a economia da doação em todos os lugares — na forma como elas tratam os animais que foram caçados, compartilham cada uma das plantas coletadas, não desperdiçam comida e, essencialmente, não geram lixo. Também percebo a economia da doação dessas famílias no relacionamento com os filhos. Os pais não idealizam os filhos, transformando-os, o mais rapidamente possível, por meio do controle e da dominação. Em vez disso, se concentram em se doar uns aos outros. Os pais oferecem à criança contínuas dádivas de amor, companheirismo e alimentos e, em troca, esperam um "pacote de responsabilidades". Coexistimos juntos, com interferência mínima e respeito mútuo; e, por meio da reciprocidade, nos amamos e nos conectamos. À minha maneira ocidental e desajeitada, criei um lema para esse estilo de relacionamento: você cuida da sua vida e eu cuido da minha, e nós sempre procuraremos meios de ajudar um ao outro, tanto quanto possível.

Essa forma de tratar — e pensar — as crianças não é exclusiva dos hadzas. Podemos encontrar um estilo semelhante em infinitas comunidades de caçadores-coletores e outras culturas nativas. E é essa semelhança que torna tal abordagem parental tão extraordinária e importante: apesar da ampla diversidade existente entre as culturas de caçadores-coletores, ainda é possível identificar uma maneira comum de criar e interagir com os filhos — uma maneira que, provavelmente, sobreviveu a dezenas de milhares de anos (ou, até mesmo, mais do que isso). Essa maneira, como ficaremos sabendo, se adapta às necessidades das crianças (mental e fisicamente) tal qual a mão se ajusta à luva. Ou, melhor ainda, como um encaixe de madeira japonês *nejire kumi tsugi*. É lindo.

Voltando à caçada na Tanzânia, recebo minha primeira lição sobre essa bela maneira de criar os filhos. Rosy e eu já estamos cerca de quatrocentos metros para trás de Thaa e seus amigos, e não vejo como poderemos alcançá-los, especialmente com minha filha ainda pendurada nas minhas costas. Começo a me preocupar com a possibilidade de nos perdermos no meio da mata. Rosy está quase chorando. "Mamãe, não estou confortável. Ai! Ai! Eu quero andar", chora ela.

"Está bem. Desça", digo, enquanto me ajoelho. "Me dê a mão."

Pego o pulso de Rosy e saímos correndo para alcançar os rapazes. Eu a seguro com força e a ajudo a escalar as pedras. Empurro sua cabeça para baixo para podermos passar sob os galhos pontiagudos. "Cuidado com os espinhos!", grito, várias vezes. Continuo puxando-a para fazê-la andar mais depressa. A certa altura, sinto que estou, literalmente, arrastando-a pela mata, como se ela fosse um cachorro reticente na coleira.

Rosy começa a chorar, e pondero se deveríamos desistir e voltar para o acampamento. Eu chamo o intérprete, David, para voltar e nos ajudar. Ele é pai de duas filhas, uma delas de 4 anos. Imediatamente David identifica o problema parental que estou enfrentando. E, sem hesitar, ele me dá um conselho sobre criação de filhos que resume muito do que os pais e as mães locais me ensinaram em nossa viagem até aqui; muito do que representa o estilo parental baseado na doação.

"Solte a mão dela. Simplesmente deixe-a ir", diz David, com um toque de exasperação na voz. "Ela pode ir andando na frente e você, atrás dela. Vai ficar tudo bem com ela."

"É mesmo? Você acha?", pergunto, incrédula.

"Sim, ela vai ficar bem", responde ele.

"Está bem... Mas eu não acho que..." Antes que eu consiga terminar a frase, Rosy sai correndo, se lançando sobre os rochedos como um bebê babuíno.

No fim, David estava certo sobre Rosy. Depois que eu "a deixei ir", ela realmente fez um belo trabalho na caçada, andando de um lado para outro por três horas.

Naquele momento, vejo, em primeira mão, o que um pouco de autonomia pode fazer por uma criança pequena — e por seu relacionamento com a mãe.

CAPÍTULO 14

As crianças mais confiantes do mundo

No terceiro dia na Tanzânia, conheci uma menininha que me mostrou exatamente quanto as crianças podem ser autossuficientes e amáveis, mesmo quando ainda muito pequenas. Ela também me faz refletir se estou interferindo demais em como Rosy age — e, nesse processo, se estou deixando minha filha ainda mais ansiosa e autoritária.

A essa altura, Rosy e eu estamos acampando perto das famílias hadzas há alguns dias. E já temos uma noção do ritmo diário da vida nesse local: tranquilo e determinado, em grande parte, por dois elementos: a fogueira e a amizade.

Os dias começam da mesma maneira. Pouco antes do amanhecer, quando o céu ainda está coberto de um tom cinza leitoso e repleto de estrelas remanescentes, Thaa passa por nossa tenda, sobe em uma árvore próxima e corta um tronco do tamanho do meu corpo. Ele traz a lenha até um círculo de pedras e acende a fogueira matinal.

O ar do amanhecer está absolutamente frio. É quase possível enxergar nossa respiração. Rosy e eu ficamos tentadas a nos manter bem aquecidas dentro de nossos sacos de dormir. Entretanto, alguns minutos depois, outros homens se juntam a Thaa ao redor da fogueira. A conversa suave

atrai a mim e a Rosy para fora de nossa tenda. "Vamos, Rosy", digo, empurrando a aba do saco de dormir de cima de nós. "Vamos lá ver sobre o
que eles estão falando." Ajudo Rosy a colocar um suéter e nos dirigimos
para a roda da fogueira, sob uma das árvores mais majestosas que eu já vi.

Todas as manhãs, por cerca de uma hora, os pais sentam-se sob um
enorme e milenar baobá. Do tamanho de uma casa de dois andares, a
antiga árvore é uma maravilha da natureza. Parece uma vela gigante presa
à encosta. Sua casca marrom e lisa parece escorrer, como cera derretida.
No topo, vagens verdes aveludadas pendem de braços estendidos, oferecendo uma graciosa dádiva aos hadzas. Repletos de vitaminas e gordura,
o fruto e as sementes do baobá fornecem às famílias uma grande parte
das calorias de que necessitam durante o ano — mais do que qualquer
outra planta ou animal.

Amo essa árvore. Sentada embaixo dela, com o calor do fogo em meu
rosto e dedos, sinto como se ela estivesse quase me abraçando. Rosy
está sentada a meu lado, enrolada em um cobertor xadrez vermelho e
mastigando um muffin amarelo que guardei de nosso voo até aqui. Um
dos rapazes do grupo, Ima, caminha até a fogueira com uma pequena
criatura felpuda amarrada nas costas — a recompensa de uma caçada
matinal. O bicho parece um cruzamento entre um guaxinim e um gato
doméstico. Os homens trabalham juntos para retirar a pele do animal,
retalhá-lo e assar os pedaços no fogo. Todos eles compartilham a carne
e jogam as sobras para alguns cães ansiosos, que também estão parados
perto da fogueira.

De nossa posição elevada nesta encosta, temos uma visão espetacular
do vale abaixo do acampamento: campos de fazendas de cebola verde
e um cintilante lago de água salgada. *Que lugar incrível para criar uma
família*, penso. O simples fato de estar neste ambiente todas as manhãs
deve ser bom para a saúde mental. O ritmo de vida também parece ótimo.
Ao longo do dia, mães e pais param o que estão fazendo e, simplesmente,
sentam-se juntos por uma hora, ou sozinhos, em silêncio. *Por que sinto
a necessidade de falar ou fazer algo a cada momento?*, pergunto-me.

Então, lá embaixo, no sopé da encosta, vejo uma pequena figura caminhando pela trilha: uma garotinha. Sua cabeça balança para cima e para

baixo enquanto ela escala alguns rochedos pelo caminho. Quando ela se aproxima, consigo ver que está curvada e carregando algo nas costas.

Com cabelos pretos curtos e traços delicados, a menina parece ter cerca de 6 anos. Ela usa uma jaqueta de lã vermelha, chinelos cinza e uma saia listrada. Uma larga faixa, pintada com flores marrons e laranja, está circundando seus ombros. Dentro dela, um bebê de cerca de 6 meses se aconchega em suas costas.

"É minha filha", diz Thaa, por intermédio da tradução de David. Pergunto o nome dela.

"Esta é a Belie. O bebê também é meu filho", diz ele, apontando para as costas de Belie. *Ah, ela está carregando o irmãozinho*, penso.

Belie se senta ao redor da fogueira, entre mim e seu pai. Olhando de perto, percebo que já a vi outras vezes durante a viagem. Ela tem estado perto de mim e de Rosy nos últimos dias, nos observando, mas nunca se aventurou a ficar a menos de um metro e meio de nós. Eu poderia dizer que a menina se mostrava bastante curiosa — ela não conseguia tirar os olhos de Rosy.

Hoje, ela parece mais corajosa, como se quisesse conversar e aprender mais sobre nós. Eu lhe ofereço um dos muffins do avião. "Você gostaria de um?", pergunto. Lentamente, Belie pega o muffin, olha para ele e, sem perder tempo, arranca um pedaço e coloca delicadamente a massa amolecida na boca do irmãozinho mais novo. O bebê olha e sorri para mim.

Uau, quanta generosidade, penso. Então, ao longo dos próximos cinco minutos ou mais, Belie acaba dando o muffin *inteiro* para seu irmão mais novo, sem guardar uma mordida sequer para si mesma. Ninguém lhe pediu que compartilhasse. Ela fez tudo absolutamente sozinha. E esse ato voluntário de gentileza de um ser humano tão pequeno é tão lindo para mim que quase começo a chorar. Rosy teria feito o mesmo? Eu teria feito o mesmo naquela idade — ou mesmo agora, já adulta?

Mal sabia eu que aquela era a primeira lição sobre gentileza e respeito que eu aprenderia no tempo em que convivi com os hadzas.

———————

Da mesma forma que os dias dos hadzas começam com uma fogueira, eles também terminam assim. Todas as noites, logo depois do pôr do sol, Thaa e os demais homens se reúnem sob o baobá para mais uma rodada de conversas, histórias e canções. Esta noite, o céu está tão escuro e limpo que podemos ver a Via Láctea qual uma pincelada branca e difusa no horizonte sudeste.

Um dos rapazes, de 20 e poucos anos, traz um instrumento de cordas feito a mão a partir de uma cabaça (um *zeze*) e começa a nos ensinar uma canção na língua hadza. A música conta a história de um babuíno que visita mulheres em um acampamento, enquanto os homens estão fora, caçando. O hadza é uma das últimas línguas na Terra a usar os chamados sons de clique, que podem ser emitidos estalando a língua no céu da boca de várias maneiras. Existem três cliques distintos, dependendo do formato da boca e do movimento da língua de quem está falando. Os falantes de hadza, então, modificam esses três cliques de três outras maneiras, criando nove sons diferentes, que soam basicamente iguais para mim (como o som de um cavalo passando por uma estrada). Mal consigo repetir um ou dois versos da música, mas Rosy parece não ter nenhum problema com isso, e canta até ficar sem voz, sob o baobá.

Um dos jovens pais, chamado Pu//iupu//iu (esses "//" são os cliques), decide batizar a mim e a Rosy em hadza. Pu//iupu//iu tem pouco mais de 20 anos, mas já é um pai incrível. Ele passa quase todas as tardes e muitas noites abraçado e aconchegado a seu primeiro filho, que tem apenas 1 ano. Pu//iupu//iu fala suavemente com o bebê, acaricia-o com o nariz e canta para ele por horas a fio ao redor da fogueira. E o menininho adora! Eles nunca parecem se cansar de, simplesmente, ficarem sentados passando um tempo juntos — não há necessidade de nenhum iPad.

Pu//iupu//iu aponta para Rosy e diz: "Ela é Tok'oko", enquanto balança o filhinho sobre as pernas.

"'Tok'oko' é um gato pequeno e selvagem", diz ele. "Porque ela está sempre correndo pelo acampamento, como uma gatinha." *E berrando como uma também*, penso. *Isso faz sentido.*

Então Pu//iupu//iu se vira para mim e sorri. "Você é Hon!o!oko."

"O quê!?", exclamo, rindo.

"Hon!o!oko", repete ele, várias vezes seguidas. "Hon!o!oko, Hon!o!oko, Hon!o!oko."

Esses dois "!"s são sons estalados bem altos. E, então, acrescenta-se um "oko" forte e alto no fim. Mas, na prática, não tenho ideia de como emitir aqueles sons. Cada vez que tento, os homens acham hilário. Todos explodem em gargalhadas.

Em seguida, alguns homens começam a cantar novamente, e logo estamos todos cantando a música sobre o babuíno repetidas vezes, sorrindo e balançando a cabeça juntos. Tudo parece extraordinariamente alegre. Começo a perceber que tudo de que precisamos para uma noite inesquecível é uma fogueira, algumas músicas e amigos que você conheça como a palma de suas mãos.

Finalmente, o canto e o riso diminuem de intensidade, e eu pergunto a Pu//iupu//iu qual o significado do nome Hon!o!oko.

"Significa 'Espere um Pouco'", diz Pu//iupu//iu, sorrindo e me mostrando seus dentes brancos e brilhantes, perfeitamente retos e alinhados.

"'Espere um Pouco'? Por que isso?", pergunto.

Nesse momento, Pu//iupu//iu e o intérprete, David, começam um longo e barulhento diálogo sobre meu nome, o que envolve muitos gestos largos com as mãos e expressões faciais nada discretas. E então todos irrompem em gargalhadas. Alguns homens começam até a cantar. Tenho a sensação de que a piada sou eu.

"'Espere um Pouco' é o nome das acácias", diz David, sorrindo. "Sabe aquelas árvores com grandes espinhos nos galhos? Eles chamam aquelas árvores de 'Espere um Pouco', porque se você ficar preso em um espinho, tudo o que você precisa fazer é esperar um pouco até se soltar."

"Então meu nome vem das acácias?", pergunto, me sentindo muito bem com aquilo. Quem não quer ser batizada em homenagem a uma daquelas belas árvores?

"Isso", diz David, rindo. "Porque durante a caça, seu suéter ficava preso toda hora nos espinhos das acácias. Então, seu nome é Espere um Pouco. Você precisa esperar um pouco."

Humm, penso, Rosy e eu estávamos muito distantes deles durante a caçada. Como eles sabiam que eu ficava presa a toda hora? Será que alguém estava me observando e eu não percebi?

Fico com a ligeira impressão de que os homens estão tentando me ensinar algo com esse nome, algo mais do que, simplesmente, as pausas que fiz durante a caçada.

Eu sorrio e dou risadas, mas agora tenho um novo desafio pela frente: por que me chamaram de Espere um Pouco?

———

Na manhã seguinte, Rosy e eu acordamos um pouco tarde. O sol, acima das montanhas a leste de onde estamos, aquece rapidamente o ar frio. O cheiro de fumaça e da fogueira nos rodeia.

Rosy e eu descemos a colina até as cabanas da família e encontramos algumas das mães se preparando para ir coletar tubérculos. Todas usam lindos sarongues amarrados sobre os ombros, em uma variedade de cores primárias: azul com flores amarelas, vermelho com folhas douradas e uma trama xadrez azul e vermelha.

Primeiro, nos sentamos ao redor de uma fogueira, conversando um pouco — quem precisa se apressar? Os tubérculos não vão a lugar algum. Como logo poderei constatar, as mulheres conseguem coletar todas as raízes de que precisam entre uma e duas horas.

Então, sem nenhum aviso prévio, algumas mulheres se levantam, espanam seus sarongues e vão para o meio da mata. Pego a mão de Rosy e sigo atrás. Olho por cima do meu ombro direito, e adivinhe quem eu vejo, correndo para nos alcançar? A doce Belie. O bebê não está mais em suas costas. E eu não vejo a mãe dela conosco. *Humm, interessante,* penso, *ela veio até aqui sozinha.*

Caminhamos cerca de quinze minutos, até que uma das mulheres, Kwachacha, para e aponta para um pequeno buraco na terra, não muito maior do que uma moeda. "Estão vendo como está a terra neste pedaço?", diz Kwachacha, enquanto suspende sua longa saia vermelha e se ajoelha ao lado do buraco. Jovem mãe de 20 e poucos anos, Kwachacha tem a postura mais elegante que eu já vi. Da cabeça aos pés, seu corpo é ereto como uma flecha. Mas ela também é uma incrível caçadora.

Usando um bastão de quase um metro, Kwachacha começa a escavar ao redor do buraco. Pedaços de solo marrom voam pelos ares. Belie a observa com um olhar obstinado. Em poucos instantes, Kwachacha já cavou uma trincheira de cerca de sessenta centímetros. Ela para, gesticula com as mãos para outra mulher e então começa a cavar novamente, mas agora na direção perpendicular, criando uma trincheira em forma de L no solo. Completamente confusa, me pergunto o que Kwachacha está fazendo.

De repente, um filete branco surge na parte de trás da trincheira, brotando do solo marrom. Kwachacha para de cavar, puxa o filete e aparece um rato-branco!

"O quê?!", grito, totalmente em choque. Eu esperava um tubérculo, talvez, mas não um rato. "Como você sabia que ele estava ali, sob o solo?", pergunto, ingenuamente. Caçar um rato no subsolo foi um dos feitos mais fantásticos que já vi. Kwachacha passa o rato para uma criança pequena e se afasta displicentemente.

Enquanto isso, o restante das mulheres migrou para baixo de uma árvore próxima e passou a escavar a terra com bastões de madeira afiada, em busca de tubérculos. Objetos vermelhos, parecidos com batatas, se amontoam ao lado delas. Uma mulher me entrega um bastão e faz um gesto em direção a uma trincheira profunda na terra. Aceito o convite, ajoelho-me no solo e tento imitar o movimento delas. As mães esperam que todos ajudem em todas as tarefas, até mesmo a jornalista fora de forma.

Olho em volta à procura de Belie e percebo que ela está ocupada com três crianças pequenas que vêm acompanhando o grupo desde as cabanas. Ela ajeita os sapatos de um menino cujo velcro se desprendeu; se aconchega em outra criança pequena para impedi-la de chorar. Em seguida, lhes serve o almoço, descascando um tubérculo e oferecendo-o às crianças. Depois, ela recolhe algumas aveludadas vagens de baobá e usa uma pedra do tamanho de um melão para esmagá-las. Bam! A vagem se abre e revela pedaços de uma fruta branca. Belie distribui porções da fruta para as crianças pequenas. Então, ela se aproxima e entrega o restante para mim e Rosy. Os nacos brancos têm a consistência de sorvete e a acidez de um refrigerante.

Que loucura, menina!, penso. *Você é tão forte. E tão responsável.*

Alguns dias depois, Rosy e eu nos encontramos com as mulheres novamente. Dessa vez, vamos buscar água potável perto de um rio. O percurso não é fácil. Temos de caminhar cerca de três quilômetros em terreno rochoso e íngreme. Quase todos os bebês e crianças pequenas ficam em casa com as mulheres mais velhas, pois podem representar um incômodo. No caminho de volta, as mulheres carregarão baldes de água de onze litros na cabeça — tarefa nada fácil, mesmo sem ter um bebê nas costas.

Rosy vem conosco, mas ela está tão exausta com todos os exercícios que fizemos que passa a maior parte do tempo nas minhas costas, choramingando e reclamando. "Mamãe, quando vamos chegar?", ou "Mamãe, quanto tempo falta?".

Belie não age dessa forma. Ela amarra uma garrafa de água vazia nas costas, entrega uma garrafa para Rosy carregar também e depois segue com as mulheres até o rio. Novamente, a mãe e o pai dela não vêm conosco. Deixada por conta própria, Belie exala independência e tenacidade.

Após cerca de uma hora de caminhada, vemos a garganta do rio lá embaixo. Descemos uma ladeira acentuada, atravessamos o leito de um rio seco e, finalmente, chegamos ao poço. As jovens mulheres começam a encher seus baldes com água doce. Belie e Rosy ajudam. Contudo, cinco minutos depois de iniciada a tarefa, noto que Belie se afasta do grupo e começa a escalar um penhasco à beira da garganta do rio. É muito íngreme — cerca de trinta metros de altura.

Aha, penso, *finalmente, ela está brincando e relaxando. Ela está fazendo algo apenas para se divertir.*

Mas, ah, não!

No topo da escarpa há um baobá. Belie caminha até a árvore e começa a recolher as vagens nutritivas, jogando tudo o que consegue encontrar dentro de uma enorme tigela de prata.

Ela não está brincando. Ela está coletando!

Quando voltamos para casa, as mulheres abrem as vagens do baobá, retiram as sementes e trituram-nas até formar um pó, usando apenas algumas pedras como ferramentas. Elas misturam o pó branco com água, mexem até formar um mingau espesso e cremoso e em seguida passam aquele mingau de mão em mão, em pequenas xícaras feitas de cabaça. Esse é o almoço. Experimento um gole, e o gosto é maravilhoso — ácido e refrescante. Além de parecer incrivelmente nutritivo.

Procuro a pequena Belie com o olhar. Ela está sentada perto de um rochedo, com as pernas esguias esticadas à sua frente e cruzadas na altura dos tornozelos. Sua expressão facial é serena; seu corpo está em estado de prontidão. Temos este mingau delicioso e nutritivo para comer por causa de sua iniciativa e de sua ação; ela escalou o penhasco para coletar as vagens, absolutamente por conta própria. Naquele momento, percebo quanto Belie é admirável. Ela não se limita a cuidar de si mesma e ajudar com as crianças pequenas; também ajuda a alimentar todo o acampamento. Ela já contribui incrivelmente para sua comunidade, e ainda nem entrou no jardim de infância. Já está retribuindo as dádivas que seus pais estão lhe dando. E não parece sobrecarregada com a responsabilidade. Ao contrário: isso a faz se sentir bem, a deixa confiante e relaxada.

Como as mães e os pais hadzas a treinaram para que ela contribuísse dessa forma? E então penso novamente em meu nome hadza: Espere um Pouco. Começo a me perguntar se talvez os pais, ao me batizarem de Espere um Pouco, estivessem, na verdade, tentando me ensinar algo sobre minha parentalidade. Como mãe, será que eu preciso esperar um pouco?

EQUIPE 3

Um antídoto milenar para a ansiedade e o estresse

Durante nossa estada na Tanzânia, surpreendo-me permanentemente com a quantidade de liberdade que as crianças parecem ter. Crianças de todas as idades parecem ir aonde bem entendem, fazer o que desejam e dizer tudo o que sentem.

Em comparação, a vida de Rosy, por contraste, parece confinada e, até mesmo, aprisionada. Ela passa os dias em nosso apartamento ou na escola; vive constantemente sob minha vigilância, de Matt ou de suas professoras; e, durante todo esse tempo, ela recebe um fluxo contínuo de instruções.

As crianças hadzas têm, inclusive, liberdade emocional. Se uma criança precisar fazer uma pirraça, que assim seja. Ninguém corre para silenciá-la; ninguém lhe diz "para se acalmar" ou como ela deve se sentir. No momento certo, um pai ou outra criança a consolará, mas ninguém demonstrará nenhum senso de urgência.

Os pais garantem essa liberdade até mesmo às crianças menores. Considere, por exemplo, Tetite (pronuncia-se ti-ti-té). Com cerca de 18 meses, ela é uma das crianças mais fofas que já conheci, com olhinhos grandes e redondos, bochechas gordinhas de querubim e um sorrisinho malicioso. Balançando seu vestido de boneca confeccionado em algodão cardado amarelo, Tetite passeia pelo acampamento como se fosse uma adolescente. Se uma criança grande pegar algo de suas mãos, ela grita e apanha o objeto de volta. Sem dúvida, Tetite é um membro efetivo da comunidade, com poder de decisão sobre sua agenda diária.*

Uma tarde, Belie nos leva a um mirante, no alto da montanha, e a cerca de quatrocentos metros do acampamento. Escalamos os rochedos, e Rosy quase cai por diversas vezes. Quando finalmente chegamos ao topo, estamos a uma altitude tão elevada que me sinto um pouco enjoada. Então olho para baixo, e adivinhe quem eu vejo parada, na base do rochedo, sozinha? Tetite! Ela caminhou todo o trajeto desde o acampamento, por conta própria. *Por que ela tem permissão para ir tão longe sozinha?*, pergunto para mim mesma. (Mal sabia eu que ela não estava, de forma alguma, sozinha.)

Inicialmente, acredito que o que Tetite e as outras crianças hadzas têm é "independência" — uma abundante independência. Mas com o tempo, conforme vou observando mais de perto e ouvindo com mais atenção, percebo que estou errada. O que as crianças hadzas têm não é independência, mas algo mais valioso ainda.

Em geral, as comunidades de caçadores-coletores valorizam muito o direito de uma pessoa de tomar suas decisões — ou seja, seu direito à autodeterminação. Elas acreditam que controlar outra pessoa é algo pre-

---

* Tive o mesmo pensamento, repetidamente, na aldeia maia de Chan Kajaal. Lá, crianças de 6 anos podiam andar de bicicleta por toda a cidade, ir ao parquinho sempre que quisessem, e pareciam definir suas agendas — quando não estivessem na escola. Até as crianças menores, de 2 anos, podiam brincar sozinhas no quintal da casa, apesar de o perigo parecer espreitar por todos os lados: fogueiras ainda acesas da noite anterior, facões espalhados pelo chão e uma série de valas e buracos nos quais a criança poderia cair.

judicial. Essa ideia constitui a pedra angular de seu sistema de crenças, incluída a criação de filhos.

Tal visão se estende às crianças, que podem decidir o curso das próprias ações, momento a momento, e definir as próprias agendas. Sem intermináveis ofertas de ajuda, sem ordens, sem sermões. Os pais não sentem essa urgência onipresente de "ocupar" o tempo de uma criança nem de "mantê-la entretida". Ao contrário, eles se sentem confiantes de que a criança pode — e irá — descobrir tudo isso por si mesma. Por que interferir?

"Decidir o que outra pessoa deve fazer, independentemente da idade, está fora do vocabulário dos comportamentos iecuanas", escreve Jean Liedloff, sobre o povo iecuana, da Venezuela. "A vontade de uma criança é a sua força motriz."

Na verdade, muitos pais e mães em comunidades de caçadores- -coletores fazem um esforço incalculável para *não* dizer às crianças (ou aos adultos) o que fazer. Isso não significa que eles não prestem atenção, ou não se importem com o que os filhos fazem. Não mesmo! É o contrário. Um dos pais — ou outro cuidador qualquer —, certamente, está observando (na verdade, os pais hadzas, muitas vezes, observam seus filhos ainda mais criteriosamente do que eu, até mesmo quando dou minhas infindáveis instruções a Rosy. Ora, se pensarmos bem sobre isso, será que conseguimos realmente cuidar de uma criança quando estamos falando?). Mas eles exercem a parentalidade de uma perspectiva diferente: acreditam que os filhos sabem, melhor do que ninguém, como aprender e amadurecer. Qualquer coisa que um pai ou uma mãe digam — na maior parte do tempo — só servirá para atrapalhar o filho.

"Assim, uma criança de 1 ano pode ficar perfeitamente feliz sozinha por uma hora fazendo o que bem entender", diz a antropóloga psicológica maia Suzanne Gaskins. "Um pai ou outro cuidador observam, para se certificar de que a criança está segura. Mas ela não sofre estímulo algum. Sua agenda não é alterada por alguém que interfere o tempo todo. Os pais respeitam aquele filho de 1 ano por considerar que ele possui uma agenda legítima, e o objetivo é facilitá-la."

Entre os caçadores-coletores !kungs, da África Austral, a palavra para "aprender" e "ensinar" é a mesma (n!garo), e os pais costumam usar a frase "Ela está ensinando/aprendendo sozinha" quando uma criança está tentando descobrir como fazer algo. Por que interromper o aprendizado?

Para as supermães e os superpais hadzas, exercer o controle sobre uma criança é o último dos recursos. Eles prefeririam agir de qualquer outra maneira antes de dizer a uma criança o que fazer.

Essa mesma crença é tão forte entre os caçadores-coletores bayakas, da África Central, que os pais vão interromper efetivamente o que estão fazendo e constranger outro pai ou outra mãe que, em seu entender, estejam tentando controlar uma criança. "Foi uma das poucas vezes em que vimos outros pais interferirem na parentalidade alheia", diz a psicóloga Sheina Lew-Levy. "Quando um pai está tentando mudar realmente o comportamento de um filho e obrigando-o a fazer algo que ele não quer, outro pai lhe dirá: 'Deixe seu filho fazer o que ele quiser fazer; esse não é o seu lugar. Deixe-o viver.'" (Você deve se lembrar que foi exatamente isso o que David me disse na primeira caçada da qual participei com os pais hadzas.)

Em um estudo, Sheina contou quantas ordens os pais dão aos filhos a cada hora. Os resultados revelam um vívido panorama da natureza da parentalidade entre os caçadores-coletores. Ela acompanhou adultos e crianças em suas casas e nas respectivas vizinhanças por nove horas; rastreou quantas vezes um adulto atribuía uma tarefa a uma criança (por exemplo, "Vá buscar o acendedor", ou "Segure o copo d'água", ou "Vá lavar as mãos"), explicava o funcionamento de algo, elogiava uma criança, ou dava-lhe um retorno negativo (porque, se pensarmos bem, o elogio é uma forma de controlar uma criança).

Adivinhe quantas odens, em média, os pais bayakas deram *a cada hora*? Três. Isso significa que os pais, basicamente, permanecem em silêncio por mais de 57 minutos a cada hora. Além disso, mais da metade das ordens eram solicitações para que as crianças ajudassem o adulto ou a comunidade. Portanto, os pais só optam por dar instruções quando estas também ajudam a transmitir o valor da cooperação.

Quando os pais precisam lembrar uma regra a um filho ou influenciar suas ações, eles fazem isso de forma sutil, indireta e que minimiza o conflito. Eles permitem que a criança mantenha um senso de agenciamento, de modo que ela não se sinta controlada nem dominada. Os pais fazem perguntas, usam jogos das consequências e enigmas. Também podem mudar o comportamento (por exemplo, afastar-se de uma criança que recorre a agressões físicas, em vez de dizer a ela para parar de bater), mudar o ambiente ao redor da criança (por exemplo, remover um iPad da sala, caso a criança não esteja sabendo usá-lo com sabedoria, em vez de lhe dizer para não usá-lo), ou, silenciosamente, ajudar a criança a lidar com uma situação de perigo (por exemplo, ficar ao lado dela enquanto escala uma parede e segurar-lhe gentilmente a mão ou observá-la, em vez de dizer a ela para descer).

Essa política de "não ser autoritário" tem implicações enormes para o relacionamento da criança com os pais. Para começar, isso significa muito menos conflitos.

Uma tarde, ao redor da fogueira, Thaa e Belie ilustram esse ponto lindamente. Estou ali, vendo o pai e a filha amigavelmente sentados lado a lado por cerca de duas horas, enquanto Thaa afia uma flecha para a caçada do dia seguinte e Belie o observa. Eles conversam um pouco, mas durante a maior parte do tempo ficam em silêncio. Eles convivem pacificamente. Ao longo daquelas duas horas, nenhum deles tenta comandar o outro. Nenhum diz ao outro o que fazer. Ou o que *não* fazer. Eles parecem compartilhar esta regra tácita: você se controla e eu me controlarei.

Como resultado, não há nenhuma discussão entre eles. Eles não demonstram nenhum traço da tensão e da angústia existentes entre mim e Rosy. Eles, simplesmente, parecem apreciar a companhia um do outro.

Ver Thaa e Belie juntos é como se um espelho tivesse sido colocado à minha frente; nele, me deparo com meu comportamento indutor de conflitos perante minha filha. De volta à minha tenda, enquanto Rosy tira uma soneca, tento pensar se alguma vez já consegui passar duas horas sem lhe dizer o que fazer. Já consegui passar dez minutos, por acaso? E será que isso poderia ser uma fonte de nosso estresse mútuo?

Todas as vezes em que digo a Rosy o que fazer, estarei, de certa forma, iniciando um confronto com ela?

———————

Como mãe norte-americana, me considero bastante descontraída. Matt e eu tentamos dar a Rosy bastante liberdade. Definitivamente, valorizo a independência e a autossuficiência, e desejo ambas as coisas para minha filha. Mas, na verdade, em comparação com as mães hadzas e maias, sou tola e inoportuna. Não, isso é um eufemismo — eu sou mesmo autoritária mandona. Minhas intenções são admiráveis; estou tentando ensiná-la a ser uma boa pessoa e a fazer as coisas da maneira certa. Mas, no momento, venho me perguntando se esse estilo de exercer a parentalidade pode, na verdade, estar provocando o efeito contrário — e criando uma criança mais carente, mais exigente e mais dependente.

Observando os pais hadzas em ação, percebo que dou ordens constantemente. Na verdade, procuro por elas. "Rosy, cuidado com a fogueira." "Não suba muito alto nas pedras." "Pare de balançar esse bastão por aí." "Não coma muitos muffins." "Limpe o rosto." "Pare na faixa de pedestres!" Chego, inclusive, a instruir Rosy sobre o que ela deve dizer ("Diga 'Obrigada!'"), onde colocar as partes de seu corpo ("Rosy, não chupe o dedo") e quais emoções ela deve sentir ("Rosy, pare de chorar. Pare de ficar com raiva"). Faço isso não apenas quando ela quebra uma regra ou se comporta mal, mas também quando ela está, simplesmente, tentando ajudar ou participar de uma atividade. E, para mantê-la segura, circunscrevo seu espaço físico a poucos metros quadrados ao meu redor: "Rosy, desça da parede", "Rosy, não corra na calçada". Rosy, Rosy, Rosy, Rosy. É um fluxo constante de ordens.*

Pensando bem, até mesmo quando *ofereço* "opções" a Rosy — ou lhe faço perguntas que começam com "Você quer...?" —, ainda estou,

———————

* De volta a São Francisco, contei quantas ordens dou a Rosy a cada hora. Parei o experimento mais cedo, porque, depois de dez minutos, eu já havia contabilizado cerca de dois comandos por minuto, o que daria mais de cem em uma hora.

de certa forma, limitando sua experiência, seja pelo direcionamento de sua atenção, seja pelo gerenciamento de seu comportamento. Ainda continuo tentando controlá-la.

Durante todo o tempo em que estivemos na Tanzânia e no México, nunca ouvi pais hadzas ou maias perguntarem a uma criança "Você quer...?". E, certamente, eles nunca ofereceram "opções". Mas eu faço isso o tempo todo.

Por quê? Por que sinto a necessidade de controlar tanto assim o comportamento de Rosy? De direcionar e limitar seu caminho pelo mundo? Em plena Tanzânia, me faço essa pergunta todas as noites dentro da tenda, enquanto esfrego as costas de Rosy para fazê-la adormecer. Chego a uma conclusão simples: para mim, é isso que um bom pai ou uma boa mãe devem fazer. Acredito que quanto mais coisas eu disser a Rosy — e quanto mais eu a instruir —, melhor mãe eu serei. Acredito que todas essas ordens manterão Rosy segura e a ensinarão a ser uma pessoa respeitosa e amável.

O QUE NOSSO AUTORITARISMO / GRAU DE EXIGÊNCIA NOS ENSINA

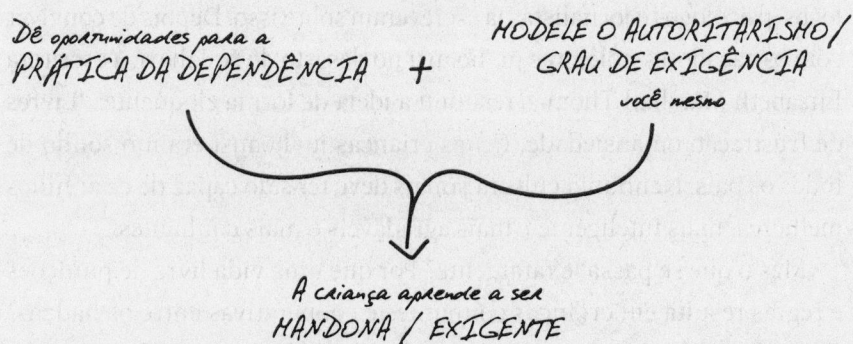

Dê oportunidades para a **PRÁTICA DA DEPENDÊNCIA** + **MODELE O AUTORITARISMO / GRAU DE EXIGÊNCIA** você mesmo

A criança aprende a ser **MANDONA / EXIGENTE**

Mas minhas ordens realmente ajudam? Ou elas causam o efeito oposto? Pense novamente em nossa fórmula para treinar uma criança: prática, modelagem e reconhecimento. Com essas ordens, o que Rosy está colocando em prática, e para que exatamente eu estou servindo de modelo?

Dar às crianças uma quantidade significativa de liberdade e independência deve ter um custo, certo? Além das preocupações com a segurança, deve haver consequências comportamentais em deixar uma criança decidir, a todo momento, o que fazer. Não estou dando ordens apenas para ouvir minha voz. Se eu parasse de fornecer diretrizes claras e consequências lógicas para as ações de Rosy, não estaria criando uma megerazinha autoindulgente?

Como escreveu um psicólogo, a liberdade das crianças parece uma "receita para o desastre, (...) por produzir crianças mimadas e exigentes, que crescerão para se tornar adultos mimados e tirânicos". Pense em Veruca Salt, em *A fantástica fábrica de chocolate*: "Eu quero uma galinha dos ovos de ouro, e quero agora!"

Mas, na verdade, durante o tempo que passei na Tanzânia, nunca testemunhei comportamento semelhante ao de Veruca Salt. O mesmo se aplica às crianças maias. Na realidade, em ambos os lugares, vi exatamente o contrário: crianças que choramingam, exigem e gritam muito menos do que as crianças ocidentais. Crianças que têm consideração pelos outros; que querem ajudar seus amigos e familiares; e que são batalhadoras, confiantes e curiosas.

Estou longe de ser a primeira a perceber esse paradoxo. Muitos antropólogos, psicólogos e jornalistas já escreveram sobre isso. Depois de conviver com os caçadores-coletores ju/'hoansi no deserto do Kalahari, a escritora Elizabeth Marshall Thomas resumiu a ideia de forma eloquente: "Livres de frustração ou ansiedade, (...) as crianças ju/'hoansi eram o sonho de todos os pais. Nenhuma cultura jamais deve ter sido capaz de criar filhos melhores, mais inteligentes, mais agradáveis e mais confiantes."

Mas o que se passa, exatamente? Por que uma vida livre de punições e regras resulta em crianças confiantes e cooperativas entre os hadzas? E, por outro lado, por que isso está ligado, na cultura ocidental, à autoindulgência e ao egoísmo?

A resposta é, claramente, complexa. Uma criança é como uma garrafa de vinho — o produto final depende não apenas do que o vinicultor (ou seja, o pai ou a mãe) faz durante o processo de fermentação (ou seja, a parentalidade), mas também do ambiente em que as uvas são cultivadas (ou seja, os valores da comunidade). Dito isso, um fator parece ser especialmente crítico para criar filhos confiantes e amáveis: as crianças hadzas não têm, simplesmente, liberdade ou independência; elas têm autonomia. E isso faz toda a diferença do mundo.

Cresci em uma pequena cidade rural situada entre as montanhas Blue Ridge de um lado e a periferia dos subúrbios do Distrito de Columbia do outro. De modo geral, tive uma típica infância norte-americana (incluídos todos os conflitos e a raiva associados a isso). Cercados por ranchos de cavalos e milharais, morávamos em uma rua arborizada que terminava em um beco sem saída. Crianças iam e vinham pelo asfalto em pequenas "gangues de ciclistas" e adolescentes jogavam futebol americano em nosso jardim. Quando eu não estava na escola, a vida girava em torno de uma única coisa: aventuras. No verão, eu acordava, comia uma tigela de cereal, colocava um short jeans desfiado e ia para a rua. Adorava explorar o riacho atrás de nossa casa, geralmente descalça e de biquíni. Quando nós, crianças, ficávamos com fome, caminhávamos por um pasto até a lanchonete mais próxima e comprávamos cachorros-quentes.

Minha mãe nunca soube por onde eu perambulava desde o início da manhã até a hora do jantar. E ela nunca pareceu se importar muito. Jamais me incentivava a voltar para casa e ajudá-la a guardar os mantimentos ou a dobrar as roupas. E eu, certamente, não procurava maneiras de ajudá-la. Sentada na calçada em frente à lanchonete saboreando um cachorro-quente, nem uma vez sequer pensei em levar um pouco de leite ou cereal para o café da manhã. Eu era independente, sim. Mas eu não era autônoma — pelo menos não da maneira que Belie é.

- Procure limitar-se a três ordens, pedidos ou perguntas por hora.
- Espere um pouco antes de dar uma instrução a uma criança; pense: é necessário?

- Guarde os pedidos e as ordens para conectar a criança com a família (ou seja, para ensinar prestatividade e generosidade).

É fácil confundir autonomia com independência. Antes de escrever este livro, eu pensava, seguramente, que eram iguais. Mas, na verdade, os dois conceitos têm significados diferentes, e essa diferença é essencial para entender como os pais caçadores-coletores criam aqueles filhos tão autossuficientes e amáveis. A diferença também é fundamental para compreender uma forma de parentalidade que não envolve controle — uma forma de colaborar com o filho que suaviza o relacionamento e o ajuda a se sentir menos ansioso.

A diferença tem a ver com a conectividade. Ser independente significa não precisar de ninguém ou não ser influenciado por outras pessoas. Uma criança independente opera como um planeta solitário. Ela é desconectada e não tem obrigações para com sua família ou com a comunidade ao seu redor. E, em contrapartida, a família e a comunidade não têm expectativas em relação à criança. A independência é como um gato vira-lata perdido na cidade, sem dever satisfação a ninguém, a não ser a si mesmo, ou como a Michaeleen aos 10 anos, descalça, em um dia quente de verão.

Não é a Belie na Tanzânia nem a Angela em Yucatán.

As crianças hadzas e maias têm infindáveis conexões e obrigações para com diversas pessoas — as idosas, as jovens e as de todas as idades intermediárias. E essas conexões existem em quase todos os momentos da vida dessas crianças. Até mesmo quando as crianças andam de bicicleta pela aldeia ou escalam rochedos no meio da mata, vivendo aventuras como as que eu vivi, elas ainda estão fortemente conectadas com suas famílias e comunidades. Essas crianças não são planetas solitários. Elas pertencem a um sistema solar, girando ao redor e sentindo a gravidade umas das outras e estabilizando-se por meio dessa mesma gravidade.

Tais conexões ocorrem de duas maneiras: responsabilidades em relação aos outros e uma rede de segurança invisível.

Vamos começar com a primeira.

Responsabilidades em relação aos outros

Quando as crianças hadzas saem para brincar ou passear pelo acampamento, elas têm liberdade. Não há dúvida quanto a isso. Mas os pais acrescentam outro nível a essa liberdade: a expectativa de que a criança ajudará a família.

Percebo isso durante todo o tempo em que passamos com Belie. Para começar, as mães e as avós costumam chamá-la para ajudar. Elas pedem pequenos favores, exatamente como aprendemos na seção anterior. "Belie, vá pegar uma tigela", diz uma das avós, depois de triturar sementes de baobá com uma pedra. "Belie, traga ele aqui", diz uma mãe, quando seu bebê começa a chorar e precisa ser amamentado. Sempre que está na hora de adentrar a mata, uma mãe ou uma prima mais velha pedem a Belie que carregue alguma coisa (por exemplo, lenha, uma garrafa d'água), pegar alguma coisa (por exemplo, vagens de baobá), ou cuidar de alguém (por exemplo, Tetite). E, sempre que se sentam para comer, elas esperam que Belie não apenas compartilhe sua comida com as crianças mais novas, como também lhes dê sua porção primeiro (na verdade, as mães e os pais da comunidade vêm treinando Belie para fazer isso desde que ela era um bebê, por meio da fórmula da prática, modelagem e reconhecimento).

COMO ENSINAR UMA CRIANÇA A COMPARTILHAR

Dê oportunidades para a PRÁTICA DO COMPARTILHAMENTO + MODELE O COMPARTILHAMENTO você mesmo + RECONHEÇA O COMPARTILHAMENTO (bastante, se necessário)

A criança aprende a COMPARTILHAR

Basicamente, sempre que as mulheres executam uma tarefa, elas pedem que Belie ajude e contribua de alguma forma. Elas não emitem muitas ordens, talvez apenas uma ou duas por hora (contra a minha centena por hora!). Às vezes, as mães nem chegam a dizer nada; apenas usam suas ações para conectar Belie com o grupo e garantir que ela contribua para seus objetivos coletivos. Por exemplo, quando saímos para procurar tubérculos, uma das mães entrega a ela um bastão de escavar a terra para que o carregue. Em outra ocasião, ela dá um bebê para que Belie o segure. Ou aponta na direção do balde, para que a menina compreenda que deve enchê-lo com água. Belie sempre parece feliz em ajudar e orgulhosa em contribuir.

Até mesmo quando a garota está brincando longe do acampamento, sem adultos por perto, ela continua comprometida com o grupo e oferecendo ajuda. De que forma? Cuidando de Tetite e das outras crianças pequenas. Os pais treinaram Belie para ajudar as crianças mais novas, e Belie leva essa tarefa muito a sério. Lembra-se de quando Tetite nos seguiu até os rochedos? Eu não tinha prestado atenção em Tetite até ela precisar de ajuda. Mas Belie havia ficado de olho na menina o tempo todo. No momento em que avistei Tetite, Belie já estava descendo a encosta e se certificando de que a criança estava segura.

Depois de observar a interação das mulheres hadzas com Belie por alguns dias, concluo quanto é fácil fazer as crianças ajudarem nas tarefas — e quanto eu estava dificultando esse processo ao racionalizar demais.

Em primeiro lugar, atribuía tarefas muito complicadas a Rosy (por exemplo, "Arrume a sala de estar", "Dobre as roupas" ou "Venha ajudar com a louça"). Funciona muito melhor, porém, se eu lhe pedir que cuide de uma parte do que deve ser feito, ligada a uma tarefa maior que eu já estou fazendo (por exemplo, "Coloque esse livro na prateleira", "Ponha essa camisa em sua gaveta" ou "Arrume essa tigela na máquina de lavar louças"). Com ordens tão fáceis, Rosy tem muito menos probabilidade de resistir e muito mais chances de ser bem-sucedida na execução da tarefa.

Também estava usando uma linguagem muito floreada e desnecessária (por exemplo, "Rosy, você se importaria de ajudar a limpar a mesa de jantar?", ou "Rosy, você quer levar este café para seu pai?"). Em vez de fazer isso, posso colocar o prato sujo nas mãos dela e dizer "Ponha isso na cozinha", ou entregar-lhe a xícara de café e dizer "Leve este café para o papai". É isso! Tão simples. Tão claro. E, portanto, com muito mais chances de funcionar.

Ao distribuir esses pedidos ao longo das atividades diárias, os pais treinam os filhos para dirigir suas atividades e sua atenção para os outros, diz a psicóloga Sheina Lew-Levy. As crianças aprendem a estar atentas às necessidades das outras pessoas, e, então, prontificar-se e ajudar sempre que possível.

Ao longo do caminho, as crianças aprendem a tomar decisões por conta própria. Ao mesmo tempo, afirma Sheina, também há uma expectativa geral de que todos arregacem as mangas e contribuam. "Assim, todas as crianças e todos os adultos estão agindo por conta própria. Ninguém está lhes dizendo o que fazer. Mas, no fim das contas, todos levam o alimento de volta para o grupo. Compartilha-se o alimento. Pensa-se no grupo."*

No fundo, essa abordagem é uma bela maneira de exercer a parentalidade, pois dá à criança duas coisas que ela deseja e das quais precisa: liberdade e trabalho em equipe.

Sempre pensei em liberdade e trabalho em equipe como conceitos contraditórios, mas, com essa abordagem parental, as duas ideias se harmonizam e revelam as vantagens uma da outra. É como um pêssego que atingiu a maturação perfeita. Quando o mordemos, a boca se deixa preencher por um sabor doce. Contudo, como a chef Samin Nosrat aponta em seus textos, o pêssego tem outro elemento, a acidez, que contrabalança a doçura. É essa combinação que faz com que ele tenha um gosto tão bom.

O mesmo princípio pode ser aplicado quando se deseja criar filhos amáveis. A liberdade (doçura), por si mesma, pode gerar crianças egoístas. Mas acrescente-se uma pitada de trabalho em equipe (acidez) e a criança irromperá em generosidade e confiança. Ela se torna o pêssego perfeito.

---

* Percebemos uma estrutura semelhante na aldeia maia. Quando as crianças correm e brincam pela aldeia, espera-se que as mais velhas cuidem das mais jovens, permaneçam atentas, as protejam e garantam que elas não se machuquem. Espera-se que crianças de todas as idades prestem atenção e estejam por perto quando os pais precisarem de sua ajuda (espera-se que elas sejam *acomedidas*). Se uma criança ouvir o chamado, como diz Maria de los Angeles Tun Burgos, ela sabe que deve voltar para casa e ajudar sua família.

Certa noite, durante o jantar, e já de volta à nossa casa, Rosy resumiu de maneira eloquente esse estilo de parentalidade: "Todos fazem o que bem entendem, mas eles devem ser amáveis, compartilhar e ser prestativos."

Rede de segurança invisível

Os pais maias e hadzas não permitem, simplesmente, que seus filhos se afastem de casa e depois cruzam os dedos, torcendo para que eles estejam bem. Ao contrário: os pais já estabeleceram uma estrutura para manter os filhos seguros. Penso nisso como uma rede de segurança invisível, pois a criança não sabe que ela existe até precisar de ajuda.

Antes de mais nada, os pais e as mães dessas culturas raramente deixam os filhos pequenos completamente sozinhos. A meus olhos ocidentais, as crianças pareciam sozinhas, mas, quando observei um pouco mais atentamente, constatei que isso não era verdade. Como a antropóloga psicológica Suzanne Gaskins me disse, certa vez, sobre Chan Kajaal: "Sempre há alguém observando." Você pensa que está sozinho, mas as pessoas estão assistindo a tudo.

"A imagem que eu tenho de um pai maia — ou de uma criança mais velha — é a de alguém que aguarda nos bastidores, antecipa a ajuda e, em seguida, presta-a de uma maneira quase ininterrupta, quase invisível", afirma Suzanne. "Desse modo, talvez a criança mais nova nem sequer perceba que foi ajudada."

O mesmo pode ser dito sobre os pais e as mães hadzas, especialmente os pais. Na Tanzânia, em muitas ocasiões acredito que estou sozinha no meio da mata — fazendo "meus negócios" ou apenas tirando uma folga de Rosy —, até que, de repente, um dos pais aparece em uma árvore, a um metro e meio de distância, ou passa correndo por mim em uma trilha nas proximidades. *Uau,* penso. *Como ele sabe que estou exatamente aqui?*

Quando volto para o acampamento, o pai diz algo que deixa claro que ele esteve zelando pela minha segurança o tempo todo. Isso aconteceu desde o início, inclusive no dia em que saímos para caçar com Thaa e seus amigos, e pensei que Rosy e eu havíamos ficado tão para trás do grupo que ninguém havia reparado no que estávamos fazendo. De jeito nenhum. Durante toda a caçada, Thaa circulou silenciosamente por trás de nós, para se certificar de que não nos perdêssemos. Ele fez isso de forma tão discreta que não percebi sua presença em momento algum. Na verdade, foi por conta de sua "rede de segurança invisível" que eu ganhei meu nome hadza: Espere um Pouco (Hon!o!oko).

Pensando bem, Thaa é capaz de localizar gatos selvagens e impalas na mata. Provavelmente, ficar de olho em uma "Tok'oko" — e em sua mãe de meia-idade — não seria nenhum problema para ele.

Quando os pais não conseguem "ficar de olho" na criança por conta própria, eles tomam providências para que uma criança mais velha acompanhe o grupo, com o objetivo de oferecer ajuda. Os pais treinam os filhos para cuidar dos irmãos mais novos assim que eles começam a andar. E então, quando as crianças atingem a idade de Belie, isto é, 6 anos, elas já são cuidadoras altamente capazes. Sabem como manter as crianças pequenas seguras, alimentá-las e acalmá-las quando choram. Ao mesmo tempo, as crianças mais velhas (quer sejam irmãs, quer sejam amigas) retribuem o favor cuidando das crianças mais novas. Portanto, há uma bela hierarquia de amor e apoio. Os adolescentes ajudam as crianças mais novas; as crianças mais novas ajudam as crianças pequenas; e todos ajudam os bebês.

Às vezes, os pais chegam a enviar uma criança mais velha (ou outro adulto) para acompanhar furtivamente uma criança mais jovem, quando ela está tentando cumprir uma missão por conta própria pela primeira vez. O irmão mais velho permanecerá fora do campo de visão, de modo que a criança mais nova *sinta* que executou a tarefa sozinha. Em Yucatán, Maria me contou que usa essa estratégia quando seus filhos estão aprendendo a ir sozinhos à mercearia para comprar mantimentos. "Alexa [na época com 4 anos] sempre quer ir sozinha à loja da esquina", disse Maria. "Eu a deixo ir, mas mando uma de suas irmãs atrás, porque tenho medo de que ela se perca."

Consequentemente, dar autonomia às crianças não significa sacrificar a segurança, e sim ficar em silêncio e sair do caminho. É observar a distância, para que as crianças possam explorar e aprender por si mesmas. Então, se ela correr perigo — perigo real —, você se apressa para ajudar.

———

A autonomia traz enormes benefícios para crianças de todas as idades. Estudos vincularam a autonomia a uma série de características desejadas para as crianças, entre elas, impulso interior, motivação de longo prazo, independência, confiança e aprimoramento da função executiva. Basicamente, todas as características que enxergo em Belie. Conforme a criança vai ficando mais velha, a autonomia passa a se relacionar a um melhor desempenho na escola, maior chance de sucesso na carreira e diminuição do risco de abuso de drogas e álcool. "Assim como os exercícios e as horas de sono, a autonomia parece ser boa para praticamente tudo", escrevem o neuropsicólogo William Stixrud e o educador Ned Johnson, no livro *The Self-Driven Child*.

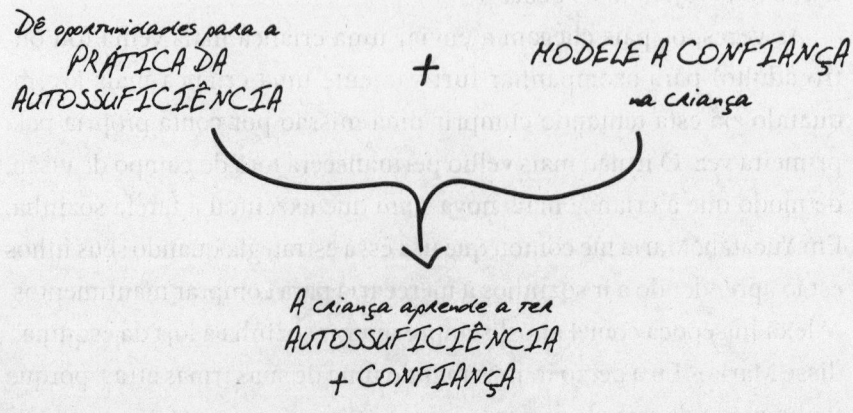

O QUE A AUTONOMIA
NOS ENSINA

Dê oportunidades para a
PRÁTICA DA
AUTOSSUFICIÊNCIA
+
MODELE A CONFIANÇA
na criança

A criança aprende a ter
AUTOSSUFICIÊNCIA
+ CONFIANÇA

Essencialmente, quando recuo, espero um pouco e deixo Rosy lidar com o mundo sozinha, transmito várias mensagens importantes para ela. Digo que ela é capaz e autossuficiente; que pode resolver os problemas por conta própria; e que ela tem capacidade de lidar com o que a vida lhe oferece. Pense na fórmula. Ao deixar Rosy agir por conta própria, dou-lhe oportunidades de praticar a autossuficiência e a independência. E sirvo de modelo para o respeito pelos outros.

Por outro lado, quando dou instruções e oriento constantemente suas ações, mino sua confiança, inclusive quando estou tentando ajudá-la. Dou-lhe oportunidades de praticar a dependência e a carência. E sirvo de modelo para o comportamento autoritário e exigente.

Mas meu autoritarismo tem outra desvantagem: retarda o crescimento de Rosy, tanto física quanto mentalmente. As famílias hadzas notaram esse efeito nas crianças. "Pelo fato de darmos a elas muita liberdade, e pelo fato de participarem de todas as atividades desde cedo, nossas crianças tornam-se independentes muito mais cedo do que na maioria das sociedades", explicou um grupo de anciãos no livro *Hadzabe: By the Light of a Million Fires*.

Além do mais, quando as crianças não têm autonomia suficiente, elas muitas vezes se sentem impotentes em relação à própria vida. "Muitas crianças [norte-americanas] se sentem assim o tempo todo", escrevem os autores de *The Self-Driven Child*. Esse sentimento causa estresse e, com o tempo, ele se torna crônico e pode se transformar em ansiedade e depressão. A falta de autonomia é, provavelmente, um dos principais motivos para a alta prevalência de ansiedade e depressão entre crianças e adolescentes norte-americanos, escreve a dupla.

Aqui na cultura ocidental não somos muito bons em dar autonomia às crianças. Pensamos ser bons; tentamos. Mas, no fim das contas, muitas crianças têm pouco controle sobre as respectivas vidas cotidianas. Nós as confinamos em rígidos cronogramas e rotinas diárias, e queremos nos certificar de que um adulto supervisionará cada momento ao longo do dia. No fim, de alguma forma, gerenciamos todos os aspectos da vida das crianças. E, nesse processo, geramos uma quantidade imensa de estresse em nossos filhos e em nosso relacionamento com eles.

A autonomia fornece o "antídoto para esse estresse", escrevem Stixrud e Johnson. Quando nos sentimos aptos a influenciar nossa realidade imediata e a direção de nossa vida, o estresse diminui, o cérebro relaxa e a vida fica mais fácil.

"O maior presente que os pais podem dar aos filhos é a oportunidade de elas poderem tomar decisões", pontua a psicóloga Holly Schiffrin. "Pais que 'ajudam' demais seus filhos se estressam e os preparam mal para a vida adulta."

Em outras palavras, Mamãe Michaeleen, você precisa "esperar um pouco" antes de dar instruções, direcionar, ou dar ordens. Espere um pouco. Porque Rosy é altamente capaz de aprender e descobrir o comportamento adequado por conta própria. E ela, frequentemente, me surpreenderá com o que é capaz de fazer.

Tente isso 8: Aumente a confiança e a autoconfiança

Recapitulando, existem duas maneiras principais de ajudarmos a aumentar a autonomia de nosso filho, ao mesmo tempo em que reduzimos o conflito e a resistência:

1. Diminuir a quantidade de ordens e outras observações verbais (por exemplo, perguntas, solicitações, opções).

2. Capacitar a criança, treinando-a para lidar com obstáculos e perigos, o que, por sua vez, permite que você reduza suas ordens.

Comece a se envolver

• **Experimente emitir três ordens por hora.** Pegue seu telefone e ajuste o cronômetro para vinte minutos. Durante esse tempo, restrinja-se a apenas uma ordem verbal para seu filho. Resista ao impulso de falar qualquer coisa à criança: o que fazer, comer, dizer ou como agir. Isso inclui fazer perguntas sobre o que a criança quer ou do que ela precisa. Se você realmente precisar mudar o comportamento dela, faça isso de forma não verbal; use ações ou expressões faciais. Tente, sinceramente, deixar a criança em paz, mesmo que ela quebre as "regras" ou faça algo que você não suporte (lembre-se, são apenas vinte minutos).

Se a criança acabar avançando para o que pareça ser uma situação perigosa, espere um pouco e veja se ela consegue socorrer a si mesma antes de você intervir. Se não, vá até o local e remova o perigo físico, ou retire a criança de lá.

Transcorridos os vinte minutos, avalie como você e seu filho se sentem. Você está se sentindo mais relaxado e calmo? Seu filho está se sentindo menos estressado? Vocês têm menos conflitos?

Experimente esse exercício com todas as atividades que causem estresse e conflito dentro de casa (por exemplo, preparar-se para ir à escola, para dormir). No fim, talvez a aparência e o comportamento da criança não sejam exatamente aqueles que você desejaria. Ela pode acabar indo para a escola com o cabelo despenteado ou com os sapatos trocados, mas os benefícios psicológicos para a família superam em muito esses problemas superficiais.

Depois que você se sentir confortável com o prazo de vinte minutos, tente aumentar o tempo para quarenta minutos e, posteriormente, para uma hora. Após um mês ou mais, veja se é possível perceber alguma diferença no comportamento de seu filho e no relacionamento entre vocês dois. Ele está mais confiante? Vocês vivenciam menos conflitos?

• **Pare de agir como um ventríloquo.** Eu não tinha me dado conta de quanto eu atuava como ventríloqua de Rosy, até constatar que os pais hadzas nunca respondem pelos filhos nem lhes impõem o que dizer. Jamais.

Enquanto isso, continuava respondendo constantemente por Rosy ("Sim, Rosy adora a escola!") ou lhe impondo o que dizer ("Diga 'Obrigada', Rosy"). Eu silenciava sua voz.

Portanto, ao voltar da Tanzânia para casa, simplesmente parei de responder por ela ou de lhe impor o que dizer (ou, pelo menos, esforço-me bastante para não fazer essas coisas). O resultado é que, às vezes, Rosy parece rude com as outras pessoas. Mas estou confiante de que ela aprenderá e descobrirá o comportamento apropriado (seguindo a fórmula). E, se eu realmente sentir que ela deveria ter demonstrado gratidão, vou perguntar-lhe, mais tarde, "O que uma menina grande teria feito?", e parar por aí mesmo.

No caso de crianças mais velhas, tenha como objetivo deixar seu filho falar sempre que possível e cada vez mais, para que sua confiança e suas habilidades floresçam. Deixe-o fazer os pedidos em restaurantes, organizar as atividades extracurriculares, resolver as rixas com os amigos e, quando possível, conversar com professores, treinadores e instrutores sobre os erros e acertos. Se a criança não estiver acostumada a lidar com essas situações por conta própria, acompanhe-a para oferecer ajuda. Deixe a criança saber, com antecedência, que ela é capaz de falar por si mesma e que você tem confiança nela, e, então, simplesmente fique ao lado dela e sirva-lhe de apoio se ela precisar. Resista ao impulso de interromper. "Em uma loja, ou diante de um instrutor ou treinador, você pode, inclusive, recuar fisicamente e evitar o contato visual com o outro adulto, para deixar claro que é seu filho quem vai conduzir a conversa", escreve a ex-reitora de Stanford Julie Lythcott-Haims, em seu livro *Como criar um adulto: Liberte-se da armadilha da superproteção e prepare seu filho para o sucesso.*

Se seu filho for tímido, introvertido, ou tiver necessidades especiais, talvez você precise falar mais, escreve Julie. "Você é quem melhor conhece seu filho. (...) Mas mesmo que você esteja falando por seu filho, esteja ciente de que você não é ele, e não é, literalmente, capaz de falar por ele. Talvez você possa dizer: 'Jasmine me disse que está se sentindo...', ou 'Jordan me disse que está interessado em...'."

Em todas as circunstâncias, deixe a criança tomar a iniciativa e mostrar-lhe as conversas com as quais ela consegue lidar sozinha. Resista ao impulso de interromper seu filho, não importando o que aconteça, mesmo que ele cometa erros ou deixe de lado pontos fundamentais. Espere um pouco antes de falar. Um dia, seus filhos terão de lidar com essas conversas sozinhos, ressalta Julie. Agora é a hora de praticar essas habilidades.

• **Deixe as crianças resolverem suas discussões.** Os pais inuítes do Ártico me deram esse conselho inúmeras vezes. Essencialmente, quando as crianças estiverem discutindo entre si, simplesmente recue e não interfira. Sua intromissão só piorará a discussão e impedirá que as crianças aprendam a resolver seus desentendimentos. Interceda apenas se as crianças começarem a se machucar (isto é, machucar *de verdade* umas às outras). Se uma criança vier reclamar de outra, acene com a cabeça e diga: "Humm." As crianças sabem o que fazer. Elas não precisam de mais nenhuma validação de seus sentimentos. Elas precisam de autonomia.

Avance aos poucos

• **Abandone uma regra.** Existe algo que seu filho queira muito fazer sozinho, sem a sua ajuda, mas você sempre o acompanha ou o impede? Talvez seja ir à escola de bicicleta ou ir ao mercado da esquina. Talvez seja usar a faca de cozinha, assar algo na grelha, ou preparar um macarrão. Aceite o conselho de Maria, em Yucatán: deixe a criança fazer o que ela quiser! E, enquanto ela estiver fazendo, forme uma rede de segurança invisível ao redor dela. Se ela sair de casa, espere um pouco e, em seguida, siga furtivamente seus passos (ou peça a um irmão mais velho para fazer isso). Se ela quiser usar uma faca ou ferramenta semelhante, modifique a situação, para que a criança não se machuque. Dê à criança um alimento fácil de cortar (por exemplo, aipo, morangos), ofereça uma faca cega, ou deixe-a usar uma faca de verdade por cerca de trinta segundos. Em seguida, troque a faca afiada por uma cega. Em todas essas situações, o objetivo é o mesmo: dar à criança um pouco mais de liberdade e prática concreta na aprendizagem de uma nova habilidade.

• **Treine uma criança para evitar os perigos em sua casa e na vizinhança, ou para saber lidar com eles.** Na cultura ocidental, protegemos os bebês e as crianças dos perigos. Cobrimos as tomadas elétricas com protetores; mantemos as facas no alto das prateleiras; e quando uma criança pequena cambaleia perto de uma grelha, corremos e gritamos com ela ("Pare!

Espere! Está quente!"). Essa vigilância mantém as crianças seguras. Mas, minha nossa!, causa estresse, e para todo mundo.

Enquanto isso, na grande maioria das culturas, as crianças aprendem — com segurança — a usar facas, a cuidar de fogueiras, a cozinhar no fogão e, até mesmo, a manejar arcos e flechas ou lançar arpões. Os detalhes específicos do treinamento dependem da idade da criança, das habilidades pessoais e do nível de perigo da atividade. Mas a ideia é a mesma em todos os campos: use a fórmula! Pratique, modele e reconheça.

O fato é que as crianças estão sedentas por aprender essas habilidades! Elas amam isso. Bebês e crianças pequenas veem os pais usando facas, calor e eletricidade para executar tarefas incríveis como cortar, cozinhar e gerar luz. Por que uma criança não gostaria de se envolver?*

• **Para bebês e crianças pequenas (que já engatinham e caminham).** Vamos usar o fogo e a eletricidade como exemplos.

Comece a ensinar a um bebê e a uma criança pequena quais itens na casa (e na vizinhança) são "quentes" e quais causam choque. Quando o fogão estiver ligado, aponte e diga algo como "Quente!". Em seguida, simule o que aconteceria se você encostasse nele. "Ai! Isso ia doer." Aponte para uma tomada elétrica e diga a mesma coisa: "Choque! Ai!"

Então, se você ou outro membro da família acidentalmente se queimarem, mostre à criança a queimadura, para que ela possa avaliar o resultado de não ser cuidadosa com o "quente". Diga algo como "Viu o que aconteceu quando não tomei cuidado e encostei no fogão? Ai! Isso dói".

Se uma criança pequena demonstrar interesse em uma ferramenta que pareça muito perigosa para ela, incentive-a a observar enquanto você mesmo se expõe ao perigo. Em seguida, use o interesse da criança como uma oportunidade de ensinar-lhe técnicas de segurança. Por exemplo,

---

* Se pensarmos bem, a ideia faz muito sentido. Ensinamos os bebês a transformar em sinais palavras como "leite" e "mais" quando eles ainda não sabem falar. Por que não poderíamos ensinar-lhes palavras como "quente" e "afiado" para que aprendam a não se machucar? Assim, quando o bebê começar a andar, ele já entenderá o que deve ser evitado e o que deve ser manuseado com cuidado. Quando ele estiver com 3 anos, tal como Rosy, não apenas será mais cuidadoso com uma faca ou com o fogo, como talvez também se mostre interessado em aprender a lidar com o perigo adequadamente.

Rosy ficou bastante interessada no fogo por volta dos 2 anos e meio de idade; meu marido, então, a ensinou como apagar uma vela, mostrou a ela como a chama poderia queimá-la e tudo sobre o funcionamento dos extintores de incêndio. Ela amou tanto o extintor de incêndio que o carregou pela casa por uma semana inteira, e fomos obrigados a arrumar um lugar à mesa de jantar para o "removedor de ardência".

• **Para crianças pequenas (cerca de 3 anos de idade e maiores).** Certifique--se de que a criança compreenda perfeitamente como evitar o perigo (veja as etapas acima). A partir daí, ela pode começar a colocar em prática como lidar com o perigo. No caso do fogo, mostre à criança como acender a boca do fogão, ligar o forno, mexer uma panela com água fervente, virar uma panqueca, derreter a manteiga em uma assadeira. No caso das facas, comece oferecendo uma faca de mesa e deixe-a progredir lentamente até uma faca para descascar legumes, porém cega. A ideia é dar-lhe algo suficientemente afiado para que seja de fato útil, mas suficientemente sem corte para que ela não se machuque. Então, observe e perceba como suas habilidades se desenvolvem. Se a criança mostrar aptidão com uma determinada faca e pedir para experimentar uma mais afiada, deixe-a tentar com algo fácil de cortar, como bananas ou picles. Mas não há necessidade de apressar o processo. Se a criança estiver usando alegremente uma faca de manteiga para cortar, deixe-a em paz.

Envolva-se

• **Encontre zonas de autonomia.** Muitas famílias norte-americanas vivem em torno de avenidas movimentadas, cruzamentos perigosos e vizinhanças repletas de estranhos. Dito isso, ainda é possível encontrar lugares onde as crianças possam ter (quase) total autonomia e os pais possam relaxar (enquanto praticam a nova regra de "três ordens por hora").

Em cada zona de autonomia, você pode usar a mesma estratégia: treinar a criança para lidar com quaisquer perigos existentes no ambiente ou para evitá-los, de modo que não haja necessidade de dar instruções constantemente. Você pode fazer isso em três etapas:

• **Identificando os perigos.** No início, caminhe perto da criança enquanto ela estiver explorando o ambiente. Seja a rede de segurança invisível. Preste atenção a quaisquer perigos — declives acentuados, poças d'água, objetos pontiagudos. Catalogue esses perigos em sua mente. Não diga nada à criança se ela não notar nem demonstrar interesse por tais perigos. Você só estará criando problemas se chamar a atenção para um perigo.

• **Recuando.** Sente-se em algum lugar, pegue um livro (ou um trabalho) e relaxe. Deixe a criança explorar o ambiente de forma autônoma. Conte suas ordens e procure se limitar a apenas três por hora.

• **Formando uma rede de segurança invisível.** Se a criança se aproximar de um dos perigos, comece a observar com mais atenção. Quanto mais tempo ela passar ao lado do perigo, mais detidamente você deve vigiar. Resista ao impulso de correr até ela ou de gritar para avisá-la. Espere e observe. Se a criança parecer interessada no perigo, caminhe calmamente até onde ela está e comece a treiná-la sobre aquela ameaça (por exemplo, no caso de um objeto pontiagudo, diga, com suavidade e tranquilidade: "Afiado. Ai. Isso ia doer"). Se a criança já estiver ciente do perigo, lembre-a das consequências (por exemplo, no caso de um objeto pontiagudo, diga, calmamente: "Isso vai machucar você. Ai, ia doer se você pisasse nisso"). Se a criança ainda não estiver entendendo, pegue suavemente a mão dela e afaste-a da ameaça. Experimente ensinar a lição outro dia.

Estabeleça a meta de fazer com que as crianças passem pelo menos três horas por semana em uma zona de autonomia, e avance lentamente até chegar a algumas horas por dia, usando o tempo após a escola e os fins de semana.

O que configura uma boa zona de autonomia? No caso de bebês e crianças menores, procure lugares com amplos espaços abertos, para que você possa avistar facilmente os pequeninos de longe e não seja obrigado a segui-los por todas as partes. Eis aqui alguns ótimos lugares:

↳ Parques com amplos espaços abertos.

↳ Parquinhos infantis (gosto daqueles com areia ou terra fofa para amortecer as quedas).

↳ Praias (pode-se treinar rapidamente uma criança para evitar o oceano).

↳ Jardins comunitários.

↳ Áreas verdes.

↳ Pátios escolares.

↳ Parques para cães.

↳ Sua casa e seu quintal (ou seu terraço urbano).

No caso de crianças mais velhas, piscinas ou centros comunitários são ótimas zonas de autonomia. Esforce-se para deixar as crianças nesses lugares (e nos mencionados acima) e pegá-las mais tarde. Ensine-as a cuidar de si mesmas e dos irmãos mais novos. Diga-lhes para tomarem conta das crianças menores e certifique-se de que elas estejam seguras.

• **Transforme sua vizinhança em uma zona de autonomia.** A idade exata para essa zona de autonomia depende, realmente, da vizinhança, da criança e da disponibilidade da rede de segurança (ou seja, de irmãos mais velhos disponíveis para cuidar dos menores). Dito isso, nunca é cedo demais para as crianças se familiarizarem com a área ao redor da casa. Comece a ensinar as crianças pequenas a atravessar ruas movimentadas, a tomar cuidado com o trânsito e a se inteirar sobre os outros perigos nas respectivas vizinhanças. Faça-as brincar ao ar livre o máximo possível, e fique sentado na varanda da frente ou perto da janela. Lentamente, vá ampliando o raio em que elas poderão circular sozinhas ou sua posição como espectador apartado. Aumente a rede de segurança invisível passando a conhecer seus vizinhos.

a. **Apresente seu filho a seus vizinhos.** Isso inclui vizinhos de todas as idades. Convide-os para jantar ou tomar um café (ou uma cerveja). Faça com que seus filhos preparem biscoitos ou refeições para eles e depois ajude-os a distribuí-los (essa também é uma ótima atividade para praticar o compartilhamento e a generosidade).

b. **Promova uma festa do quarteirão.** Promova uma festa do quarteirão para que os vizinhos sejam apresentados a todas as crianças das redondezas. Uma vez apresentados e familiarizados com as crianças, eles ficarão mais propensos a observá-las durante suas aventuras autônomas.

c. **Incentive seus filhos a brincar com as crianças da vizinhança.** Convide as crianças da vizinhança para brincar ou assistir a um filme. Faça amizade com os pais e organize jantares com todos eles. Até mesmo uma criança pequena, de 3 anos ou mais, pode dar um pulo até a casa de um vizinho para brincar sozinha (ou amparada pela rede de segurança invisível). Como aprenderemos na próxima seção, os filhos e os pais da vizinhança podem se tornar importantes cuidadores, criando um círculo de segurança física e emocional em torno das crianças.

Resumo do Capítulo 14:
Como criar uma criança confiante

Ideias para serem lembradas

- Assim como os adultos, crianças e bebês não gostam de receber ordens a todo o momento. As crianças, em todas as idades, têm uma inclinação natural para aprender de forma autônoma, sem interferências.
- Quando distribuímos ordens aos filhos, minamos a confiança e a autoconfiança deles.
- Quando damos autonomia às crianças e minimizamos a quantidade de instruções, enviamos a mensagem de que elas são autossuficientes e capazes de lidar com os problemas por conta própria.
- A melhor maneira de proteger uma criança da ansiedade e do estresse é dar-lhe autonomia.
- Independência e autonomia são conceitos diferentes.
  ↳ Uma criança independente está desconectada das outras pessoas e não é responsável por ninguém, exceto por si mesma.
  ↳ Uma criança autônoma coordena suas ações e toma decisões por conta própria, mas mantém uma conexão constante com a família e os amigos. Espera-se que ela ajude, compartilhe, e seja amável. Espera-se que, sempre que possível, ela recompense o grupo por aquilo que conquistou.

Dicas e ferramentas

- **Preste atenção na frequência com que você dá instruções a seu filho.** Pegue seu telefone e configure o temporizador para vinte minutos. Conte quantas perguntas, quantos comentários e quantas exigências você faz ao seu filho durante esse intervalo de tempo.
- **Procure limitar-se a três comandos por hora.** Tente limitar suas instruções verbais a três por hora, especialmente durante atividades que geram conflitos e discussões (por exemplo, preparar-se para ir à escola, para dormir). Ordene apenas para ensinar às crianças a prestatividade, a generosidade e outras responsabilidades para com a família.
- **Encontre uma zona de autonomia.** Identifique locais em sua cidade onde bebês e crianças possam praticar a autonomia, você possa observá-los a distância e interferir minimamente. Experimente parques e parquinhos infantis com amplos espaços abertos, áreas verdes e praias. Leve uma revista ou algum trabalho e deixe as crianças brincarem por algumas horas.
- **Faça de seu quintal e de sua vizinhança uma zona de autonomia.** Treine seu filho para lidar com os perigos em torno de sua casa e da vizinhança. Construa uma "rede de segurança invisível" passando a conhecer os vizinhos e seus filhos.
- **Pare de agir como um ventríloquo.** Defina como meta parar de falar por seu filho ou de impor o que ele deve dizer. Deixe-o responder às perguntas que lhe são dirigidas, fazer os pedidos em restaurantes, decidir quando dizer "Por favor" e "Obrigado". Trabalhe para que ele lide sozinho com todas as conversas, o que inclui interlocuções com professores, treinadores e instrutores.

CAPÍTULO 15

Um antídoto milenar para a depressão

A mãe raramente fica sozinha quando seu bebê chora; outras pessoas costumam substituí-la ou acompanhá-la nas intervenções.
— Ann Cale Kruger e Melvin Konner,
falando sobre o tempo que passaram com as mulheres !kungs

Quando Rosy nasceu, nossa vida parecia ideal. Matt e eu finalmente havíamos economizado dinheiro suficiente para comprar um apartamento, e ele parecia perfeito, com uma bela vista para a baía de São Francisco. Quando a névoa não estava muito densa, era possível assistir ao nascer do sol sobre as colinas de East Bay. Além disso, como diria Cachinhos Dourados, o imóvel não era nem muito pequeno nem muito grande. Tinha espaço suficiente para um quarto de bebê. Antes de Rosy chegar, decorei as paredes com grandes corujas amarelas e letras cor-de-rosa, formando a palavra "Rosemary".

Além disso, Matt e eu havíamos conseguido tirar uma licença remunerada do trabalho para ficar com nossa bebezinha. Éramos felizes; nos sentíamos com sorte.

As primeiras seis semanas de vida de Rosy transcorreram sem contratempos. Matt me preparava sanduíches grelhados de manteiga de amendoim e geleia, enquanto eu aprendia a amamentar. Rosy chorava muito. Mas Matt e eu trabalhávamos juntos para niná-la e acalmá-la, e minha irmã veio passar dez dias conosco, o que foi maravilhoso.

Então, Matt voltou ao trabalho. E nosso mundo mudou de uma maneira perigosa.

Das oito da manhã a, mais ou menos, seis da noite — ou seja, por cerca de dez horas seguidas, todos os dias —, ficávamos no apartamento apenas eu, o cachorro, Mango, e a resmungona Rosy, sofrendo de muitas cólicas. Dia após dia. Hora após hora. Minuto após minuto. O tempo começou a se arrastar no ritmo mais torturante possível. O que faríamos o dia todo? E, obviamente, como eu conseguiria fazer aquela bebezinha cochilar, para que eu pudesse fazer uma pausa?

Às vezes, sintonizava na NPR apenas para ouvir outra voz. Em outros momentos, se eu ainda tivesse energia, pegava um Uber e participava de um grupo de apoio à amamentação do outro lado da cidade. Uma tarde qualquer, uma amiga da faculdade aparecia para me cumprimentar e me trazia o almoço. Mas era só isso. Do contrário, eu ficava sozinha, e, com o passar dos dias, nosso apartamento perfeito foi se transformando no que parecia ser uma ilha de isolamento. Todas as vezes em que Rosy chorava, se agitava e berrava, eu era a única que a pegava no colo, a acariciava e a acalmava. Eu lhe oferecia tudo: comida, conforto e amor. Eu era todo o seu mundo. E ela estava se tornando, lenta e progressivamente, uma propriedade minha.

Na teoria, um relacionamento tão íntimo assim parece lindo, coeso, como um sonho transformado em realidade. Era assim que eu havia imaginado. E era assim que, certamente, parecia ser nas fotos dos amigos publicadas no Facebook. A pacífica felicidade da licença-maternidade.

Mas, na prática, aquele isolamento e aquela solidão tinham um lado sombrio para mim. No terceiro mês, me sentia completamente exausta. Eu dormia, em média, três ou quatro horas por noite, quando muito, pois não conseguia fazer Rosy ficar no berço por mais tempo do que isso. A exaustão significava que eu não tinha energia para fazer mais nada, exceto manter aquele minúsculo ser humano vivo. Não escrevia nem lia mais sobre ciência. Já não fazia caminhadas nem preparava o jantar. Dia após dia, podia sentir meu senso de identidade se esvaindo.

No fim das contas, fiquei deprimida. E eu sabia que precisava de ajuda. Mas era *muito* difícil encontrar ajuda. Liguei para médicos e terapeutas durante meses, até que finalmente tive sorte. Encontrei uma psiquiatra que aceitava nosso seguro de saúde e tinha um horário vago. Perto do aniversário de seis meses de Rosy, eu estava tomando um antidepressivo e consultando uma terapeuta todas as semanas. "Você precisa que alguém a ajude com Rosy", disse ela, certa tarde. "Você tem condições de contratar uma babá? Será que pode voltar a trabalhar antes do previsto? Você precisa de ajuda."

Então, eu tive sorte — mais uma vez. Nós *podíamos* contratar ajuda. E também podíamos pagar as passagens de avião para que minha mãe viesse nos visitar regularmente. Mas, no fim, Rosy tinha estabelecido um vínculo quase exclusivamente comigo (e, em algum momento, com Matt e com a babá, depois de muito estresse e gritos). Lutei contra a depressão por anos.

Sempre culpei a mim mesma por essa depressão — como se, por algum motivo, eu não houvesse conseguido dar conta da vida de uma mãe neófita. Como se eu carregasse uma "bagagem" residual da minha infância. Não tivesse procurado companhia suficiente logo depois que Rosy nasceu. Não tivesse feito as escolhas corretas em relação aos primeiros cuidados infantis. Ou, então, como se eu tivesse uma "falha" genética ou algum outro tipo de predisposição.

Mas, ao visitar as famílias hadzas, comecei a perceber que o problema nunca havia sido eu. De forma alguma.

———————

Cerca de um milhão de anos atrás, algo extraordinário estava acontecendo na África. Havia uma espécie de macaco de aparência curiosa que evoluíra a ponto de desenvolver notáveis habilidades.

E isso não se resumia ao fato de que aquele macaco conseguisse andar sobre dois pés. Outras espécies de macaco também já eram capazes de fazer isso. Tampouco que ele pudesse projetar e construir um impressionante naipe de ferramentas, como facas e machados. Aquelas outras espécies de macaco também já faziam isso. Logicamente, seu cérebro era grande — mas, novamente, isso também não era tão especial assim.

Superficialmente, aquele macaco se assemelhava bastante a um punhado de outras espécies humanoides, bípedes e de cérebro grande, que viviam e vagavam pelo continente africano mais ou menos na mesma época.

Mas se alguém passasse alguns dias com aquele macaco e sua família, começaria a perceber algo estranho acontecendo. Para começar, os adultos eram incomumente cooperativos e empáticos. Eles trabalhavam juntos em tarefas que outros macacos costumavam fazer sozinhos, como construir casas ou localizar presas. E eles pareciam ter o dom, praticamente, de ler a mente uns dos outros. Conseguiam entender o que os outros indivíduos queriam e, em seguida, ajudá-los a atingir seus objetivos.

Talvez de modo ainda mais curioso, os filhotes eram incrivelmente desprotegidos. A pobre macaca dava à luz crias que, para todos os efeitos práticos, eram indefesos — não conseguiam nem mesmo se agarrar ao corpo da mãe. Elas precisavam de meses de cuidados intensos até aprender a engatinhar, e mais outro ano inteiro até conseguir escapar dos perigos. E, mesmo assim, aquela distinta macaca não estava livre de dificuldades. Ela precisava cuidar de cada um dos filhotes por cerca de uma década, até que a doce criatura pudesse, finalmente, se tornar autossuficiente e adquirir o mínimo de calorias para cuidar de si mesma.

A antropóloga Sarah Blaffer Hrdy estima que, durante aqueles dez primeiros anos de vida, o macaquinho teria precisado de cerca de dez a treze milhões de calorias de energia para amadurecer completamente. Isso é o equivalente a cerca de quatro mil potes de manteiga de amendoim. E, lembremos, tais espécies de macaco eram caçadores-coletores. Eles não tinham condições de comprar sanduíches em uma delicatéssen nem mantimentos em um mercado. Precisavam rastrear e coletar todos os alimentos que sua prole exigisse — não apenas por semanas e meses, mas por muitos anos.

Como afirma Sarah, não havia possibilidade alguma de que aquela macaca conseguisse fornecer tanta comida assim ao seu filhote, especialmente considerando-se que, é muito provável, já houvesse outro filhote para alimentar ou que ela já estivesse grávida de um segundo filhote futuramente desamparado e exigente ao extremo.

Aquela distinta macaca tinha um problema para resolver: seus filhotes precisavam de muito mais cuidados, alimentos e energia do que ela era capaz de oferecer sozinha, ou, até mesmo, com o auxílio de um parceiro competente e amoroso. Ela precisava de ajuda para preparar as refeições, coletar mais frutas e manter o local limpo — e não apenas de uma visita rápida no fim de semana de uma tia há muito desaparecida, mas de ajuda em tempo integral. Alguém que pudesse ficar perto dela, noite após noite; alguém para brincar com os filhotes mais velhos e segurar os bebês quando ela não pudesse fazer isso.

Com o passar do tempo, o problema só se agravou. Ao longo de milhares e milhares de gerações, os bebês da espécie se tornaram cada vez mais desguarnecidos e os filhotes demoravam cada vez mais tempo para alcançar a autossuficiência.

Pule oitocentos mil anos, e agora aquela espécie de macaco se parece essencialmente conosco, os seres humanos de hoje em dia. Somos nós mesmos.

Em algum momento, o *Homo sapiens* começou a dar à luz o que alguns cientistas chamam de bebês "prematuros". E não me refiro a nascimentos antes da hora. Estou querendo dizer que *todos* os bebês humanos nascem prematuros em comparação a outras espécies de primata. Nossas crias são não apenas massas disformes e esponjosas, completamente vulneráveis e sem qualquer coordenação motora, como o cérebro delas também funciona de modo muito deficitário. Comparados com outros primatas vivos, os seres humanos nascem com o cérebro menos desenvolvido de todos: 30% menor do que o tamanho de um cérebro adulto.

Consideremos, por exemplo, nossos parentes vivos mais próximos, os chimpanzés. Um bebê humano teria de ser gestado no útero por mais nove a doze meses para ser neurológica e cognitivamente tão desenvolvido quanto um chimpanzé recém-nascido.

Lembro-me de quando Rosy tinha apenas alguns dias de vida; não conseguia fazer nada além de chorar e defecar. Ela chegou a ter problemas para agarrar o peito e iniciar a sucção. Lembro-me de segurá-la sobre a pia, tentando dar-lhe um banho. E ela parecia um peru no Dia de Ação de Graças, antes de ser colocado no forno: cru e escorregadio. Seus músculos eram muito flácidos. Seus braços, pernas e pescoço ficavam pendurados no espaço. A cada momento, achava que ela fosse escapar de minhas mãos.

Ninguém sabe exatamente por que o *Homo sapiens* deu à luz bebês tão prematuros. Alguns culpam nosso cérebro supergrande, que, se tivessem se desenvolvido plenamente no útero, teriam trazido alguns sérios problemas às mães durante o parto. Os cientistas também não sabem por que as crianças demoram tanto para amadurecer e se tornar seres autossuficientes. Talvez nossa infância estendida nos dê tempo suficiente para aprender as potentes habilidades que nos tornam humanos, como o domínio de línguas e o trânsito por complicadas estruturas sociais. Mas de uma coisa sabemos, com certeza: à medida que os seres humanos evoluíram ao longo de centenas de milhares de anos, e nossos ascendentes começaram a demandar muito mais tempo, atenção e calorias, outra característica evoluiu conosco — a aloparentalidade, ou a "outra" parentalidade.

Como a própria Sarah Hrdy diz: "Um macaco que produzia uma prole de maturação tão lenta e caríssima quanto essa não conseguiria ter evoluído a menos que as mães tivessem recebido muita ajuda."

E quando Sarah diz muita ajuda, ela quer dizer uma quantidade incalculável de ajuda.

Um aloparente pode ser qualquer pessoa — além da mãe e do pai — que ajuda a cuidar de uma criança. Um parente, um vizinho, um amigo ou, até mesmo, outra criança podem constituir um fantástico aloparente.

Sarah acredita que esses pais suplementares foram essenciais para a evolução humana. Ao longo de sua carreira, ela adquiriu um acervo impressionante de evidências para sustentar tal hipótese. Em sua opinião, os seres humanos evoluíram até a ponto de compartilhar, como um grupo, os deveres de assistência às crianças. Ao mesmo tempo, a descendência humana evoluiu para se apegar, estabelecer vínculos e ser criada por um punhado de pessoas — e não apenas por duas.

Certa vez, ouvi essa família aloparental ser chamada de "círculo de amor", e me pareceu um termo apropriado. Pois não estamos falando sobre cuidadores casuais que entram e saem da vida de uma criança, e sim de cinco ou seis pessoas fundamentais, que trabalham ao lado da mãe e do pai, conectando-se entre si para formar um fluxo constante de amor incondicional à medida que a criança cresce.

Estima-se que a aloparentalidade seja uma das principais razões pelas quais nossa espécie e nossos ancestrais sobreviveram aos últimos milhões de anos ou mais, enquanto outras espécies humanoides, como o Neandertal e o *Homo heidelbergensis*, não conseguiram. Em outras palavras, o "sucesso" do *Homo sapiens* na Terra, provavelmente, tem menos a ver com o "homem caçador" do que com a "tia ajudante" e o "vovô generoso".

Allo vem do termo grego para "outro". Mas a expressão "outro pai" não consegue fazer jus aos aloparentes. Eles não são simplesmente os "outros", que desempenham um papel coadjuvante ou secundário na vida de uma criança. Ah, não mesmo. Eles são fontes centrais e onipresentes de amor e cuidado para com as crianças, responsáveis por muito mais do que trocar fraldas ou ninar um bebê na hora de dormir.

Considere, por exemplo, os efes, um grupo de caçadores-coletores que vive na floresta tropical da África Central há milhares de anos. Assim que uma mãe dá à luz, as outras mulheres vão até sua casa e formam uma equipe da SWAT para cuidar do bebê, predispondo-se a responder a cada gemido e a cada choro emitidos por ele. Elas seguram o recém--nascido no colo, aconchegam, balançam e até alimentam a criança. Como escreve o antropólogo Mel Konner: "Lidar com um bebê agitado é um esforço do grupo." Depois de alguns dias, a mãe pode voltar ao trabalho e deixar o bebê com uma alomãe.

Nas primeiras semanas de vida de um bebê, ele passa de um cuidador para outro, em média, cada quinze minutos. Quando o bebê está com três semanas de vida, as alomães são responsáveis por 40% dos cuidados físicos do recém-nascido. Com dezesseis semanas, elas respondem por impressionantes 60% dos cuidados. Avance dois anos, e a criança está passando mais tempo com outras pessoas do que com a própria genitora.

Todos esses aconchegos, carícias e momentos de conforto propiciados pelas alomães trazem benefícios duradouros para bebês e crianças. Aquelas mulheres conhecem aquele bolinho de gente tão bem quanto a própria mãe. E o bolinho de gente parece tão seguro e confortável com aquelas aloparentes quanto com a mãe. Como resultado, os bebês se apegam e estabelecem vínculos com muitos adultos, podendo chegar até cinco ou seis.

Encontramos situações semelhantes em muitas comunidades de caçadores-coletores ao redor do mundo. Entre os bayakas, que também vivem na África Central, as crianças dispõem de cerca de vinte cuidadores diferentes ao longo de um dia. Alguns tomarão conta informalmente do bebê, mas outros — cerca da metade — ajudarão em tarefas essenciais, como alimentar e higienizar o pequeno.

"Ou seja, essa situação é muito diferente da ocidental, em que a mãe é a única figura na vida do bebê e usa toda a energia para cuidar dele", diz a antropóloga Abigail Page, que estuda os agtas, um grupo de caçadores-coletores das Filipinas.

No sul da Índia, os caçadores-coletores nayakas valorizam tanto os aloparentes que têm um nome especial para defini-los: *sonta*, que significa, em linhas gerais, um grupo de pessoas tão próximas quanto os irmãos. Os adultos chamam todas as crianças ao redor de casa de "filho" ou "filha", ou *maga(n)*, e todas as pessoas mais velhas de sua comunidade de "paizinho", *cikappa(n)*, e "mãezinha", *cikawa(l)*.

À primeira vista, alguém poderia pensar que os parentes consanguíneos seriam os aloparentes mais relevantes nas comunidades de caçadores-coletores. Contudo, em muitas culturas, as famílias se deslocam com frequência e, muitas vezes, vivem longe de seus parentes de sangue.

Mais recentemente, pesquisadores começaram a investigar os aloparentes *fora* da família. E eis que, de repente, eles encontraram toda uma gama de cuidadores que se relacionavam com a criança apenas por meio da proximidade e do amor. Um estudo, em particular, encontrou uma surpreendente fonte de ajuda parental — uma a quem as famílias ocidentais podem recorrer e acessar com facilidade.

O estudo foi conduzido ao longo da costa norte das Filipinas, uma região habitada pelas famílias agtas há dezenas de milhares de anos. Elas praticam caça submarina em recifes de coral, coletam alimentos em piscinas naturais e, quando precisam escapar da violência (ou de uma pandemia de coronavírus), sobem para as montanhas.

Abigail Page e sua colega seguiram um grupo de crianças agtas, com idades entre 2 e 6 anos, para identificar quem tomava conta delas ao longo do dia. As mães se encarregavam de grande parte dos cuidados, cerca de 20% deles. Mas adivinhe quem se dedicava ainda mais do que isso? As outras crianças! Estou falando da turma com menos de 10 anos, que anseia por responsabilidades e, de verdade, quer agir como "criança grande". Estou falando das Belies ao redor do mundo (e de Rosy, daqui a um ou dois anos).

Aqueles minialoparentes, com idades entre 6 e 11 anos, forneciam cerca de um quarto dos cuidados às crianças pequenas, conforme registrou Abigail. Eles deixavam as mães tão livres que as mulheres podiam voltar ao trabalho, ou, simplesmente, fazer uma pausa e relaxar. E aqueles minialoparentes iam além de apenas tomar conta — eles levavam o trabalho mais a sério do que isso: também ensinavam muito.

Abigail acredita que as crianças pequenas, em torno de cinco anos mais velhas do que outras crianças, podem ser as melhores professoras que existem — muito melhores do que os próprios pais. Os jovens têm grandes e inúmeras vantagens sobre nós, os mais velhos, ressalta a autora. Eles têm mais energia do que os pais. Incorporam naturalmente a brincadeira e a simulação em seus "exercícios educativos", de modo que a aprendizagem fica mais divertida. E seu nível de habilidade em uma tarefa é mais parecido com o de uma criança mais nova.

Hoje, a cultura ocidental subestima o valor do ensino entre crianças, diz a psicóloga Sheina Lew-Levy, que estuda os caçadores-coletores bayakas, da África Central.

"Tendemos a acreditar que o ensino ocorre quando um adulto com mais conhecimentos instrui um indivíduo mais jovem, mas, em minhas pesquisas, descobri que não é assim que funciona. O ensino entre crianças é muito mais comum após os primeiros anos da infância", diz ela.

No fim das contas, esses grupos de recreação multietários não apenas dão aos pais mais tempo para si mesmos, como também propiciam às crianças um estímulo físico e mental, afirma Sheina. "Eles são muito importantes para a aprendizagem e o desenvolvimento sociais. Nesses grupos, as crianças aprendem a expandir seus horizontes, suas habilidades sociais e emocionais e a como funcionar em sociedade."

———————

De volta às famílias hadzas, enxergo a aloparentalidade em todos os lugares. Do nascer ao pôr do sol, todos os dias, um grupo de cerca de uma dúzia de mulheres e homens trabalha em conjunto para cuidar dos bebês e das crianças pequenas uns dos outros. Todas as mulheres e todos os homens seguram, carregam e amam tanto os filhos uns dos outros que, no começo, tive dificuldade em dizer quem era filho de quem. As crianças circulam entre os adultos com tanta simplicidade e desenvoltura que também parecem se sentir igualmente confortáveis em meio a um punhado de adultos.

Mãe de quatro filhos, Subion resumiu com perfeição a aloparentalidade: "No fim das contas, você é responsável por seus filhos, mas precisa amar todas as crianças como se fossem suas."

Com um rosto doce e uma voz suave, Subion irradia ternura e compaixão. Quando ela ri, o que faz com frequência, duas covinhas surgem de cada lado de suas bochechas rechonchudas. Mas Subion é incrivelmente resiliente: é mãe solteira e um de seus filhos é deficiente físico e não consegue andar. No dia anterior à nossa conversa, eu a vi carregando um balde cheio de água na cabeça por cerca de 2,5 quilômetros, subindo um íngreme desfiladeiro, com um bebê nas costas e uma criança agarrada à sua saia.

"Subion, você acha que ser mãe é difícil?", pergunto.

"Acho", responde ela, rapidamente, com um tom sério. "Porque precisamos trabalhar duro para cuidar deles, mas tenho orgulho de ser mãe."

Vendo Subion rir e brincar com as outras mulheres no acampamento enquanto elas vão passando os bebês umas das outras de mão em mão, percebo que essas mães hadzas têm não apenas um imenso volume de ajuda a oferecer em termos de cuidados infantis, mas também um enorme grau de camaradagem. Considero-me uma pessoa de sorte por passar duas ou três horas por semana com minhas amigas. Essas mulheres hadzas convivem entre oito e dez horas por dia! Pode-se dizer que são mulheres que cultivam relacionamentos profundamente recompensadores e gratificantes.

Os cientistas defendem a hipótese de que a aloparentalidade evoluiu para ajudar os pais a prover seus filhos. Mas e que tal se, além de encher a barriga dos filhos, a aloparentalidade também fornecesse algo igualmente essencial aos pais: a amizade?

Subion e os outros homens e mulheres hadzas têm de sobra o que me fazia falta como mãe de primeira viagem: apoio social. Eles têm uma rica rede de pessoas a quem recorrer quando se sentirem para baixo ou precisarem de ajuda. Quando a vida fica difícil, eles têm um ao outro para se proteger.

Para o *Homo sapiens*, o apoio social funciona um pouco como uma droga milagrosa. Ele fornece benefícios à saúde que se propagam por todo o nosso corpo, da mente ao sangue, passando pelo coração e os ossos. Ao longo das décadas passadas, incontáveis estudos vincularam as amizades significativas e a camaradagem a todos os tipos de benefício à saúde. Elas diminuem nosso risco de doenças cardiovasculares; impulsionam nosso sistema imunológico; e nos protegem do estresse, da ansiedade e da depressão. E, quando adoecemos mentalmente, quanto mais acreditarmos que temos amigos e familiares nos apoiando, mais chances teremos de nos recuperar da ansiedade e da depressão.

"O simples fato de passar algum tempo com outras pessoas, mesmo sem interagir, pode reduzir a pressão arterial e produzir um efeito calmante", diz o psicólogo Bert Uchino, da Universidade de Utah, que estuda como a solidão afeta nossa saúde física.

Por outro lado, a falta de apoio social agrava os problemas de saúde mental, formando uma espécie de efeito bola de neve, afirma ele. A solidão pode causar ansiedade, depressão e distúrbios do sono, que, por sua vez, causam mais solidão. "Quando as pessoas não têm apoio social, seus corpos exibem sinais de estresse físico, como se estivessem sob ameaça ou se outras pessoas estivessem dispostas a persegui-las", diz Uchino.

O apoio social é tão importante para a saúde física que, em determinado estudo, manter relacionamentos sólidos se correlacionava tão fortemente com uma expectativa de vida mais longa quanto ser fisicamente ativo ou parar de fumar. Em outras palavras, o tempo e a energia que gastamos plantando e cultivando amizades profundas e gratificantes são, provavelmente, tão cruciais para o nosso bem-estar geral quanto correr à tarde (ou, até mesmo, não fumar).

A maioria desses estudos investiga adultos, mas o apoio social, especialmente dos membros da família, pode ser ainda mais importante para as crianças, avalia Uchino. "A qualidade de nossas primeiras relações familiares está ligada à possibilidade de sofrermos com a solidão e o isolamento social na idade adulta. Se uma criança se sentir acolhida pelos pais e sentir que pode contar com eles, ela carregará isso consigo para o resto de sua vida."

Se essa conclusão for verdadeira, então o que acontecerá quando uma criança se sentir amada e amparada não apenas por dois pais, mas por três, quatro e, até mesmo, cinco aloparentes?

Alguns antropólogos acreditam que a aloparentalidade dá às crianças algo que parece quase mágico: a confiança no mundo. A certeza de que sua família, seus vizinhos, o ambiente em que você está cuidarão de você e as pessoas que você conhece serão amáveis, calorosas e prestativas, e o planeta proverá a sua subsistência.

"Portanto, as relações de proximidade entre aloparentes e um bebê logo no início da vida constroem um alto nível de confiança, e essa confiança é projetada no mundo inteiro", diz Sheina Lew-Levy.

E, assim, o círculo de amor que uma criança pequena vivencia a prepara melhor para que ela mesma possa levar ao mundo o amor, a confiança e um senso de segurança.

De volta a São Francisco, não consigo parar de pensar em Subion e nas outras mães hadzas, e nos dias que elas passam juntas, ajudando umas às outras com os bebês e as crianças pequenas. Começo a imaginar como minha experiência como mãe de primeira viagem teria sido diferente se eu tivesse recebido tanta ajuda assim. E se nossa família tivesse cinco aloparentes disponíveis, para não falar em dez?

Que bom teria sido poder contar com uma tia próxima me ensinando como enfaixar Rosy, ou um avô para me mostrar como balançá-la até ela pegar no sono. Ou se uma vizinha pudesse ter aparecido nas noites em que Rosy estava com cólicas e não conseguíamos fazê-la parar de chorar. Ou se minha irmã pudesse ter ficado três meses conosco, em vez de uma semana.

Com todas essas mãos, esses braços e corações suplementares, Rosy teria chorado muito menos, tenho certeza. Mas e quanto à mamãe e ao papai? Eu, provavelmente, teria me sentido mais como um ser humano, em vez de uma máquina de produzir leite e trocar fraldas. Tanto Matt quanto eu teríamos nos sentido menos exaustos e sozinhos. Contar com aloparentes teria nos elevado física e mentalmente. Será que, ainda assim, eu teria desenvolvido depressão pós-parto? Duvido.

Talvez o problema não fosse eu, afinal. Talvez ele esteja na cultura ocidental — em como pensamos que a parentalidade deveria funcionar e em como trazemos novos bebês ao mundo. Ao isolar os pais de primeira viagem e concentrar-se tão fortemente na família nuclear como a principal cuidadora, preparamos mães e pais para a ansiedade e a depressão pós-parto. (E isso em uma família como a nossa, que é extremamente afortunada e privilegiada por ter uma moradia, renda estável e seguro médico. E quanto às famílias sem essa segurança financeira? Posso imaginar quanto as práticas da cultura ocidental tornam isso ainda mais difícil para elas.)

Conforme estamos aprendendo, esse estilo de parentalidade isolado também não é bom para as crianças, apesar de nossas boas intenções. Como pais, queremos fazer qualquer coisa que pudermos para fornecer aos nossos filhos tudo de que eles precisarão no futuro — no entanto, ao nos concentrarmos tanto na escola, nas notas e nas "conquistas", será que também não estamos confinando as crianças cada vez mais dentro do apartamento — e, assim, deixando-as vulneráveis à mesma ansiedade e depressão que eu senti tão logo me tornei mãe?

Talvez eu esteja começando a entender que o que Rosy precisa não é de outra atividade extracurricular depois da escola, nem de uma sessão extra de estudos nos fins de semana. Ela precisa, mais apropriadamente, é de tempo com alguns adultos e crianças significativos, que a conheçam e a amem tanto quanto Matt e eu. O que ela precisa é de um círculo de amor que a eleve e lhe dê confiança no mundo.

Tente isso 9: Construa suporte emocional para sua família (e descanse um pouco)

Por menor que seja, a aloparentalidade contribui de forma importante. Contar com os cuidados a mais prestados por alguns adultos já pode fazer uma profunda diferença na vida de qualquer criança, independentemente da idade.

Comece a se envolver

• Valorize as "mãezinhas" e os "paizinhos" na vida de seu filho. Na cultura ocidental, costumamos ter muitos aloparentes ao nosso redor — aqueles que trabalham arduamente para ajudar nossos filhos. Estou falando sobre cuidadoras, instrutores de creches, professores e babás. Alguns desses aloparentes passam mais tempo com nossos filhos do que nós mesmos. Eles são fundamentais para o desenvolvimento emocional e a saúde de nossos filhos.

E, mesmo assim, nos últimos cem anos mais ou menos, nossa cultura vem empurrando muitos desses aloparentes para um lugar periférico no cenário da parentalidade. Podemos mudar facilmente o foco e voltarmos a nos concentrar em suas contribuições e importância — em primeiro lugar, mostrando a essas pessoas quanto valorizamos e apreciamos o trabalho que elas fazem por nossas famílias.

No caso de professores e instrutores de creches, reconheçamos regularmente seus esforços, incentivando nossos filhos a fazer cartõezinhos de agradecimento ou a preparar-lhes alguns mimos. Podemos celebrar seus aniversários ou criar lembrancinhas caseiras para o período das férias — e, se um professor ou instrutor demonstrar afeto especial por alguma criança, convidá-los para jantar ou oferecer-lhes uma refeição especial.

No caso de cuidadoras e babás, que trabalham regularmente dentro de nossa casa, podemos tratá-las menos como uma ajuda remunerada e mais como valiosos membros da família — basta nos interessarmos pela vida e a família delas; ser tão generosos quanto possível com a compensação financeira e oferecer-lhes ajuda, extensiva à família, sempre que precisarem. Se a cuidadora parecer interessada, podemos convidá-la — e sua família — para jantares ou festas (deixando claro, apenas, que a oferta não é um "trabalho extra", mas, sim, um gesto de agradecimento e um desejo genuíno de construir um relacionamento).

Mesmo depois de a criança crescer a ponto de não mais precisar dos cuidados dessas pessoas, cultivemos esse relacionamento. Podemos nos comunicar regularmente com elas e suas famílias, por e-mail ou telefone, e, se elas assim o quiserem, nos visitar ou nos encontrarmos para trocar presentes e guloseimas feitas em casa. Acima de tudo, podemos tratar as cuidadoras com tanto respeito e gratidão quanto tratamos nossos familiares mais próximos. Suas contribuições para nossas famílias são igualmente importantes.

Avance aos poucos

• **Treine um minialoparente.** Recrute um irmão mais velho para cuidar dos mais novos. Comece a treiná-lo quando ele ainda for jovem; digamos, quando estiver com 3 ou 4 anos. Nessa idade, a criança está ansiosa para aprender e ajudar — e atuar como cuidadora se tornará algo natural para ela, à medida que for crescendo.

Para crianças de qualquer idade, basta usar a fórmula: forneça oportunidades de praticar, modele o comportamento que você deseja e associe os cuidados à maturidade. Diga à criança que ela é responsável pelo bebê e que "precisa ser a mamãe/o papai" ou a "criança grande". Então, lentamente, com o passar do tempo, atribua à criança mais responsabilidades. Forneça a rede de segurança invisível, conforme necessário.

Envolva-se

• **Monte uma rede de tias e tios.** Suzanne Gaskins me deu essa ideia, e eu a achei brilhante. Basicamente, para cada criança, você escolhe três ou quatro amigos próximos. E, então, todas as famílias trabalham juntas para oferecer cuidados pós-escolares. A cada dia, uma família diferente pega as crianças (se necessário) e fornece lanches e supervisão parental (se necessário). "De repente, meus filhos tinham um punhado de tias e tios", diz Suzanne. As crianças exercitam os músculos da autonomia e, ao mesmo tempo, constroem apoio social com os amigos e as respectivas famílias. Com o tempo, todos se tornam uma grande família estendida. E os pais conseguem descansar um pouco!

• **Crie um MAPA.** Esse é o meu acrônimo (*MAP*) para "grupo de recreação multietário" (*multi-age playgroup*) ou "grupo de recreação de idades múltiplas" (*mixed-age playgroup*).

Os MAPAs ajudam as crianças a crescer emocionalmente, e a passos largos. As mais novas aprendem comportamentos mais sofisticados com as mais velhas. As crianças de mais idade aprendem ensinando as mais jovens, ao mesmo tempo em que exercitam suas habilidades de liderança e acolhimento.

É possível testar várias maneiras de criar MAPAs. Você pode simplificar as coisas e incentivar as crianças de sua vizinhança a brincar juntas depois da escola e nos fins de semana. Costumo dizer a Rosy: "Vá buscar Marat [o menino que mora ao lado]", frase que alterno com "Vá brincar na casa de Marat".

Ou pode organizar um grupo de recreação semanal para reunir a vizinhança em seu quintal ou em um parque próximo. Convide todas as crianças da vizinhança para passar algumas horas juntas em um sábado ou domingo. Um ou dois pais a mais é tudo de que você precisa. E aqueles que comparecerem devem tentar formar a "rede de segurança invisível". Idealmente, os pais deveriam ficar em segundo plano e interferir apenas se uma criança correr risco de se machucar.

Experimente promover o MAPA todas as semanas. Ou peça a outros pais que o promova e o supervisione. Depois de alguns meses, as crianças, provavelmente, estarão brincando juntas por conta própria, sem que você precise organizar muita coisa. E a rede de segurança de sua vizinhança estará sólida e diversificada.

• **Tolere seus parentes (ou aprenda a valorizar suas contribuições).** Dependendo de sua família, isso pode ser uma tarefa difícil. Em minha própria família, haverá chances de conflito e tensão. Mas vejo quanto todos amam Rosy — e quanto ela os ama. E, assim, decidi parar de provocar brigas e aprender a conviver pacificamente com os parentes (na maioria das vezes).

De forma geral, Matt e eu decidimos tornar prioritária a inclusão de nossas famílias na vida de Rosy, tanto quanto possível. Tentamos visitar a família estendida durante os feriados e sempre recebê-la em nossa casa. A cada verão, ajudamos a organizar as férias com os irmãos de Matt e todos os seus filhos. E essas reuniões têm sido um arraso!

Se não for possível fazer isso com sua família, concentre-se em cultivar a rede de "tios e tias" com amigos e vizinhos. O objetivo, aqui, é construir conexões profundas e de alta qualidade, não necessariamente *mais* conexões.

Resumo do Capítulo 15:
Como proteger as crianças da depressão

Ideias para serem lembradas

- Bebês e crianças foram projetados para serem criados por muitos tipos de pessoa. De avós e tias a cuidadoras e vizinhos, todos são importantes.
- Essa rede de amor e apoio ajuda a criança a perceber o mundo como solidário e amável, o que a protege da depressão e de problemas de saúde mental.
- Um ou dois aloparentes a mais podem fazer uma grande diferença na vida de uma criança.
- As outras crianças funcionam como fantásticos aloparentes, e tendem a ser melhores professoras e companheiras de brincadeira do que os adultos. As crianças incorporam naturalmente a brincadeira à aprendizagem, e apresentam níveis de habilidade mais próximos de outras crianças do que os adultos.
- Amizades profundas e próximas, provavelmente, são tão importantes para você e a saúde de seu filho quanto fazer exercícios e manter uma alimentação saudável.

Dicas e ferramentas

- **Monte uma rede de tias e tios.** Trabalhe junto com outras três ou quatro famílias para compartilhar os cuidados pós-escolares. Faça com que cada família seja responsável por um dia da semana. Essa rede oferece suporte emocional para as crianças e pausas para os pais.
- **Crie MAPAs (grupos de recreação multietários).** Incentive seu filho a brincar com crianças de todas as idades perto de sua casa. Convide

outras famílias para jantares ou coquetéis. No fim de semana, organize grandes grupos de recreação na vizinhança, convidando
crianças de todas as idades para brincar em seu quintal ou em um
parque próximo.

- **Treine minialoparentes.** Ensine as crianças mais velhas a cuidar dos
irmãos mais novos, desde a mais tenra idade. Associe o cuidado
prestado por elas à maturidade crescente (por exemplo, "Você está
ajudando seu irmão porque agora você é uma menina grande").
Recompense a criança pelo cuidado oferecido aumentando suas
responsabilidades ao longo do tempo.

- **Valorize os aloparentes que você já possui.** Trabalhe em conjunto
com seu filho para demonstrar apreço por babás, instrutores de
creches, professores e treinadores. Ofereça-lhes cartões de agradecimento, mimos e refeições especiais. Trate-os como valiosos membros da família. Sirva de modelo para a generosidade e o respeito.

A criação dos filhos no Ocidente 2.0

E
Q
U
Interferência mínima
P
E

EQUIPE 4

Um novo paradigma para os pais ocidentais

Imagine, por um segundo, uma criança pequena aprendendo a andar. Talvez você pense na mãe segurando as mãos do bebê. Nos Estados Unidos, geralmente é assim que acontece, observa Suzanne Gaskins. "Ou a mãe estará na frente, dizendo 'Venha até mim, venha até mim', com uma instrução verbal."

Mas em Yucatán a mesma situação parece bem diferente.

"A mãe maia vai logo atrás da criança, com os braços estendidos, pronta para segurar a criança se ela cair", continua Suzanne. "Do ponto de vista da criança, ela está caminhando por conta própria, sem tipo algum de ajuda."

Quando comecei a escrever este livro, tinha algumas perguntas importantes a responder: como Maria, em Yucatán, havia criado filhos tão prestativos e respeitosos? E como seu relacionamento com os filhos apresenta tão poucos conflitos e resistência?

Ao longo do trabalho, reuni gradualmente todas as peças para responder a essas perguntas. Maria valoriza a união, o encorajamento (em vez da força), a autonomia e a interferência mínima. Ela pratica a parentalidade em EQUIPE.

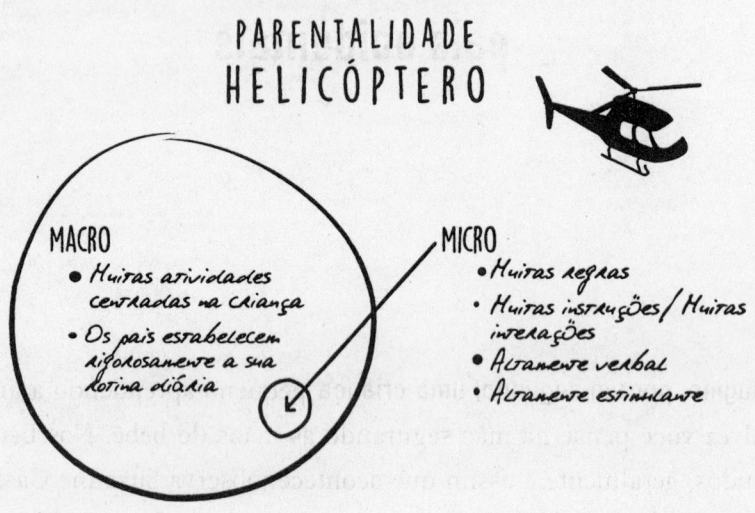

PARENTALIDADE
HELICÓPTERO

MACRO
• Muitas atividades centradas na criança
• Os pais estabelecem rigorosamente a sua rotina diária

MICRO
• Muitas regras
• Muitas instruções / Muitas interações
• Altamente verbal
• Altamente estimulante

Se pensarmos em nossos papéis como pais, podemos dividir nosso trabalho em duas categorias: a macroparentalidade e a microparentalidade (um pouco como os economistas fazem na área deles). A macroparentalidade tem tudo a ver com o panorama geral — como estruturamos os dias da criança, programamos atividades e organizamos seu tempo. A microparentalidade, por outro lado, é o que fazemos momento a momento, enquanto as atividades estão transcorrendo. É o que dizemos, quanto dizemos e quanto tentamos influenciar o comportamento de uma criança em tempo real.

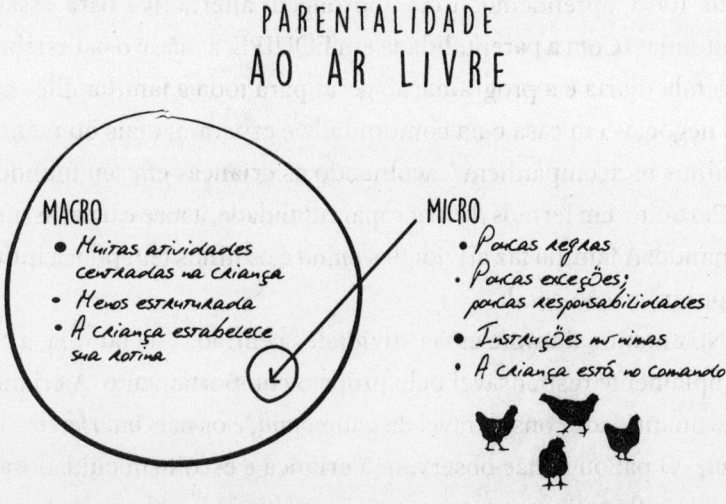

PARENTALIDADE AO AR LIVRE

MACRO
- Muitas atividades centradas na criança
- Menos estruturada
- A criança estabelece sua rotina

MICRO
- Poucas regras
- Poucas exceções; poucas responsabilidades
- Instruções mínimas
- A criança está no comando

Então, por exemplo, os pais-helicóptero controlam rigorosamente a programação geral da criança (macroparentalidade) e as ações da criança durante as atividades (microparentalidade). Por outro lado, os que exercem a parentalidade ao ar livre permitem que a criança estabeleça uma programação por conta própria, e que ela mesma decida como agir durante as atividades. Eles adotam uma abordagem *laissez-faire* em ambas as frentes, tanto da macroparentalidade quanto da microparentalidade

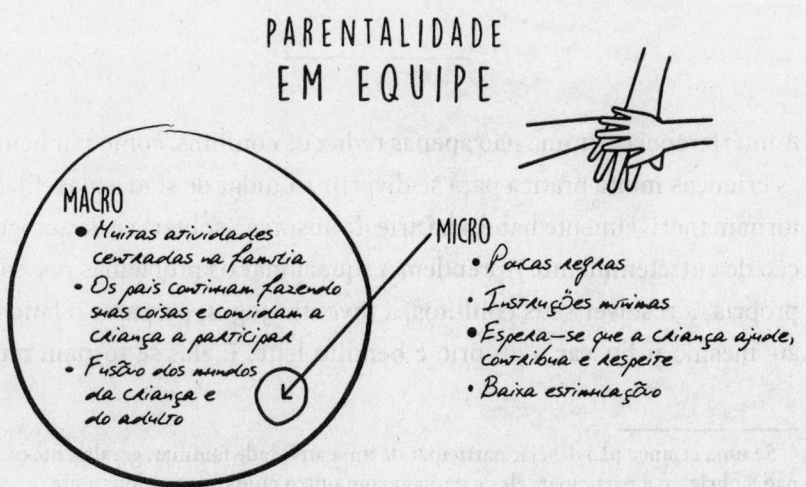

PARENTALIDADE EM EQUIPE

MACRO
- Muitas atividades centradas na família
- Os pais continuam fazendo suas coisas e convidam a criança a participar
- Fusão dos mundos da criança e do adulto

MICRO
- Poucas regras
- Instruções mínimas
- Espera-se que a criança ajude, contribua e respeite
- Baixa estimulação

Neste livro, aprendemos uma abordagem alternativa para essas duas dicotomias. Com a parentalidade em EQUIPE, a mãe e o pai estabelecem a agenda diária e a programação geral para toda a família. Eles cuidam dos negócios em casa e na comunidade e esperam, mais ou menos, que os filhos os acompanhem,* acolhendo as crianças em seu mundo.

Portanto, em termos de macroparentalidade, a mãe e o pai assumem o comando. A família faz atividades *unida* e os filhos têm pouca influência na programação geral.

No entanto, durante essas atividades centradas na família, a criança é amplamente responsável pelo próprio comportamento. A criança tem uma quantidade considerável de *autonomia*, e os pais *interferem minimamente*. O pai ou a mãe observam a criança e escolhem cuidadosamente quando influenciar o seu comportamento (por exemplo, quando a criança estiver correndo risco, ou quando os pais estiverem transmitindo um valor cultural importante, como prestatividade ou generosidade). Mesmo assim, o pai ou a mãe fazem isso de forma sutil. Eles *encorajam* a criança, valendo-se de todo um conjunto de ferramentas, em vez de coagi-la por meio de punições ou ameaças. Eles sabem que as ações e a modelagem serão muito mais eficazes — e muito menos estressantes — do que ordenar e dar instruções. E, sempre que possível, os pais potencializam os interesses ou o entusiasmo da criança, a fim de motivá-la.

A interferência mínima não apenas reduz os conflitos, como também dá às crianças muita prática para se divertir e cuidar de si mesmas. Elas se tornam incrivelmente hábeis na arte da absorção solitária e da autogeração de entretenimento. Aprendem a equacionar os problemas por conta própria, a resolver seus conflitos, a inventar jogos, preparar o lanche e até mesmo ir buscar o próprio e bendito leite. E elas se tornam muito

---

* Se uma criança não desejar participar de uma atividade familiar, geralmente os pais não a obrigam a participar; eles a deixam com outro cuidador ou aloparente.

menos exigentes ao longo do caminho. Essencialmente, se os pais não exigirem nem controlarem a atenção do filho, o filho não exigirá nem controlará a atenção dos pais.

Nem sempre eu acerto — durante todo este livro, quis lhe mostrar que todos nós temos dificuldades. Contudo, nas vezes em que, enfim, consigo aplicar a abordagem de parentalidade em EQUIPE com Rosy, os resultados têm se mostrado consistentemente mágicos. E percebo que nosso relacionamento vem melhorando "pouco a pouco", como diz Maria.

Uma noite, durante a preparação do jantar, eu acertei — simplesmente acertei. Enquanto preparava o salmão na cozinha, Rosy dançava ao som da trilha sonora de *O Rei Leão* na sala de estar. Estou conseguindo fazer um ótimo trabalho me limitando a três ordens por hora. Em troca, Rosy exige pouco de mim. Estamos convivendo pacificamente (quase como Thaa e Belie ao redor da fogueira).

Então, Rosy tenta perturbar a paz. Ela se aproxima e diz: "Mamãe, na hora do jantar podemos fazer um piquenique na sala de estar? Por favor, por favor, mamãe."

A velha Michaeleen teria dito, instantaneamente: "De jeito nenhum, filha! Isso vai ficar uma bagunça danada." Rosy e eu teríamos acabado em um festival generalizado de gritos, discutindo os motivos pelos quais um piquenique seria muito problemático. Mas a nova Michaeleen espera um pouco e pensa: *Humm, esta é uma boa oportunidade para que Rosy pratique a arrumação da mesa.*

"Está bem, Rosy. Vamos fazer isso. Tome, arrume a mesa", digo, enquanto lhe entrego os pratos. Ela os agarra, corre de volta para a sala de estar e, alguns minutos depois, um lindo ambiente de "piquenique" surge sobre o tapete da sala. Rosy chega a ir até nossa varanda escolher algumas petúnias roxas e criar um centro de mesa florido para o piquenique.

Repetimos o processo por cerca de uma semana. Todas as noites, Rosy arruma a mesa de "piquenique". E então, quando finalmente transferimos o jantar de volta para a sala, adivinhe quem arruma a mesa, sem eu pedir? A pequena Roro.

Nos Estados Unidos, sentimos um enorme dever de "otimizar" nossos filhos. De modo geral, isso significa preencher seus dias com atividades ininterruptas ou entretenimento. Com certeza, eu me sentia assim com Rosy (às vezes ainda me sinto). Esse sentimento impõe um pesado fardo sobre nossos ombros e preenche nossa mente com uma ansiedade onipresente (por exemplo, "Ah, meu Deus, o que vou fazer com Rosy durante o sábado inteiro?"). Mas o sentimento também exerce uma pressão significativa sobre nossa parentalidade — tanto a macro quanto a micro. Nossa reação automática é a interferência máxima.

"Os pais assumiram todas essas obrigações extras porque alguém nos convenceu de que elas são essenciais para tornar uma criança melhor", diz o antropólogo David Lancy.

Mas não há evidências científicas mostrando que essa abordagem é a que melhor funciona para as crianças. Certamente, ela não é ideal para todas as crianças (seguramente não para Rosy). Pode-se argumentar que tal abordagem vai contra a inclinação natural das crianças por autonomia, autoexploração e cooperação. Isso sem mencionar que esse estilo parental é exaustivo para todos os implicados. Todas as vezes que o pai ou a mãe gerenciam o comportamento de um filho, correm o risco de enfrentar resistência.

Antes de eu começar a escrever este livro, Suzanne Gaskins me alertou que a "interferência máxima" estava apenas dificultando minha vida, além de refrear o desenvolvimento de Rosy, tanto física quanto emocionalmente. "Acho que os pais e as mães norte-americanos estão se envolvendo em confrontos desnecessários", disse ela. "De fato, é muito estressante para uma criança quando os pais insistem em levá-la, a todo momento, a lugares aos quais ela ainda não está preparada para ir, ou aos quais ela não decidiu que queria ir."

À medida que você leu este livro, espero que tenha percebido que a parentalidade não precisa ser assim. De jeito nenhum. Na verdade, se pretendemos criar filhos confiantes e autossuficientes, não queremos que seja assim — puxando-os e empurrando-os constantemente; não queremos entretê-los a toda hora nem mantê-los ocupados. E, acima de tudo, *não precisamos* insistir eternamente nisso.

Podemos afrouxar nosso controle sobre o comportamento de nossos filhos e sobre o que acreditamos que os pais devem fazer, confiar no fato de que nossos filhos sabem melhor do que nós o que eles precisam para crescer e aprender.

Podemos nos juntar aos milhões de pais e mães ao redor do mundo — e ao longo da história — que se colocam atrás das crianças, esperam um pouco e deixam que elas tomem decisões por conta própria, cometam seus próprios erros e preparem seus próprios tipos de kebabs. Nós, ou um aloparente, estaremos atrás delas com nossos braços estendidos, prontos para segurá-las caso caiam.

CAPÍTULO 16

Hora de dormir

Quando Rosy e eu finalmente terminamos as viagens necessárias para a produção deste livro, voltei para São Francisco ainda intrigada com uma coisa: por que Rosy tem tanta dificuldade para dormir à noite? Ela faz muitos exercícios, expõe-se à luz, e recebe "estimulação". Ela deveria ficar cansada. E, no entanto, a hora de dormir é uma dificuldade crônica na família Doucleff.

Todas as noites, há drama e conflito. Rosy e eu, muitas vezes, terminamos gritando uma com a outra, com Matt perseguindo-a pelo quarto, enquanto ela entoa um mantra de protesto, algo como "Não, não, não! Não vou dormir nunca! Não, não, não!".

E, no entanto, em todos os lugares em que Rosy e eu estivemos, nunca encenamos esse drama noturno. As crianças não pareciam ter nenhum problema na hora de ir para a cama. Jamais ouvi uma criança chorar, gritar, nem ter um faniquito na hora de dormir. No caso de algumas crianças, ir dormir parecia algo que elas *desejavam* fazer, e, até mesmo, se mostravam ansiosas para isso.

Uma noite, no Ártico, vi uma menina de 3 anos se colocar para dormir, sem a ajuda de nenhum adulto. Estávamos sentados na sala de estar de Maria, em Kugaaruk, enquanto as crianças jogavam videogame. Em torno das 19h30, quando ainda faltavam umas boas cinco horas para o entardecer, a pequena Tessa se levantou do sofá, caminhou pelo corredor e não voltou mais.

Perguntei a Sally o que Tessa estava fazendo no quarto.

"Ela foi dormir", disse Sally.

"Ela simplesmente se colocou para dormir, sozinha?"

"Sim, ela faz muito isso", respondeu Sally. "Ela dorme bem."

Não me diga isso, pensei.

Em todos os lugares em que Rosy e eu estivemos, perguntei aos pais como são as rotinas para a hora de dormir. Sobre o que eles fazem se as crianças não quiserem ir para a cama. Todos os pais ignoraram as perguntas e, basicamente, disseram que dormir não era um problema. "Às vezes, Ernesto precisa de um empurrãozinho para terminar o dever de casa antes de ir para a cama", disse-me Teresa, em Yucatán.

"Só isso? Nada mais?"

"Nada mais", respondeu ela, calmamente.

E então, de volta a São Francisco, decidi resolver nosso problema do sono. Sei que Rosy nunca se transformaria magicamente em Tessa, mas há espaço para melhorar. Muito espaço.

Após várias semanas de pesquisa e experimentos, me vi diante de um obstáculo. Rosy não havia feito nenhum progresso e, em determinadas noites, toda minha intromissão apenas agravara o problema. Então, prestes a desistir, praticamente aceito que o caos na hora de dormir é um fardo que nossa família terá de suportar. *Ela vai superar isso algum dia*, digo a mim mesma. *E, na verdade, será que é algo tão ruim assim?*

Então, uma noite, um pouco antes da hora de Rosy ir se deitar, estou sentada à mesa da cozinha, fazendo uma ilustração para este livro. Estou desenhando um esboço da "fórmula" — dos três ingredientes para treinar uma criança a fazer qualquer coisa que você quiser: 1 xícara de prática + 1 xícara de modelagem + 1 colher de chá de reconhecimento = habilidade aprendida.

Por volta das 20h30, ouço a pequena gata selvagem berrando no quarto do andar de cima. Guardo o esboço dentro de um caderno, respiro fundo e subo as escadas. Quando chego, vejo Rosy pulando na cama, enquanto Matt segura o pijama dela, tentando convencê-la a se acalmar.

Segundos antes de eu conseguir abrir a boca e acessar meu roteiro usual de ordens ("Rosy, estamos falando sério..."), o esboço da fórmula me vem subitamente à mente — prática, modelagem, reconhecimento — e uma percepção me atinge tal qual um golpe. *Ah, não*, penso. *Eu treinei Rosy para a hora de dormir. E o treinamento funcionou bem. Muito bem. O único problema é que venho treinando-a para fazer exatamente o oposto daquilo que eu quero.*

Vinte anos atrás, Benjamin Reiss estava escrevendo um livro sobre a história dos hospícios quando se deparou com uma observação intrigante a respeito do sono. "No século XIX, os médicos daqueles hospícios estavam muito obcecados em controlar o sono de seus pacientes", relata. Os médicos ditavam rigorosamente quando e quanto os pacientes deveriam dormir e como seria o ambiente de sono. Soa familiar? Eles também monitoravam meticulosamente o sono dos pacientes com tabelas e registros diários.

Reiss dirige o Departamento de Inglês da Universidade Emory, e é um fantástico historiador. Ele gosta de lançar luz sobre ideias que hoje consideramos "verdades biológicas", rastreando como passamos a encará-las assim e, então, descobrindo o que nossa biologia pode, de fato, estar nos dizendo.

E, desse modo, ele se perguntou: por que os médicos e enfermeiras daqueles hospícios estavam tão preocupados com o sono dos pacientes? Por que estavam tão obcecados com isso?

Ao investigar a história do sono em todo o mundo, rapidamente percebeu que aquela obsessão — aquela necessidade de rastrear e controlar o processo de dormir — não é exclusiva dos hospícios. "Ela está difundida em toda a sociedade ocidental", afirma. E isso causa grandes transtornos em nossos filhos.

Na cultura ocidental, temos uma visão extremamente limitada do que constitui o sono "normal", e, se houver variações em relação a esse "normal", estaremos sujeitos a problemas, diz ele. "Existem regras rígidas, que as pessoas seguem como se fossem um mandamento divino, ou ditadas pela nossa biologia."

Acreditamos que, para sermos saudáveis, *precisamos* dormir cerca de oito horas por noite, em um bloco ininterrupto de sono. E, no entanto, não faz muito tempo, não era assim que a grande maioria das pessoas dormia na cultura ocidental. Até o fim do século XIX, o sono "normal" era segmentado. A maioria das pessoas dormia em dois períodos, cada um com cerca de quatro horas. Um segmento ocorria antes da meia-noite e o outro, depois. E, no intervalo entre ambos, as pessoas faziam todos os tipos de obrigação. Como escreve o historiador A. Roger Ekirch: "Elas se levantavam para executar tarefas, cuidar de crianças doentes, saquear a macieira de um vizinho. Outras, permanecendo na cama, recitavam orações e meditavam sobre os sonhos."

Há evidências, inclusive, de que o sono segmentado remonta a milhares de anos na cultura ocidental. No século I a.C., o poeta romano Virgílio escreveu sobre "o tempo em que o primeiro sono finda, quando o carro da Noite havia percorrido apenas metade de seu curso", em seu poema épico *Eneida*.

Assim, se você tende a acordar no meio da noite e tem dificuldades em voltar a dormir, talvez não seja insônia. Você só está dormindo do mesmo modo que seus ancestrais dormiram por milhares de anos. Para eles, você seria considerado normal.

Basicamente, todas as "regras do sono", tais como as conhecemos hoje, entraram em voga no século XIX. Durante a Revolução Industrial, os trabalhadores precisavam chegar às fábricas em um determinado horário da manhã, independentemente da hora em que o sol nascia ou se punha. Como resultado, "o sono teve de ser submetido a crescentes níveis de controle", escreve Reiss em seu livro *Wild Nights: How Training Sleep Created Our Restless World*.

Antes disso, as pessoas costumavam seguir seus sinais biológicos: dormir quando estivessem cansadas e acordar quando estivessem descansadas. "Vale a pena reiterar: dois séculos atrás, não existia praticamente nenhuma referência ao nosso atual modelo padronizado de sono", escreve ele.

O sono humano é, na verdade, bastante flexível, adaptável e personalizado. Os padrões de sono variam enormemente de cultura para cultura, de local para local e, até mesmo, de época para época. Não existe uma "maneira certa" de dormir. Os cientistas conseguem mensurar um regime "médio" de sono, mas de forma alguma ele pode ser considerado "normal".

"Algumas sociedades cochilam, enquanto outras não; algumas dormem em grupos grandes, outras dormem mais ou menos sozinhas; algumas nuas, algumas vestidas; algumas em público, algumas escondidas", prossegue Reiss. Regimes diferentes podem ser saudáveis para pessoas diferentes — ou, até mesmo, para a mesma pessoa durante épocas diferentes.

E se você acha que todos precisam de oito horas de sono por dia, pense novamente. Em 2015, pesquisadores acompanharam os hábitos de sono de mais de oitenta pessoas em três comunidades nativas que não conhecem a eletricidade: os hadzas na Tanzânia, os sãs na Namíbia e os tsimanes na Bolívia. Os resultados foram impressionantemente semelhantes nos três grupos: em média, as pessoas dormiam cerca de seis a sete horas por noite (o que é muito próximo à quantidade de horas de sono de muitos norte-americanos a cada noite).

O que torna os norte-americanos tão ESTRANHOS na hora de dormir, afirma Reiss não é quanto dormimos, mas quanto tentamos controlar o sono uns dos outros e quanto nosso raciocínio é rígido. Estabelecemos horários rigorosos para nós e para nossos filhos, o que, muitas vezes, não condiz com nossa condição biológica mais básica. Então, gastamos uma quantidade enorme de energia para seguir tais cronogramas. E quando os cronogramas não funcionam — ou quando nossos filhos não os cumprem —, nossa mente se deixa dominar pela ansiedade. Preocupamo-nos por não sermos normais, ou por não sermos bons pais.

Assim sendo, na hora de dormir, destaca Reiss, acabamos fazendo o oposto do que queremos fazer. Em vez de estabelecer um ambiente e uma mentalidade de calma e descontração, provocamos disputas e conflitos. Fabricamos o caos. E ensinamos nossos filhos, ao longo dos anos, a ficar estressados e ansiosos na hora de dormir.

Era exatamente isso o que estava acontecendo na casa dos Doucleff.

————————

Portanto, ao ver Rosy pulando na cama, entoando "Não, não, não vou dormir!", me dou conta, precisamente, daquilo que a treinei para fazer todas as noites, às 20h30. Eu a treinei para se despir, gritar e pular na cama. Basicamente, eu a ensinei que a hora de dormir equivale a uma hora de diversão!

Pense novamente na fórmula: prática, modelagem e reconhecimento. Na hora de dormir, dei a Rosy oportunidades para a *prática* de discussões, gritos e reivindicações (por exemplo, "Preciso de comida", "Preciso de leite", "Preciso de outro livro"). Servi de *modelo* para a impaciência e o autoritarismo — alguns podem até dizer, para um comportamento severo ("Você tem de escovar os dentes agora, Rosemary Jane"). Finalmente, dei muita atenção aos comportamentos errados. *Reconheci* (de forma negativa, porém intensa) todas as travessuras de Rosy. Reagi à tempestade de Rosy criando outra. E assim, dia após dia, mês após mês, ano após ano, a hora de dormir foi se tornando cada vez mais difícil.

Ah, meu Deus, me sinto tão idiota, penso, enquanto Rosy pula da cama para sair correndo nua pelo quarto. Sinto que fui enganada por todos os livros sobre criação de filhos, que me exortaram a "manter o rigor quanto à hora de dormir", a "seguir a rotina" e a deixar nossa vida cada vez mais estruturada. Para Rosy, toda aquela estrutura e todo aquele controle saíram pela culatra. Eles desencadearam ansiedade, conflitos e essa hora de diversão! E tudo isso a desconectou de seu relógio biológico.

Se você consegue reconhecer sua família nesta história, não esmoreça, caro pai cansado de guerra. Uma coisa excelente sobre as crianças é a rapidez com que elas conseguem mudar. Independentemente da profundidade do buraco que você cavou para si mesmo, sempre será possível sair dele. Sempre poderá treinar novamente uma criança, e com relativa facilidade. Como? Usando, eternamente, a fórmula.

Pense na pequena Tessa, em Kugaaruk. Com apenas 3 anos, ela já havia dominado uma habilidade que eu não possuía até meus 30 e poucos anos: ela sabia como seu corpo se sentia quando estava cansada, e sabia o que precisava fazer a respeito. Ela ia para a cama.

Posso treinar Rosy para desenvolver a mesma habilidade, detectar seus sinais de cansaço e, em seguida, recolher-se à cama assim que os identificar. Mas, para fazer isso, tenho de "deixá-la ir", como me disse o intérprete David Mark Makia, na Tanzânia. Tenho de abdicar do controle (ou de quase todo ele) que exerço sobre o horário de sono de Rosy, abolir as rotinas para a hora de dormir e, em contrapartida, oferecer a Rosy espaço para que ela desenvolva a habilidade de ouvir suas pistas biológicas. Posso ajudá-la a desenvolver essa habilidade, mas tenho de *interferir minimamente*. No fim das contas e do dia, caberá a ela decidir quando estará na hora de ir se deitar.

Não vou mentir para você. Todo esse plano me apavora profundamente. *Mas e se ela não for dormir nunca? E se, por acaso, ela não acordar de manhã? Estaremos à beira do "Inferno" de Dante, com certeza.*

Então decido experimentar o esquema por uma semana, e se não funcionar voltarei à nossa velha rotina.

Com grande apreensão, fecho os olhos, agarro a mão de Rosy e pulo do alto do precipício dos horários de sono.

Para minha maior surpresa, Rosy sai voando!

A fórmula funciona muito melhor — e bem mais rápido — do que eu previa. Nas primeiras noites, Rosy fica acordada até tarde, em torno das 22h30 ou 23h. Mas, ainda assim, ela continua acordando com facilidade pela manhã. Na quarta noite, ela vai para a cama na hora certa e, no sétimo dia, ela se prepara para ir dormir quase inteiramente por conta própria. Sem nenhuma discussão. Sem nenhum grito. Sem correr pelo quarto como uma gata selvagem.

Então, no décimo dia, um milagre acontece na casa dos Doucleff. Por volta das 19h, Rosy sobe as escadas, sozinha, se deita e vai dormir.

"Você viu isso?", pergunta Matt.

"Vi", respondo, com cautela.

"As noites têm sido tão fáceis."

"Eu sei. Eu sei. Pare de agourar."

Desde aquela noite, não tivemos praticamente nenhum problema com Rosy na hora de dormir. Zero. A fórmula a transformou em uma superdorminhoca.

Mas como eu consegui fazer isso?

Por volta das 20h, eu começava a observar Rosy como um falcão. Quando detectava seus sinais de cansaço (por exemplo, esfregar os olhos, chupar o polegar, aumentar o volume de queixas), apagava as luzes da casa. Eu havia percebido quanto a escuridão na Tanzânia realmente a acalmava. Então, executava o seguinte procedimento:

1. Modelar. Eu dizia, muito calmamente: "Estou cansada. Meu corpo está me dizendo que estou cansada. Estou indo para a cama." Subia as escadas e me preparava para ir dormir (mesmo que não fosse para a cama). Escovava os dentes. Passava fio dental. Vestia o pijama. Então ia para a cama dela e começava a ler um livro. E esperava.

2. Reconhecer. Quando ela subia as escadas e se deitava a meu lado, eu lhe dava um pouco de atenção positiva, abraçando-a e sorrindo para ela. Em seguida, associava o comportamento desejado à maturidade, com uma pergunta: "Rosy, o que uma menina grande faria agora?" Ficava na cama e continuava a modelar o que eu queria que ela fizesse. Nunca a forcei a se preparar para dormir; e a incentivava com as ferramentas que aprendemos.

3. Praticar. Depois que ela vestia o pijama e escovava os dentes, eu a ajudava a adormecer esfregando-lhe as costas, permanecendo calma e nunca a pressionando. Se ela falasse ou choramingasse, eu simplesmente dizia: "Vamos ficar quietas e paradas, para que o nosso corpo e a nossa mente possam se acalmar e dormir. Estou cansada."

Noite após noite, praticamos a preservação da calma e a percepção do cansaço em nosso corpo. Em algumas noites, eu também adormeci.

Em questão de três semanas, transformamos um dos problemas parentais mais difíceis de nossa vida em algo completamente insignificante. E, ao longo do caminho, aprimorei minhas habilidades da parentalidade em EQUIPE:

- **União:** Na hora de dormir, nos recolhíamos juntas.
- **Encorajar:** Procurei encorajar Rosy a ir dormir, em vez de forçá-la a fazer isso em uma hora específica.
- **Autonomia:** Rosy decidia, sozinha, quando subir as escadas e ir se deitar.
- **Minimizar a interferência:** Em vez de controlar o comportamento de Rosy, fiz o que era minimamente necessário para ajudá-la a aprender uma habilidade valiosa para sua vida.

EPÍLOGO

Enquanto eu estava escrevendo este livro, Rosy mudou muito. Ela cresceu a uma velocidade assustadora, tanto emocional quanto fisicamente — muito mais do que eu esperava. Ela deixou de ser minha "inimiga" para se transformar em uma de minhas pessoas prediletas no mundo.

Em primeiro lugar, ela se tornou uma fantástica companheira de viagem. Sério. Ninguém mais voaria quarenta horas e se deslocaria mais dez horas de carro só para chegar a um lugar sem chuveiro nem eletricidade, virar-se para você e dizer: "Eu amo este lugar, mamãe. É tão bonito!"

Em segundo lugar, ela adotou o *acomedido* com entusiasmo, oferecendo-se para ajudar a preparar as refeições (quem diria que uma criança de 3 anos de idade poderia preparar ovos mexidos em uma frigideira quente?), arrumar as camas e, às vezes, até para lavar as roupas. Um dia, ela perguntou: "Mamãe, o que devo fazer agora?" E, sem perder tempo, deixei escapar: "Lavar um monte de roupa." E eis que, de repente, a baixinha colocou um cesto de roupa inteiro para lavar. *Uau, acho que andei me ocupando demais com essa coisa de parentalidade*, pensei.

Mas, acima de tudo, Rosy tenta. Meu Deus, ela se esforça muito. Tenta ser amável, ficar calma e, mais explicitamente, me agradar. Há alguns meses, ela ficou brava e me deu um tapa na perna. Não bateu com força, e eu não fiquei com raiva. Mas ela saiu correndo e foi para um outro quarto. Espiei pela porta, e lá estava ela, com as mãozinhas no rosto, balançando a cabeça. Pude constatar que ela estava chateada consigo mesma por não controlar suas emoções. E estava raciocinando sobre o que deveria fazer a seguir. Consegui perceber quanto ela queria crescer e ser uma "menina grande". Sua aflição partiu meu coração. Então, entrei no quarto para consolá-la. Mas, para minha surpresa, foi ela quem me consolou. Ela olhou para mim e disse: "Sinto muito, mamãe. Podemos começar de novo? Eu quero começar de novo."

Pelo fato de eu exercer o controle sobre minhas emoções, pude reagir à calma de Rosy com minha calma. Poderia deixar aquele tapa que ela me deu para lá e, obviamente, poderia começar de novo. Naquele momento, percebi quanto eu também havia mudado enquanto escrevia este livro.

Maria, Sally, Thaa e os outros superpais me ensinaram uma quantidade inimaginável de lições sobre como criar Rosy. Eles me ensinaram que ações simples e toques sutis têm muito mais poder sobre as crianças do que as ordens; que se eu reagir à explosão emocional de Rosy com minha explosão emocional, só vou piorar a situação. Mas se eu reagir à sua tempestade com uma brisa suave, ela se acalmará e as pirraças cessarão.

Talvez mais importante que tudo, Maria, Sally e Thaa me ensinaram a ver o que eu não conseguia enxergar: que todas as crianças, entre elas Rosy, são inerentemente amáveis e prestativas. Nossa espécie talvez não estivesse mais aqui na Terra se elas não fossem assim.

Pode-se interpretar o comportamento de uma criança como um copo d'água: ele é meio útil ou meio prejudicial? Meio generoso ou meio egoísta? Depois que alterei minha perspectiva e consegui enxergar as boas intenções de Rosy e sua ânsia de ajudar, consegui fomentar e ampliar aquelas qualidades. Fui capaz de ajudá-la a identificar aquelas características em si mesma. E, enquanto eu fazia isso, aquelas particularidades de Rosy começaram a crescer em tamanho e força. O restante do copo começou a ser preenchido e o líquido claro brilhou, banhado em amor e luz.

Acredito piamente que Rosy jamais queira "me provocar", "testar limites" ou "me manipular". Acredito que ela está, simplesmente, se esforçando ao máximo para vislumbrar as regras dessa cultura maluca e ESTRANHA na qual nasceu. E, em muitos casos, é exatamente isso o que eu também estou tentando fazer.

———

Em seu maravilhoso livro *How to Do Nothing*, Jenny Odell escreve sobre o que acontece quando as pessoas começam a observar os pássaros e como a prática de tentar ouvi-los muda seus sentidos. Elas se tornam mais conscientes de todos os sons ao redor. E, em determinado momento, percebem, minha nossa!, que o canto dos pássaros é uma sinfonia onipresente no mundo real. "Logicamente, o canto sempre esteve lá, o tempo todo", escreve Jenny, "mas agora que eu estava prestando atenção, percebia que ele estava praticamente em todos os lugares, o dia todo, o tempo todo".

Acho que o mesmo princípio pode ser aplicado às crianças e à amabilidade. Quando desaceleramos e paramos de tentar mudar com tanta gana o comportamento de uma criança, nossa sensibilidade para o amor que há dentro dela cresce enormemente. Vemos a criança correndo para ajudar a amiga que caiu da bicicleta ou colher limões de uma árvore para o jantar; e vemos toda a prestatividade em seus olhos quando ela pega a espátula de nossas mãos e diz: "Mamãe, não é assim que se vira uma panqueca. Espere, deixe-me lhe mostrar como é que se faz."

A amabilidade de Rosy "sempre esteve lá, o tempo todo, (...) mas agora que eu estava prestando atenção, percebia que ela estava praticamente em todos os lugares, o dia todo, o tempo todo".

AGRADECIMENTOS

Ao longo deste livro, tentei agradecer a todas as pessoas que o tornaram possível, incluídos as famílias, as mães e os pais maravilhosos que nos acolheram em suas casas, os intérpretes que nos ajudaram a conhecer melhor aquelas famílias e os cientistas que ajudaram a explicar como suas ferramentas parentais funcionam. Sou extremamente grata pelo tempo deles, pela experiência e pelas frutíferas conversas.

Além disso, algumas pessoas trabalharam arduamente nos bastidores para que este projeto ganhasse vida. A editora, Carrie Frye, impregnou cada página deste livro com notáveis habilidade, ânimo e intelecto. A ilustradora, Ella Trujillo, deu forma às pessoas e às ideias com sua bela e calorosa arte. A incomparável Corina Kramer esclareceu, com muita paciência e gentileza, todas as lacunas em meu pensamento — e o que eu ainda não consegui compreender como mãe ocidental. O editor Jofie Ferrari-Adler e sua editora trabalharam incansavelmente para aprimorar este livro, e, em seguida, juntamente com Alexandra Primiani, divulgar todas as ideias aqui presentes o mais amplamente possível, tal qual um dente-de-leão ao vento.

Nada disso teria acontecido sem o excepcional agente literário Alex Glass, que deu o pontapé inicial em todo o projeto com um rápido e-mail, me perguntando: "Você já pensou em escrever um livro sobre a criação de filhos?" (insistindo por meses, embora eu continuasse recusando).

Por fim, agradeço ao meu parceiro, Matthew Doucleff, que, apesar de certa relutância inicial (e muitas vezes revirando os olhos), sempre apoiou minhas ideias como escritora e mãe, por mais absurdas que elas parecessem.

NOTAS

Prólogo

16 *atualmente cerca de um terço de todos os adolescentes*: Ronald C. Kessler et al., "Prevalence, severity, and comorbidity of 12-month DSM-IV disorders in the National Comorbidity Survey Replication," *Archives of General Psychiatry* 62, nº 7 (julho de 2005).

16 *Mais de 60% dos universitários*: American College Health Association-National College Health Assessment II, Undergraduate Student Reference Group Data Report, outono de 2018, https://www.acha.org/documents/ncha/NCHA-II_Fall_2018_Undergraduate_Reference_Group_Data_Report.pdf.

16 *a Geração Z, que inclui adultos*: Cigna, "Cigna's U.S. Loneliness Index, Survey of 20,000 Americans Examining Behaviors Driving Loneliness in the United States", 2018, https://www.multivu.com/players/English/8294451-cigna-us--loneliness-survey/.

16 *"Os pais entraram em um modo de controle"*: "College Students (And Their Parents) Face A Campus Mental Health 'Epidemic'", NPR, *Fresh Air*, Entrevista de Terry Gross com o Dr. Anthony Rostain e o Dr. B. Janet Hibbs, 28 de maio, 2019, https://www.npr.org/transcripts/727509438.

16 *Elas desenvolveram uma sofisticada*: Lucia Alcalá, Barbara Rogoff e Angélica López Fraire, "Sophisticated collaboration is common among Mexican-heritage US children", *Proceedings of the National Academies of Sciences* 115, nº 45 (novembro de 2018).

16 *Os pais hadzas são especialistas mundiais*: Daudi Peterson, *Hadzabe: By the Light of a Million Fires* (Dar es Salaam, Tanzania: Mkuki na Nyota Publishers Ltd. 2013), 152.

16 *E os inuítes desenvolveram uma abordagem extremamente eficaz*: Jean L. Briggs, *Never in Anger: Portrait of an Eskimo Family* (Cambridge, MA: Harvard University Press, 1970).

19 *um único aspecto do relacionamento entre pais e filhos*: Essa ideia vem, originalmente, de uma entrevista com a psicóloga Barbara Rogoff, Universidade da Califórnia, Santa Cruz.

Capítulo 1: Os pais mais ESTRANHOS do mundo

29 *Na década de 1880, um jovem*: Ross H. Day e Hannelore Knuth, "The Contributions of F C Müller-Lyer," *Perception* 10, nº 2 (1981).

31 *A grande maioria dos estudos (cerca de 96%)*: Joseph Henrich, Steven J. Heine e Ana Norenzayan, "The weirdest people in the world?", *Behavioral and Brain Sciences* 33, nºs 2-3 (junho de 2010).

32 *A conclusão dessas análises foi surpreendente*: Ibid.

32 *Nas décadas de 1950 e 1960, os cientistas testaram a ilusão de Müller-Lyer*: Marshall H. Segall, Donald T. Campbell e Melville J. Herskovits, *The Influence of Culture on Visual Perception* (Indianapolis: Bobbs-Merrill, 1966), 158; Robert N. McCauley e Joseph Henrich, "Susceptibility to the Müller-Lyer Illusion, Theory-Neutral Observation, and the Diachronic Penetrability of the Visual Input System", *Philosophical Psychology* 19, nº 1 (agosto de 2006).

32 *O que os pesquisadores descobriram foi tão surpreendente*: Ibid.

33 *Em algumas sociedades, como os caçadores-coletores no sul da África*: Ibid.

33 *Os pesquisadores levantaram a hipótese de que a ilusão engana os norte-americanos*: Ibid.

33 *Os cientistas supõem que toda essa exposição a caixas treina nosso cérebro*: Ibid.

36 *o antropólogo David Lancy já se perguntava se isso também não seria verdadeiro quanto à forma ocidental de criar os filhos*: Entrevista da autora com David Lancy, 9 de janeiro de 2018.

37 *Em 99,9% do tempo em que os seres humanos estiveram sobre a Terra, a família nuclear simplesmente não existiu*: Entrevista da autora com John Gillis, 12 de abril de 2018; John R. Gillis, *A World of Their Own Making: Myth, Ritual, and the Quest for Family Values* (Cambridge, MA: Harvard University Press, 1997), 20.

37 *talvez você pense que a ideia de uma mãe em casa pareça antiquada*: Pew Research Center, "Fewer Mothers Prefer Full-time Work: From 1997 to 2007", 12 de julho de 2007, https://www.pewsocialtrends.org/2007/07/12/fewer-mothers--prefer-full-time-work/#:~:text=Married%20mothers%20are%20somewhat%20more,a%20decade%20ago%20(49%25).

38 *"Há vários motivos para acreditar que as condições de vida modernas"*: David F. Lancy, *The Anthropology of Childhood: Cherubs, Chattel, Changelings* (Cambridge, UK: Cambridge University Press, 2008), 248.

39 *"um instinto que surge tão naturalmente nas mulheres"*: Gillis, *A World of Their Own Making*, 177.

41 *Há alguns milhares de anos, as famílias na Europa se pareciam bastante com as de outras culturas atuais*: Rhitu Chatterjee, "Western Individualism May Have Roots In The Medieval Church's Obsession With Incest", NPR, 7 de novembro de 2019, https://www.npr.org/sections/goatsandsoda/2019/11/07/777276474/western--individualism-may-have-roots-in-the-medieval-churchs-obsession-with-incest.

41 *Como resultado, a partir dos seis anos, as crianças na Idade Média*: Entrevista da autora com Michael Zuckerman, 11 de abril de 2018.

41 *os pais encorajavam (ou persuadiam) fortemente seus filhos a se casar*: Chatterjee, "Western Individualism May Have Roots In The Medieval Church's Obsession With Incest"; Judith Shulevitz, "A New Theory of Western Civilization", *The Atlantic*, outubro de 2020.

42 *Então, por volta do ano 600, a Igreja Católica começou a mexer naquela tapeçaria*: Joseph Henrich, *The WEIRDest People in the World: How the West Became Psychologically Peculiar and Particularly Prosperous* (New York: Farrar, Straus and Giroux, 2020), 169; Shulevitz, "A New Theory of Western Civilization".

42 *Inúmeras repercussões resultaram de tais leis*: Jonathan Schulz et al., "The church, intensive kinship and global psychological variation", *Science* 366, nº 707 (novembro de 2009).

Capítulo 2: Por que criamos os filhos da maneira que criamos?

47 *No início dos anos 1980, a escritora britânica Christina Hardyment se encontrava*: Christina Hardyment, *Dream Babies: Childcare Advice from John Locke to Gina Ford* (London: Jonathan Cape Ltd., 1983), xiv.

47 *o campo da pediatria emergiu como uma disciplina separada*: P.M. Dunn, "Michael Underwood, MD (1737—1820): physician-accoucheur of London", *Archives of Disease in Childhood* 91, nº 2 (abril de 2006), F150-F152.

48 *"descendentes ampliados dos concisos tratados"*: Hardyment, *Dream Babies*, 9.

48 *Esse conselho remonta, pelo menos, a 1748, quando o Dr. William Cadogan escreveu um ensaio*: William Cadogan, "An Essay upon Nursing and the Management of Children, from their Birth to Three Years of Age", 1749, J. Roberts, http://www.neonatology.org/classics/cadogan.html.

48 *"É com grande prazer que vejo, finalmente"*: Hardyment, *Dream Babies*; Cadogan, "An Essay upon Nursing and the Management of Children, from their Birth to Three Years of Age".

49　*Um berço, com seus movimentos de vaivém, escreveu ele, era um aparato "inventado e usado outrora"*: Hardyment, *Dream Babies*, 53.

49　*"Embora o desejo instintivo do bebê pela presença da mãe"*: Ibid.

49　*Se os bebês "forem colocados para dormir em seus berços"*: Ibid.

49　*"A hora de dormir era, agora, uma oportunidade de mostrar quem mandava"*: Ibid.

51　*"A ausência de brinquedos comprados em lojas não era uma desvantagem"*: Howard P. Chudacoff, *Children at Play: An American History* (New York: New York University Press, 2007), 59.

52　*"uso de blocos, na escola e em casa, para ensinar valores"*: Ibid., 44.

52　*Ao mesmo tempo, os psicólogos começaram*: Ibid., 74.

52　*Os brinquedos, antes considerados completamente desnecessários*: Ibid., 74-75.

53　*"como uma bola traiçoeira os especialistas em criação de filhos"*: Barbara Ehrenreich e Deirdre English, *For Her Own Good: Two Centuries of the Experts' Advice to Women* (New York: Anchor Books, 2005), 283.

53　*"pelo menos algumas delas [das crianças russas] eram mais criativamente ousadas"*: Ibid.

53　*O Sputnik 1 gerou um sentimento nacional quase instantâneo de pânico*: Ibid.

54　*"Era sua função manter o aparelho sensorial da criança ocupado"*: Ibid., 284-85.

55　*Contudo, quando analisamos efetivamente os dados*: Peggy J. Miller e Grace E. Cho, *Self-Esteem in Time and Place: How American Families Imagine, Enact, and Personalize a Cultural Ideal* (New York: Oxford University Press, 2018), 21-51.

55　*Nos Estados Unidos, os pais são levados a crer que devem cultivar*: Andrew W. Mecca, Neil J. Smelser e John Vasconcello, orgs., *The Social Importance of Self-Esteem* (Berkeley, CA: University of California Press, 1989).

56　*"Os pais foram instruídos a elogiar seus filhos pequenos"*: Miller e Cho, *Self-Esteem in Time and Place*, 24.

56　*os pais possam estar dificultando a vida dos filhos em longo prazo*: Ibid., 232.

56　*requer que os pais "gastem muito tempo e energia"*: Ibid., 232.

58　*"Achávamos que estávamos economizando tempo [com as novas tecnologias]"*: Yuval Noah Harari, *Sapiens: A Brief History of Humankind* (New York: HarperCollins, 2015), 88.

60　*"A criação dos filhos é um dos problemas mais difíceis enfrentados pela a ciência"*: Entrevista da autora com Brian Nosek, 10 de fevereiro de 2020.

61　*"É um pouco como ter um telescópio de baixa resolução para estudar a galáxia"*: Ibid.

62　*a Academia Americana de Pediatria aconselhou os pais a não oferecer manteiga de amendoim aos bebês*: Scott H. Sicherer, "New guidelines detail use of 'infant--safe' peanut to prevent allergy", AAP News, 5 de janeiro de 2017, https://www.aappublications.org/news/2017/01/05/PeanutAllergy010517; Alessandro Fiocchi et al., "Food allergy and the introduction of solid foods to infants:

a consensus document. Adverse Reactions to Foods Committee, American College of Allergy, Asthma and Immunology", *Annals of Allergy, Asthma & Immunology* 97, nº 1 (julho de 2006).

62 *Mas, com o tempo, vieram estudos mais extensos e mais potentes*: G. Du Toit et al., "Randomized Trial of Peanut Consumption in Infants at Risk for Peanut Allergy," *New England Journal of Medicine* 372, nº 9 (fevereiro de 2015).

62 *Vinte anos depois, a comunidade médica*: "NIAID Addendum Guidelines for the Prevention of Peanut Allergy in the United States", National Institute of Allergy and Infectious Diseases, janeiro de 2017, https://www.niaid.nih.gov/sites/default/files/peanut-allergy-prevention-guidelines-parent-summary.pdf.

62 *De 1999 a 2010, elas cresceram*: Ruchi S. Gupta et al., "Assessment of Pediatrician Awareness and Implementation of the Addendum Guidelines for the Prevention of Peanut Allergy in the United States," *JAMA Network Open* 3, nº 7 (julho de 2020); National Academies of Sciences, Engineering, and Medicine, Maria P. Oria e Virginia A. Stallings, orgs., "Finding a Path to Safety in Food Allergy: Assessment of the Global Burden, Causes, Prevention, Management, and Public Policy", The National Academies Press, Washington, D.C., 30 de novembro de 2016, https://www.nap.edu/catalog/23658/finding-a-path-to-safety-in-food-allergy-assessment-of.

63 *recomenda que os pais tenham cuidado com as novas ideias que emergem dos estudos*: Entrevista da autora com Brian Nosek, 10 de fevereiro de 2020.

Capítulo 3: As crianças mais prestativas do mundo

70 *Em um estudo, Lucia e seus colegas entrevistaram 19 mães*: Lucia Alcalá et al., "Children's Initiative in Contributions to Family Work in Indigenous--Heritage and Cosmopolitan Communities in Mexico," *Human Development* 57, nºs 2-3 (2014).

70 *"Mãe, vou ajudá-la a fazer tudo"*: Ibid.

70 *"A mãe chega do trabalho, e está muito cansada"*: Entrevista da autora com Barbara Rogoff, 1º de fevereiro de 2018.

71 *Lucia me explica que os pais estão ensinando aos filhos*: Entrevista da autora com Lucia Alcalá, 22 de maio de 2019.

71 *três quartos das mães afirmaram que, rotineiramente, seus filhos*: Alcalá et al., "Children's Initiative in Contributions to Family Work in Indigenous-Heritage and Cosmopolitan Communities in Mexico".

71 *Essa habilidade — de prestar atenção e depois agir*: Angélica López et al., "Attentive Helping as a Cultural Practice of Mexican-heritage Families," in *Mexican American Children and Families: Multidisciplinary Perspectives*, orgs. Yvonne M. Caldera e Eric W. Lindsey (New York: Routledge, 2015), 60-75.

71 *A ideia é complexa: não é apenas dedicar-se a uma tarefa ou a uma missão*: Entrevista da autora com Andrew Coppens, 23 de fevereiro de 2018.

71   *No mesmo estudo, Lucia e sua equipe também entrevistaram 14 mães*: Alcalá et al., "Children's Initiative in Contributions to Family Work in Indigenous-- Heritage and Cosmopolitan Communities in Mexico".

72   *também ensinaram os filhos a valorizar o próprio esforço*: Entrevista da autora com Suzanne Gaskins, 4 de abril a 6 de abril de 2018.

Capítulo 4: Como ensinar as crianças a executar tarefas voluntariamente

76   *A primeira são as pirraças*: Entrevista da autora com David Lancy, 1º de junho de 2018.

76   *Crianças pequenas, em todos os lugares, estão ansiosas para se mostrarem solícitas*: David F. Lancy, *Anthropological Perspectives on Children as Helpers, Workers, Artisans, and Laborers* (New York: Palgrave Macmillan, 2018), 217.

76   *As crianças são ajudantes inatas*: Felix Warneken e Michael Tomasello, "The roots of human altruism", *British Journal of Psychology* 100:3 (agosto de 2009).

76   *"Fazer coisas na companhia de outras pessoas as deixa felizes"*: Entrevista da autora com Rebeca Mejía-Arauz, 28 de fevereiro de 2018.

77   *"Temos mães que nos dizem coisas"*: Ibid.

77   *Se a criança, literalmente, pegar as ferramentas*: Andrew D. Coppens et al., "Beyond Behavior: Linguistic Evidence of Cultural Variation in Parental Ethnotheories of Children's Prosocial Helping," *Frontiers in Psychology*, 11 (2020).

77   *Considere, por exemplo, uma criança de 2 anos que está ansiosa*: Mariëtte de Haan, *Learning as Cultural Practice: How Children Learn in a Mexican Mazahua Community* (West Lafayette, IN: Purdue University Press, 2000), 77-78.

78   *muitos pais das comunidades nativas se satisfazem*: Coppens et al.

78   *"Uma mãe nos disse: 'Quando meu filho estava lavando a louça'"*: Entrevista da autora com Rebeca Mejía-Arauz, 28 de fevereiro de 2018.

79   *Em uma comunidade maia em Chiapas, México, os pais rejeitam* intencional- mente: Margarita Martínez-Pérez, "Adults' Orientation of Children—And Children's Initiative to Pitch In—To Everyday Adult Activities in a Tsotsil Maya Community," *Advances in Child Development and Behavior* 49 (2015).

79   *Os psicólogos acreditam que quanto mais uma criança ajuda sua família*: Entrevista da autora com Andrew Coppens, 23 de fevereiro de 2018.

80   *Em um experimento, ela e sua equipe deram a duplas de irmãos uma tarefa*: Entrevista da autora com Lucia Alcalá, 22 de maio de 2019.

82   *"Elas podem, de fato, se envolver nas tarefas domésticas muito mais cedo"*: Entrevista da autora com Rebeca Mejía-Arauz, 28 de fevereiro de 2018.

83   *Por mais pequenina e cambaleante que seja, a criança já tem obrigações a executar*: Margaret Mead, "Samoan children at work and play", *Natural History* 28 (1928).

83 *ela acompanhou as crianças e seus pais por várias horas*: Adam H. Boyette e Sheina Lew-Levy, "Learning Is Imperative: The Socialization of Cooperative Autonomy among BaYaka Foragers", no prelo.

85 *"Assim que a criança conseguir se sentar, sente-a a seu lado"*: Lucia Alcalá et al., "Children's Initiative in Contributions to Family Work in Indigenous--Heritage and Cosmopolitan Communities in Mexico", *Human Development* 57, n°s 2-3 (2014).

85 *"Assim que a criança começar a andar, você pode passar a pedir-lhe"*: Entrevista da autora com Rebeca Mejía-Arauz, 23 de fevereiro de 2018.

86 *"Muitas mães dirão algo como 'Venha, meu filho'"*: Ibid.

86 *na comunidade maia em Chiapas*: Margarita Martínez-Pérez, "Adults' Orientation of Children—And Children's Initiative to Pitch In—To Everyday Adult Activities in a Tsotsil Maya Community"

87 *"Dependendo da atividade, algumas vezes as crianças observam"*: Entrevista da autora com Lucia Alcalá, 22 de maio de 2019.

87 *"Uma criança pequena que mal aprendeu a caminhar poderá ser solicitada a levar um copo"*: David F. Lancy, *The Anthropology of Childhood: Cherubs, Chattel, Changelings* (Cambridge, UK: Cambridge University Press, 2008), 264.

87 *David Lancy chama isso de "currículo de tarefas"*: Ibid., 265.

88 *"'Corra e vá lá buscar uma coisa para mim' é uma das frases mais comuns ouvidas"*: Raymond Firth, *We the Tikopia: A Sociological Study of Kinship in Primitive Polynesia* (London: George Allen & Unwin Ltd., 1936), 80.

92 *"O convite é para fazermos coisas juntos"*: Entrevista da autora com Rebeca Mejía-Arauz, 28 de fevereiro de 2018.

93 *50% das mães pertencentes à linhagem náuatle afirmaram que, por vezes, usam essa abordagem*: Alcalá et al., "Children's Initiative in Contributions to Family Work in Indigenous-Heritage and Cosmopolitan Communities in Mexico".

Capítulo 5: Como criar crianças flexíveis e cooperativas

97 *"Na cultura maia, existe uma crença de que todos têm um propósito"*: Entrevista da autora com Barbara Rogoff, 30 de março de 2018.

105 *As crianças são convidadas a vir correndo para assistir e contribuir*: Suzanne Gaskins, "Childhood Practices Across Cultures: Play and Household Work", in *The Oxford Handbook of Human Development and Culture: An Interdisciplinary Perspective*, orgs. Lene Arnett Jensen (London: Oxford University Press, 2015), 185-97.

106 *As crianças não veem diferença entre o trabalho dos adultos e as brincadeiras*: Entrevista da autora com Rebeca Mejía-Arauz, 28 de fevereiro de 2018.

106 *"É uma forma bastante sofisticada de encarar o desenvolvimento infantil"*: Entrevista da autora com Lucia Alcalá, 22 de maio de 2019.

108   *Crianças de 8 ou 9 anos têm plena consciência dessa motivação*: Ibid.

108   *As crianças estão perfeitamente cientes de seu relacionamento com os outros*: Michael Tomasello et al., *Why We Cooperate* (Cambridge, MA: The MIT Press, 2009), 45.

112   *"O problema é que as crianças vêm sendo criadas"*: Entrevista da autora com Barbara Rogoff, 30 de março de 2018.

112   *"Se você começar cedo ou acostumar uma criança mais velha a determinada situação"*: Ibid.

117   *E, se elas não participarem ou deixarem de recolhê-los regularmente*: Lucia Alcalá et al., "Children's Initiative in Contributions to Family Work in Indigenous- -Heritage and Cosmopolitan Communities in Mexico," *Human Development* 57, nᵒˢ 2-3 (2014).

118   *Se elas demonstrarem resistência, lembre-as de que elas fazem parte da família*: Ibid.

123   *"Além da linguagem, (...) a última distinção notável entre nós"*: Sarah Blaffer Hrdy, *Mothers and Others: The Evolutionary Origins of Mutual Understanding* (Cambridge, MA: The Belknap Press of Harvard University Press, 2009), 9.

123   *Para serem prestativas de maneiras tão diversas, as crianças pequenas têm de possuir*: Tomasello, *Why We Cooperate*.

125   *entre o povo de caçadores-coletores ese'ejas, na Amazônia boliviana*: Daniela Peluso, "Children's Instrumentality and Agency in Amazonia", *Tipití: Journal of the Society for the Anthropology of Lowland South America* 13, nᵒ 1 (2015).

Capítulo 6: Grandes motivadores: o que é melhor do que um elogio?

135   *Com a motivação intrínseca, a atividade é agradável por si só*: Richard M. Ryan e Edward L. Deci, "Brick by Brick: The Origins, Development, and Future of Self-Determination Theory", capítulo em *Advances in Motivation Science*, vol. 6, org. Andrew J. Elliot (Cambridge, MA: Academic Press, 2019), 118.

135   *E, provavelmente, ela dura mais do que sua contrapartida, a motivação extrínse- ca*: Richard M. Ryan e Edward L. Deci, "Self-Determination Theory and the Facilitation of Intrinsic Motivation, Social Development, and Well-Being", *American Psychologist* 55, nᵒ 1 (janeiro de 2000).

135   *Influências externas, como recompensas e punições, podem, na verdade, enfraque- cer*: William Stixrud, PhD, e Ned Johnson, *The Self-Driven Child: The Science and Sense of Giving Your Kids More Control Over Their Lives* (New York: Viking, 2018), 107.

136   *Estudos mostram que quando uma criança se sente conectada a um professor*: Ibid., 175.

137   *Provavelmente, é nesse ponto ideal que a motivação intrínseca ocorre*: Kennon Sheldon e Mike Prentice, "Self-Determination Theory as a Foundation for Personality Researchers," *Journal of Personality* 87, nᵒ 1 (novembro de 2017)

137 *"Às vezes, eles podem usar expressões faciais"*: Entrevista da autora com Rebeca Mejía-Arauz, 28 de fevereiro de 2018.

138 *Os psicólogos descobriram que, quando as crianças pequenas crescem ouvindo elogios*: Peggy J. Miller e Grace E. Cho, *Self-Esteem in Time and Place: How American Families Imagine, Enact, and Personalize a Cultural Ideal* (New York: Oxford University Press, 2018), 218.

138 *Em vez de elogiar as crianças, os pais maias reconhecem ou aceitam*: Entrevista da autora com Lucia Alcalá, 22 de maio de 2019.

139 *Lucia chama isso de "colaboração fluida"*: Barbara Rogoff, "Collaboration as an Ensemble", National Science Foundation video, 2019, https://stemforall2019. videAhall.com/presentations/1346.

143 *Um pai maia poderia dizer*: E-mail de Suzanne Gaskins enviado para a autora, 9 de dezembro de 2020.

143 *Por vezes, os pais da linhagem náuatle reconhecem o esforço dos filhos*: Lucia Alcalá et al., "Children's Initiative in Contributions to Family Work in Indigenous--Heritage and Cosmopolitan Communities in Mexico", *Human Development* 57, nº 2-3 (2014).

144 *A antropóloga Jean Briggs documentou um tipo semelhante de reconhecimento*: Patricia D'Souza, "the book of Gjoa", *Nunatsiaq News*, 22 de novembro de 2002, https://nunatsiaq.com/stories/article/the_book_of_gjoa/.

144 *No Ártico, uma mãe inuíte associa*: Jean L. Briggs, *Inuíte Morality Play: The Emotional Education of a Three-Year-Old* (New Haven, CT: Yale University Press, 1998), 49.

146 *Uma mãe náuatle contou a Lucia que ela nunca pune a filha*: Alcalá et al., "Children's Initiative in Contributions to Family Work in Indigenous--Heritage and Cosmopolitan Communities in Mexico".

Capítulo 7: Nunca se enfurecer

156 *"Eu realmente queria ir para o lugar mais remoto"*: Entrevista de Jean Briggs com Paul Kennedy, em *Ideas*, Canadian Broadcasting Corporation, 2011.

157 *"Muitas vezes, vinte e, ocasionalmente, até quarenta"*: Jean L. Briggs, *Never in Anger: Portrait of an Eskimo Family* (Cambridge, MA: Harvard University Press, 1970), 31.

158 *"Eles nunca agiam com raiva de mim"*: Entrevista de Briggs com Paul Kennedy em *Ideas*.

158 *"Na verdade, a manutenção da equanimidade"*: Briggs, *Never in Anger*, 4.

159 *"Eu não sentia nenhuma alteração de intensidade, nem mesmo no murmúrio geral"*: Ibid., 258.

159 *Allaq deu uma risada*: Ibid., 258.

159 *"começou a atirar impulsivamente contra um pássaro"*: Ibid., 258.

159   *"Meus modos eram muito mais rudes"*: Entrevista de Briggs com Paul Kennedy em *Ideas*.

160   *"Allaq passou a noite fritando* bannock": Briggs, *Never in Anger*, 154.

166   *Estudos sugerem que apresentar uma função executiva mais aprimorada*: Adele Diamond, "Executive Functions", *Annual Review of Psychology* 64 (2013): 135-68.

Capítulo 8: Como ensinar os filhos a controlar a raiva

173   *Portanto, se os pais quiserem ensinar uma criança a regular as emoções*: Laura Markham, "7 Tips To Help Kids Learn to Control Their Emotions", Aha! Parenting, 21 de junho de 2018, https://www.ahaparenting.com/blog/How_ Kids_Learn_to_Control_Their _Emotions.

Capítulo 9: Como parar de ter raiva do seu filho

184   *Os utkus [inuítes] esperam que as crianças pequenas se irritem facilmente*: Jean L. Briggs, *Never in Anger: Portrait of an Eskimo Family* (Cambridge, MA: Harvard University Press, 1970), 111.

184   *"As crianças são consideradas extremamente autoritárias"*: Richard G. Condon, *Inuite Youth: Growth and Change in the Canadian Arctic* (New Brunswick, NJ: Rutgers University Press, 1987), 61.

Capítulo 10: Introdução às ferramentas para ajudar na criação dos filhos

194   *alguns pais maias explorarão o desejo da criança de ser uma "irmã mais velha"*: Entrevista da autora com Suzanne Gaskins, 23 de junho de 2019.

197   *"Havia consistência, também, na qualidade calmamente racional"*: Jean L. Briggs, *Never in Anger: Portrait of an Eskimo Family* (Cambridge, MA: Harvard University Press, 1970), 141.

198   *De onde saiu uma "tempestade de choros e bofetadas"*: Ibid., 157.

198   *as emoções das crianças — e o nível de energia — espelham as de seus pais*: Entrevista da autora com Tina Payne Bryson, 8 de novembro de 2019.

203   *"o contato físico faz bem à sua saúde"*: Lisa Feldman Barrett, *How Emotions Are Made: The Secret Life of the Brain* (New York: Houghton Mifflin Harcourt, 2017), 178.

203   *"O hemisfério direito se preocupa com o panorama geral"*: Daniel J. Siegel, MD, e Tina Payne Bryson, PhD, *The Whole-Brain Child: 12 Revolutionary Strategies to Nurture Your Child's Developing Mind* (New York: Random House, 2011), 31.

203 *"O hemisfério direito se preocupa com o panorama geral"*: Ibid., 24.

209 *"que significa, mais ou menos, buscar o pensamento, buscar a mente"*: Entrevista de Jean Briggs com Paul Kennedy em *Ideas*, Canadian Broadcasting Corporation, 2011.

213 *"O objetivo da educação inuíte é fazer pensar"*: Ibid.

Capítulo 11: Ferramentas para moldar o comportamento: histórias

235 *A contação de histórias é um princípio humano universal*: Ferris Jabr, "The Story of Storytelling", *Harper's Magazine*, março de 2019, https://harpers.org/archive/2019/03/the-story-of-storytelling/.

235 *Hoje, grupos contemporâneos de caçadores-coletores usam histórias para ensinar a compartilhar*: Daniel Smith et al., "Cooperation and the evolution of hunter-gatherer storytelling", *Nature Communications* 8, nº 1 (5 de dezembro de 2017).

236 *Uma parte significativa da infância, tanto na cultura celta quanto na cultura inuíte*: Entrevista da autora com Sharon P. MacLeod, 5 de novembro de 2019; entrevista da autora com Myna Ishulutak, 8 de dezembro de 2018.

241 *Estudos descobriram que conhecer a história da família*: Marshall P. Duke, Amber Lazarus e Robyn Fivush, "Knowledge of family history as a clinically useful index of psychological well-being and prognosis: A brief report", *Psychotherapy: Theory, Research, Practice, Training* 45, nº 2 (junho de 2008).

241 *Os cientistas destacam que o importante, aqui, é que os pais compartilhem sua história*: Robyn Fivush, PhD, "The 'Do You Know?' 20 Questions About Family Stories", *Psychology Today*, 19 de novembro de 2016, https://www.psychologytoday.com/us/blog/the-stories-our-lives/201611/the-do-you-know-20-questions-about-family-stories.

Capítulo 12: Ferramentas para moldar o comportamento: dramatizações

248 *Nos anos 1960, o governo canadense forçou ou coagiu*: Qikiqtani Inuit Association, *Qikiqtani Truth Commission: Thematic Reports and Special Studies, 1950—1975*, "QTC Final Report: Achieving Saimaqatigiingniq" (Iqualit, Nunavut: Inhabit Media, 2013), https://www.qtcommission.ca/sites/default/files/public/thematic_reports/thematic_reports_english_final_report.pdf; Sara Frizzell, "Federal government apologizes to Baffin Inuite for sled dog killings, forced relocations", CBC News, 14 de agosto de 2019, https://www.cbc.ca/news/canada/north/apology-qikiqtani-truth-commission-1.5245173.

252 *Nessas dramatizações, as crianças testam diferentes respostas*: Jean L. Briggs, *Inuite Morality Play: The Emotional Education of a Three-Year-Old* (New Haven: Yale University Press, 1998), 6.

253   *No caso das crianças, as dramatizações dão a chance de flexibilizar e fortalecer*: Entrevista da autora com Peggy Miller, 10 de janeiro de 2019.

253   *Brincar é uma ferramenta parental poderosa para mudar o comportamento*: Entrevista da autora com Laura Markham, 10 de janeiro de 2019.

256   *Assim, ela conseguirá refletir sobre a experiência de uma maneira nova e racional*: Ibid.

Capítulo 13: Como nossos antepassados criavam os filhos?

268   *mas antigas ferramentas de pedra e pinturas rupestres sugerem*: Frank W. Marlowe, *The Hazda: Hunter-Gatherers of Tanzania* (Berkeley, CA: University of California Press, 2010), 18.

270   *Em 2000, os antropólogos estimaram que tal população era*: Peter M. Gardner, "Understanding Anomalous Distribution of Hunter-Gatherers: The Indian Case", *Current Anthropology* 54, nº 4 (agosto de 2013); Peter P. Schweitzer, Megan Biesele e Robert K. Hitchcock, orgs., *Hunters and Gatherers in the Modern World: Conflict, Resistance, and Self-Determination* (New York: Berghahn Books, abril de 2000), 5.

271   *Em 1995, o arqueólogo Robert Kelly compilou um resumo do saber ocidental*: Robert L. Kelly, *The Lifeways of Hunter-Gatherers: The Foraging Spectrum* (New York: Cambridge University Press, 1995), 2.

271   *pertencia a um grupo de caçadores-coletores altamente qualificados, chamados ramaytush ohlone*: Jonathan Cordero, "Impact of Spanish Colonization: Golden Gate National Recreation Area", National Park Service, https://www.nps.gov/articles/impact-of-spanish-colonization.htm.

271   *"O leitor deveria ser informado de que muitos desses 'caçadores-coletores'"*: Kelly, *The Lifeways of Hunter-Gatherers*, 2.

272   *Os hadzas, no norte da Tanzânia, não são diferentes*: Marlowe, *The Hazda*, 97.

272   *os hadzas têm vivido como seus ancestrais*: Daudi Peterson, *Hadzabe: By the Light of a Million Fires* (Dar es Salaam, Tanzania: Mkuki na Nyota Publishers, 2013), 18.

273   *"Na economia da doação, as dádivas não são gratuitas"*: Robin Wall Kimmerer, *Braiding Sweetgrass: Indigenous Wisdom, Scientific Knowledge, and the Teachings of Plants* (Minneapolis, MN: Milkweed Editions, 2013), 31.

Capítulo 14: As crianças mais confiantes do mundo

288   *Em geral, as comunidades de caçadores-coletores valorizam muito o direito de uma pessoa*: Daudi Peterson, *Hadzabe: By the Light of a Million Fires* (Dar es Salaam, Tanzania: Mkuki na Nyota Publishers, 2013), 147

289 *"Decidir o que outra pessoa deve fazer, independentemente da idade"*: Jean Liedloff, *The Continuum Concept: In Search of Happiness Lost* (Cambridge, MA: Perseus Books, 1977), 90.

289 *"Assim, uma criança de 1 ano pode ficar perfeitamente feliz sozinha por uma hora"*: Entrevista da autora com Suzanne Gaskins, 23 de junho de 2019.

290 *Entre os caçadores-coletores !kungs, da África Austral*: Melvin Konner, *The Evolution of Childhood: Relationships, Emotions, Mind* (Cambridge, MA: The Belknap Press of Harvard University Press, 2010), 637.

290 *"Foi uma das poucas vezes em que vimos outros pais interferirem"*: Entrevista da autora com Sheina Lew-Levy, 15 de novembro de 2019.

290 *Em um estudo, Sheina contou quantas ordens os pais emitem aos filhos*: Adam H. Boyette e Sheina Lew-Levy, "Learning Is Imperative: The Socialization of Cooperative Autonomy among BaYaka Foragers", no prelo.

294 *Como escreveu um psicólogo, a liberdade das crianças parece uma "receita para o desastre"*: Peter Gray, "Play as a Foundation for Hunter-Gatherer Social Existence", *American Journal of Play* 1, nº 4 (primavera de 2009).

294 *"Livres de frustração ou ansiedade, (...) as crianças ju/'hoansi"*: Elizabeth Marshall Thomas, *The Old Way: A Story of the First People* (New York: Picador, 2006), 199.

299 *"Assim, todas as crianças e todos os adultos estão agindo por conta própria"*: Entrevista da autora com Sheina Lew-Levy, 15 de novembro de 2019.

299 *Percebemos uma estrutura semelhante na aldeia maia*: Entrevista da autora com Suzanne Gaskins, 23 de junho de 2019.

299 *Contudo, como a chef Samin Nosrat aponta*: Samin Nosrat, *Salt, Fat, Acid, Heat: Mastering the Elements of Good Cooking* (New York: Simon & Schuster, 2017), 126.

300 *"A imagem que eu tenho de um pai maia — ou de uma criança mais velha"*: Entrevista da autora com Suzanne Gaskins, 23 de junho de 2019.

301 *Em Yucatán, Maria me contou que usa essa estratégia*: Entrevista da autora com Maria de los Angeles Tun Burgos, 5 de abril de 2018.

302 *"Assim como os exercícios e as horas de sono, a autonomia parece ser boa"*: William Stixrud, PhD, e Ned Johnson, *The Self-Driven Child: The Science and Sense of Giving Your Kids More Control Over Their Lives* (New York: Viking, 2018), 12.

303 *Por outro lado, quando dou instruções e oriento constantemente suas ações*: Holly H. Schiffrin et al., "Helping or Hovering? The Effects of Helicopter Parenting on College Students' Well-Being", *Journal of Child and Family Studies* 23 (2014).

303 *"Pelo fato de darmos às crianças muita liberdade"*: Peterson, *Hadzabe*, 152.

303 *"Muitas crianças [norte-americanas] se sentem assim o tempo todo"*: Stixrud e Johnson, *The Self-Driven Child*, 11.

304 *A autonomia fornece o "antídoto para esse estresse"*: Ibid., 8.

304 *"O maior presente que os pais podem dar aos filhos é a oportunidade"*: Holly Schiffrin, "Helping or Hovering? The Effects of Helicopter Parenting on College

Students' Well-Being", University of Mary Washington, 15 de agosto de 2018, https://expertfile.com/spotlight/5983/helping-or-hovering-the-effects-of--helicopter-parenting-on-college-students-well-being.

306 *"Em uma loja, ou diante de um instrutor ou treinador, você pode, inclusive, recuar fisicamente"*: Julie Lythcott-Haims, *How to Raise an Adult: Break Free of the Overparenting Trap and Prepare Your Kid for Success* (New York: Henry Holt and Company, 2015), 193.

306 *"Você é quem melhor conhece seu filho"*: Ibid., 196-197.

306 *Em todas as circunstâncias, deixe a criança tomar a iniciativa*: Ibid., 196-197.

Capítulo 15: Um antídoto milenar para a depressão

315 *"A mãe raramente fica sozinha quando seu bebê chora"*: Ann Cale Kruger e Melvin Konner, "Who Responds to Crying? Maternal Care and Allocare Among the !Kung", *Human Nature* 21, nº 3 (outubro de 2010).

318 *Superficialmente, aquele macaco se assemelhava bastante a um punhado de outras espécies humanoides, bípedes*: Sarah Blaffer Hrdy, *Mothers and Others: The Evolutionary Origins of Mutual Understanding* (Cambridge, MA: The Belknap Press of Harvard University Press, 2009), 7-10.

319 *Comparados com outros primatas vivos, os seres humanos nascem com o cérebro menos desenvolvido*: Holly M. Dunsworth et al., "Metabolic hypothesis for human altriciality", *Proceedings of the National Academy of Sciences of the United States of America* 109, nº 38 (18 de setembro de 2012).

319 *Um bebê humano teria de ser gestado no útero por mais nove a doze meses*: Adolf Portmann, *A Zoologist Looks at Humankind*, trad. Judith Schaefer (New York: Columbia University Press, 1990).

320 *"Um macaco que produzia uma prole de maturação tão lenta e caríssima"*: John Poole, "Why Grandmothers May Hold The Key To Human Evolution", NPR, *All Things Considered*, Goats and Soda blog, 7 de junho de 2018, https://www.npr.org /transcripts/617097908.

321 *"Lidar com um bebê agitado é um esforço do grupo"*: Melvin Konner, *The Evolution of Childhood: Relationships, Emotions, Mind* (Cambridge, MA: The Belknap Press of Harvard University Press, 2010), 437.

322 *Encontramos situações semelhantes em muitas comunidades de caçadores-coletores ao redor do mundo*: Courtney L. Meehan, Robert Quinlan e Courtney D. Malcom, "Cooperative Breeding and Maternal Energy Expenditure Among Aka Foragers", *American Journal of Human Biology* 25, nº 1 (janeiro/fevereiro de 2013).

322 *"Ou seja, essa situação é muito diferente da ocidental"*: Entrevista da autora com Abigail Page, 22 de novembro de 2019.

322 *No sul da Índia, os caçadores-coletores nayakas valorizam tanto os aloparentes*: Nurit Bird-David, "The Giving Environment: Another Perspective on the Economic System of Gatherer-Hunters", *Current Anthropology* 31, nº 2 (abril de 1990).

323 *Abigail Page e sua colega seguiram um grupo de crianças agtas:* Abigail Page et al., "Children are important too: juvenile playgroups and maternal childcare in a foraging population, the Agta", *Philosophical Transactions of the Royal Society B: Biological Sciences* (2020).

323 *Abigail acredita que as crianças pequenas, em torno de cinco anos mais velhas do que outras crianças:* Entrevista da autora com Abigail Page, 22 de novembro de 2019.

324 *"Tendemos a acreditar que o ensino ocorre quando um adulto com mais conhecimentos instrui":* Entrevista da autora com Sheina Lew-Levy, 15 de novembro de 2019.

325 *"O simples fato de passar algum tempo com outras pessoas, mesmo sem interagir":* Entrevista da autora com Bert Uchino, 24 de janeiro de 2020.

326 *"Portanto, as relações de proximidade entre aloparentes e um bebê":* Entrevista da autora com Sheina Lew-Levy, 15 de novembro de 2019.

328 *Contar com os cuidados a mais prestados por alguns adultos:* Christina Bethell, Jennifer Jones e Narangerel Gombojav, "Positive Childhood Experiences and Adult Mental and Relational Health in a Statewide Sample", *JAMA Pediatrics* 173, nº 11 (2019); Selena Simmons-Duffin, "Positive Childhood Experiences May Buffer Against Health Effects Of Adverse Ones", NPR, *All Things Considered*, Shots blog, 9 de setembro de 2019, https://www.npr.org/sections/health-shots/2019/09/09/759031061/positive-childhood-experiences--may-buffer-against-health-effects-of-adverse-ones.

329 *E, mesmo assim, nos últimos cem anos mais ou menos, nossa cultura:* John R. Gillis, *A World of Their Own Making: Myth, Ritual, and the Quest for Family Values* (Cambridge, MA: Harvard University Press, 1997), 20.

330 *"De repente, meus filhos tinham um punhado de tias":* Entrevista da autora com Suzanne Gaskins, 23 de junho de 2019.

330 *As mais novas aprendem comportamentos mais sofisticados com as mais velhas:* Peter Gray, "The Special Value of Children's Age-Mixed Play", *American Journal of Play* 3, nº 4 (primavera de 2011).

337 *"Ou a mãe estará na frente, dizendo: 'Venha até mim, venha até mim'":* Entrevista da autora com Suzanne Gaskins, 6 de abril de 2018.

340 *Portanto, em termos de macroparentalidade, a mãe e o pai assumem o comando:* Suzanne Gaskins, "Childhood Practices Across Cultures: Play and Household Work", in *The Oxford Handbook of Human Development and Culture: An Interdisciplinary Perspective*, org. Lene Arnett Jensen (New York: Oxford University Press, 2015), 185-97.

342 *"Os pais assumiram todas essas obrigações extras":* Entrevista da autora com David Lancy, 9 de janeiro de 2018.

342 *a "interferência máxima" estava apenas dificultando minha vida:* Entrevista da autora com Suzanne Gaskins, 6 de abril de 2018.

Capítulo 16: Hora de dormir

347 *"No século XIX, os médicos daqueles hospícios estavam muito obcecados"*: Entrevista da autora com Benjamin Reiss, 5 de junho de 2018.

348 *Até o fim do século XIX, o sono "normal" era segmentado*: A. Roger Ekirch, "Segmented Sleep", *Harper's Magazine*, agosto de 2013, https://harpers.org/archive/2013/08/segmented-sleep/.

348 *"o sono teve de ser submetido a crescentes níveis de controle"*: Benjamin Reiss, *Wild Nights: How Taming Sleep Created Our Restless World* (New York: Basic Books, 2017), 12.

349 *"Vale a pena reiterar: dois séculos atrás, não existia praticamente nenhuma referência ao nosso atual modelo padronizado"*: Ibid., 24.

349 *"Algumas sociedades cochilam, enquanto outras não; algumas dormem em grupos grandes"*: Ibid., 11.

349 *pesquisadores acompanharam os hábitos de sono de mais de oitenta pessoas*: Gandhi Yetish et al., "Natural Sleep and Its Seasonal Variations in Three Pre--Industrial Societies", *Current Biology* 25, nº 21 (outubro de 2015).

Epílogo

357 *"Logicamente, o canto sempre esteve lá, o tempo todo"*: Jenny Odell, *How to Do Nothing: Resisting the Attention Economy* (Brooklyn, NY: Melville House, 2019), 28.

Este livro foi composto na tipografia ITC Berkeley Oldstyle,
em corpo 11/16, e impresso em
papel off-white no Sistema Cameron da
Divisão Gráfica da Distribuidora Record.